KB163494

양자경제

양자적 관점으로 해석하는
인공지능, 팬데믹, 기후위기 이후의 세상
———

양자경제

앤더스 인셋 지음 | 배명자 옮김

THE
QUANTUM
ECONOMY

흐름출판

양자의 눈으로 세상을 보다

구경제는 죽었다. 신경제도 마찬가지다. 1980년대와 1990년대의 유토피아적 약속은 실현되지 않았다. 어쩌면 2019년이 인류 최고의 해로 역사에 기록될지 모른다. 이미 시작된 변화의 흐름은 2020년 초에 발생한 코로나19 팬데믹의 영향으로 더욱 빨라지고 있다.

인류는 갈림길에 서 있다. 지금까지 수많은 난제를 극복해왔지만 최악의 상황이 아직 오지 않았을지 모른다. 우리는 구시대의 붕괴와 새로운 시대의 시작이 공존하는 기이한 세계에 산다. 그러나 우리는 여전히 '자본주의 구약성경'에 의존하며 부유함을 물질로 정의한다. 여기서 부유함은 더 많은 재산, 더 많은 소비 그리고 그 결과로서 더 많은 환경파괴를 의미한다.

이 책은 구경제를 대체할 새로운 '신약성경'을 찾아가는 여정이다. 나는 벤처기업 투자자이자 비즈니스 철학자로서 전 세계의 다양한 과학자, 경제학자, 경영인 들과 교류해왔다. 그들과의 만남은 나를 철학, 경제학 그리고 양자역학의 세계로 이끌었고 이를 통해 인류가 직면한 문제를 지금까지 관점과 방법으로는 해결할 수 없다는 생각에 도달했다. 대안은 없을까? 결론부터 말하자면, 더 늦기 전에 부유함을 통장 잔액에 한정 짓지 말고 지성Verstan 능동적인 '상위' 인식능력을 의미하며, 수동적인 '하위' 인식능력인 감성과 대립된다 - 편집자주과 생명을 중시하고, 행복과 사랑을 공급하는 탈물질의 약속과 법칙을 마련해야 한다. (구경제와 신경제가 죽은 이후에 오게 될) 이런 탈물질 경제 시스템을 나는 양자경제Quantum Economy라고 이름 붙였다.

달라이 라마는 이렇게 말한다. "자본주의는 잘 작동하는 시스템이다. 그러나 자본주의에는 연민이 부족하다."[1] 이 현자의 말이 옳다. 매슬로의 유명한 욕구 피라미드에서는[2] 물질적 욕구가 피라미드 맨 아래, 가장 넓은 공간을 차지한다. 대부분은, 특히 부유한 지역에 사는 사람들은 비물질적 욕구를 채우는 데 여념이 없어서 더 높은 단계로(사랑, 자아실현의 욕구) 나아가지 못한다. 지금의 시스템이 그들을 물질적 욕구 단계에 붙잡아두기 때문이다. 오래전에 입증되었듯이, 점점 더 늘어나는 물질적 소유와 소비는 우리를 더 행복하게 하지 않는다. 두 번째 집, 세 번째 자동차, 최신 디지털기기는 만족감을 높이기는커녕 우리를 물질 소비에 더 의존하게 만든다.

모든 경제 체제는 순환의 원리를 따른다. 성장 엔진에 시동이 걸리면 규제와 과세가 뒤따른다. '공공의 손'이 이윤을 분배하고, 권리와 욕구가 채워지고, 부가 증가하고, 과소비가 만연하다가 결국 붕괴에 이른다. 경제는 생명체와 유사하게 작동한다. 탄생 후 활력이 넘치다가 이 활력이 소진되면 기운을 잃고 죽는다. 그러면 더 작고 역동적인 체제가 탄생하고, 주기가 처음부터 다시 시작된다. 대신 효율성은 더 높아진다. 우리는 이런 순환의 활력을 이용해 완전히 새로운 경제 체제를 만들어 왔다.

2010년대에 서구와 몇몇 부유한 아시아 국가의 국민경제는 순환 주기의 마지막 단계에 이른듯 했다. 팬데믹 이전에 이미 여러 국민경제가 과도한 양적완화와 과소비 중독으로 붕괴 직전에 놓여 있었다. 팬데믹의 영향으로 파국은 해소된 것처럼 보이지만 사실은 유예됐을 뿐이다. 무절제한 소비로 우리는 이미 지구의 자원을 광범위하게 탕진했다. 현재 체제로는 대략 80억에 달하는 인류의 소비 욕구를 모두 충족시킬 수 없다. 모두가 고급저택과 페라리를 가질 수 없고, 앞으로도 그럴 것이다.

물질적 욕구의 탐닉은 소비로 충족할 수 없는 비물질적 욕구가 채워지지 않아서 일어나는 경우가 많다. 그러나 사회적 인정과 만족감, 삶의 의미와 자아실현 같은 정서적, 정신적 재화는 쇼핑몰에서 구매할 수 없다. 간략하게 줄여서 이렇게 말해도 되리라. "삶의 의미와 만족감은 돈으로 살 수 없다."

그러나 앞으로 살펴볼 양자경제에서는 비물질적 재화도 자본화된다. 탈물질적 통합 경제를 '양자경제'라고 부르는 근거를 간단히 설명하자면 이렇다. **모든 (아원자) 물질이 입자이면서 동시에 에너지이고, 에너지이면서 동시에 입자인 양자물리학과 똑같이 양자경제에서는 물리적인 것과 정신적인 것, 물질과 비물질처럼 소위 대립하는 것들이 양립한다.** 양자물리학이 입증한 것처럼 우리의 현실은 물질이 아니라 물질 사이의 '공백' 혹은 다중우주의 '하나의' 가능성에 불과한 개별 파동의 총합이다.

세계는 합리적이지 않다. 상호의존하는 이른바 '인터월드'로 봐야 한다. 그래야만 분야와 분야 사이의 공백에서, 분야 간 상호작용으로만 새로운 길과 해결책을 찾을 수 있다. 당신은 아직 감지하지 못했겠지만 오늘날 우리는 이미 양자현실에 살고 있으며 과학이 양자현실의 기이한 특성을 점점 더 많이 발견하고 있다.

양자택일의 딜레마에서 벗어나기

양자물리학의 개념은 혼란스럽고 약간 황당하기까지 하다. '고전' 과학만 아는 이들에게는 특히 황당하겠지만, 양자역학은 과학적으로 입증된 사실이다. 놀랍게도 양자역학은 모든 문화와 시대의 비전 그리고 영적으로 깨달은 자의 직관적 통찰과 일맥상통한다. 옛날부터 현자들은 언제나 에너지가 물질이고 물질이 에너지라고 설파해왔다.

양자역학이 밝혀낸 우주의 기본공식은 '이것 아니면 저것'의 양자택일이 아니다. '이것과 저것 모두'를 아우르는 통합이다. 정신과 물질은 통합될 수 없는 대립이 아니라, 반대 방향에서 같은 목적지로 향하는 두 가지 길이다. 정신과 육체 사이의 공간, 물질과 에너지 사이의 공백. 현재 가장 주목받는 몇몇 이론들이, 통합될 수 없어 보이는 분야들 사이의 이런 공백에 초점을 맞춘다. 양자물리학이 영성을 만나고 현상학이 신경학과 정신분석학을 만난다.

양자현실과 양자경제에서는 통합될 수 없어 보이는 경험과 분야가 서로를 끌어당긴다. 어쩌면 영성은 우리가 아직 이해하지 못한 물리학의 일부분일지 모른다. 양립할 수 없어 보이는 대립을 통합하는 것은 완전히 새로운 철학적 접근이다. 이런 철학적 접근으로 경제 분야를 숙고한 결과물이 양자경제다.

양자경제는 물질적 욕구를 채워줄 뿐 아니라, 재능을 계발하고 꿈을 맘껏 펼치게 하는 토대가 되어줄 것이다. 양자적 관점에서 보면 물질적 욕구, 사회적 관계, 현실과 가상, 행정, 교육, 문화, 정신적 발달, 자아실현 등 모든 영역을 아우를 수 있다. 이때 중요한 것은 최종 상태가 아니라 과정이다.

지난 십여 년 동안 전 세계는 물질 자본주의와 중독에 가까운 과잉 소비주의의 지배를 받아왔다. 매슬로 욕구 피라미드의 맨 아래 단계가 점점 더 넓어졌다. 마치 모든 위험을 완벽하게 막아 안전을 확보했을 때만 생존할 수 있는 것처럼, 마치 고급저택, 스포츠카, 별장이 당연한 욕구에 속하는 것처럼 생리적 욕구와 안전 욕구가 한없이 커져갔다. 그러나 양자경제의 관점을 받아들이면 그런 방식으로 자원을 마구잡이로 삼켜버리는 물질 자본주의적 욕구를 더는 모두가 채울 수 없음을 깨닫게 된다. 아무리 부유한 국가라도 안 된다. 세계적 관점에서 본다면 두말할 것도 없다.

딜레마의 해결책은 자본주의 모델의 제한이 아니라, 오히려 확장에 있다. 이런 통찰은 매슬로 피라미드에 이미 반영되어 있다. 매슬로는 자아를 실현하고 창의적 잠재력을 펼칠 수 있게 인간을 도와야 한다고 말했다. 반대로 낮은 단계의 욕구가 과잉되면 높은 단계의 욕구 충족 가능성이 위축된다고 보았다.

그러므로 우리는 무엇보다 창조적 발전과 건강한 자아실현을 북

돈우고 '휴머니즘' 자본주의를 발달시킬 수 있는 새로운 방안을 마련해야 한다. 행복, 낙관주의, 보호, 신뢰, 개인의 강점, 공감과 연대를 자본화하는 새로운 사회모델을 발명해야 한다. 물질적 대체물을 말하는 게 아니다. 진정한 행복과 신뢰의 부재를 기껏해야 가리거나 위로하는 현재 경제 시스템의 사치품을 말하는 것도 아니다. 몰입에서 협력에 이르기까지, 인간의 고유한 잠재력과 강점을 활짝 펼칠 수 있게 돕는 체제를 개발해야 한다.

양자경제가 열어줄 세상

이런 맥락에서 양자경제가, 현재 경제 시스템이 직면한 문제의 해결책이 될 수 있을까? 불공정한 분배를 없애고, 자본주의의 행복 약속을 지키고, 무분별한 생태파괴를 극복하도록 도울 수 있을까?

모두를 평등하게 만드는 마법의 주문은 없다. 국가가 그러지 못했던 거처럼, 시장 혼자서도 이를 해낼 수 없다. 경제학 전공 첫 학기에 우리는 다음과 같이 배운다.

"자유시장이 부족한 자원을 분배한다."

정말 그럴까? 애덤 스미스Adam Smith와 그의 제자들이 약속한 것과 달리, '완벽한 균형'은 환상이다. 개인에게 이익을 주고 그래서 마법의 손처럼 공동의 이익을 극대화하는[3] '스스로 작동하는 안정화 기계'는 없다. 이제 이런 환상에서 깨어나야 한다. 완벽한 균형과 '보이지 않는 손' 이란 신화를 땅에 묻어야 한다.

오늘날의 우리는 몇 가지 딜레마에 직면해있다. 가장 부유한 스물여섯 명의 재산이 지구인의 약 절반인 가난한 38억 명의 재산을 모두 합친 것과 맞먹는다. 그러나 싸잡아서 자본주의를 탓해봐야 해결책이 나오진 않는다. 대신 자본주의 엔진이 공정한 분배에 이용되도록 경제 구조를 바꿔야 한다. 우리는 기존의 구조와 모델을 다른 관점에서 바라보고, 최적화하기 위한 새로운 도전에 나서야 한다. 그 출발점이 양자적 관점으로 세상을 바라보는 것이다.

우리가 맞닥뜨린 거대한 생태문제에서도 마찬가지다. 양자적 관점으로 보면, 우리는 환경 감수성을 발달시키고 더 나은 상황을 마련할 수 있다. 양자경제는 모든 것이 모든 것과 연결되어 있다는 통찰을 기반으로 한다. 이제는 경제, 사회, 생태를 통합하여 상호의존적 파동으로 보는 법을 배워야 한다.

마지막으로 행복에 관해 말해보자. 자유주의 이론대로 '모두가 자신에게 유용한 관심사만을 좇으면 저절로 이루어진다는 행복사회'는 이미 우리가 깨달았듯이 그렇게 간단히 오지 않는다. 애덤 스미스의 시장자유주의는 각각의 독립된 개인만을 본다.[4] 이런 자본주의 이론은 개인의 수많은 이기적 행동이 어떻게 사회적 '행복'으로 귀결될 수 있는지 설명하지 않는다.

행복과 경제를 어떻게 통합할 수 있을까? 이 질문이야말로 양자경제의 발화점이다. 양자경제는 무엇을 가졌고 가질 수 있느냐로 우리의 정체성을 정의하지 않는다. 양자경제는 우리가 무엇이고 무엇이 될 수 있는가에 집중할 수 있는 자유를 선물한다. 다양한 역할을 맡은 자기 자신을 발견하고, 자신이 더는 쪼개질 수 없는 개별 입자가 아니라 '멀티'임을 깨달아야 한다. "너 자신을 찾아라!"는 여전히 유용한 명제다. 그러나 양자경제에서는 조금 달라진다. "너의 역할을 이해하고 그것을 개발하라. 그러나 때론 그것을 버리고 다시 새로운 역할을 시도하라." 그렇게 할 때, 우리는 자아와 세계의 관계를 더 잘 이해할 수 있다.

우리는 이 행성의 손님으로 왔고 제한된 자원과 (이론적으로는) 무한한 지식을 가졌다. 우리는 무한한 잠재성을 가진 우주와 상호의존적으로 연결되어 있고, 우리 자신 또한 무한한 잠재성을 가진 작은 우주다. 인간은 예측할 수 없는 목적지를 향해 흥미진진한 여행을 하는 존재다. 우리는 어디서 와서 어디로 가는가? 이 질문의 타당한 대답을 찾으려는 노력이 여행의 동력이다. 이런 탐구 정신으로 우리는 우리 사회를 더 깊이 이해하고 바꿀 수 있다.

양자경제(Quantum Economy)란?

- 기존 경제 체제를 새롭게 바라보는 시선이다.
- 식량, 주거, 안전이라는 명백한 물리적 욕구를 넘어 소속감, 자존감, 자아실현 같은 심리적 욕구까지 통합한다.
- 순환하며 잠재적으로 무한하다.
- 생산자와 소비자의 거리를 좁히고, 직접적 거래를 가능하게 한다.
- 양자세계만큼 예측 불가처럼 보이지만, 양자물리학만큼 현실적이다.
- 상호의존 시스템이다. 모든 것이 서로 연결되어 있고, 인간과 기계도 협력한다.
- 분야 간의 경계를 허물이 자연과학과 인문학을 통합한다.
- 분권적이고 상호연결된 구조를 둔다.
- 우리의 소비 인식을 되돌아보게 하고 비물질적 성장으로 가는 길을 열어준다.
- 지성사회, 의식혁명, 순환하는 무한성, 철학적 사고로 구현된다.

제1부

일어날 일은 일어난다

"의식을 독립된 학문 분야로 확립해야 한다."

• • •

"종말이 가까이 왔다"! 이런 말을 얼마나 자주 들었던가! 묵시록이 우리에게 영원한 재앙을 예언했던 게 벌써 몇 번이던가! 그러나 지금까지 언제나 그렇듯 그럭저럭 잘 지내왔다.

우리는 몰락과 발전이 공존하는 다중사회에 산다. 서구 산업국가의 유례없는 부유함이 발전을 보여준다면 여기서 파생된 유례없이 크고 다양한 위기가 몰락을 예언한다. 기후위기, 전쟁, 난민 사태, 과도한 부채 등 위기의 징후 속에서 오랜 시스템이 무너질 것만 같다.

위기의 징후는 많지만 변화는 디디기만 하다. 기존의 사회·정치·경제 시스템의 변화를 방해하는 가장 심각한 문제는 무엇일까? 우리가 정의한 시스템과 모델이 현실과 일치한다고 믿는 오래된 오해가 우리의 눈을 가리고 있다. 이런 오해는 뇌의 구조와 기능방식을 0과 1로 작동하는 디지털 방식으로 개념화하는 물리학자, 수학자의 사고와 견줄 수 있다. 그들은 이것이 그저 극단적으로 단순화한 모델에 불과하기 때문에 현실을 온전히 설명하지는 못한다는 사실을 때때로 망각한다. 경제학자와 사회학자, 정치학자의 모델도 마찬가지다.

여러 실존적 위협이 눈앞에 닥쳤다면, 우리는 새로운 관점에서 (정치, 교육, 자본주의를 포함하여) 사회 기본구조를 면밀히 조사해야 한다. 오늘날 모든 것이 시험대에 올랐고 심지어 붕괴 직전에 있다. 새로운 기술 발달 못지않게 급진적 사고 도약이 요구된다. 우리는 양자과학이 촉발시킨 양자 패러다임의 시작 앞에 서 있다. 더 많은 안정과 더 많은 혼돈이 동시에 필요한 시기이다.

1장

선택의 갈림길:
변화할 것인가, 몰락할 것인가

나는 경제 철학자다. 철학자의 관점에서 관료, 경제학자, 과학자와 교류하고 그들의 이론과 주장, 정책을 꼼꼼히 분석하는 것이 내 일이다. 그들은 내게 자신들이 보지 못하는 관점에서 현실을 들여다보길 원한다. 덕분에 이미 발등에 불이 떨어진 위기의 현장을 여러 번 다녀올 기회가 있었다. 사람이 살 수 없는 사막지대가 점점 넓어지고 있는 아프리카. 도시 하나 크기의 빙하가 녹고 있는 남극. 환경파괴뿐 아니라 생산공정 로봇화에서도 선두에 있는 중국. 햇살을 받아 낭만적으로 반짝이는 인도네시아 바다까지(다만 이 반짝임은 수백만 바다 생물을 고통스럽게 질식시키는 플라스틱 쓰레기가 만들어낸다). 전 세계를 다니며 나는 다음과 같은 결론을 도출했다.

10년 안에 인류는 두 가지 실존적 과제 앞에 직면할 것이다.

첫째, 위협적인 생태계 붕괴를 어떻게 막을 수 있을까?

둘째, 인공지능, 바이오테크놀로지, 나노기술 같은 기하급수적 기술을 이용해 세계를 탈휴머니즘 지옥이 아니라 휴머니즘 사회로 만들려면 어떻게 해야 할까?

두 가지 난제

인류는 멸종 위기에 처해 있다. 그러므로 '기후변화' 혹은 '지구 온난화' 같은 평범한 표현은 당장 폐기되어야 한다. 태양열이 약간 더 많이 지구로 오는 징도의 소소한 '변화'가 아니다. 기후변회가 아니라 기후붕괴가 코앞에 닥쳤다. **우리 시대의 가장 심각한 문제는, 곧 누군가가 와서(또는 새로운 기술이) 우리를 구원할 거라는 믿음이다.** 새로운 기술로 생태계 붕괴를 막을 수도 있겠지만, 그것이 저절로 되진 않는다. 새로운 기술로 '무엇을' 하고자 하는지, '우리'가 의식적으로 결정해야 한다.

그렇게 하지 못하면, 인류는 기하급수적 기술의 희생자가 될 것이다. 어쩌면 그것은 다가오는 생태계 붕괴보다 더 큰 재앙일지 모른다. 과도하게 똑똑한 알고리즘 때문에 인간이 권력을 잃을 수 있다. 이 문제는 모두가 상상하는 것보다, IT 천재들이 말하는 이른바 뇌 유령보다, 공상과학영화보다 훨씬 위협적이다. 그러나 기후붕괴만큼 현실적이다. 다만 우리는 그것이 얼마나 가까이 왔는지 의식하지 못하고 있을 뿐이다.

10년 안에 아프리카의 광활한 지역이 사람이 살 수 없는 사막이 될 것이다. 하필이면 인구가 가장 활발히 증가하는 대륙에서 말이다. 아프리카 인구는 현재 13억이지만 21세기 말에는 40억으로 증가한다.[1] 발전의 중심이 아프리카로 이동하고 유럽인에게 아프리카가 새로운 기회의 땅이 될 수 있다. 그러나 지금 당장 뭔가 조처를 취하지 않으면, 수백만 명의 아프리카 사람들이 유럽으로 탈출하는 광경을 목도하게 될 것이다. 그 과정에서 수십만 명이 지중해에서 익사하거나 사막에서 목말라 죽게 된다.

10년 안에 인간보다 똑똑한 기계가 일상을 지배할 것이다. 인간은 이미 특정 영역에서 지능이 가장 높은 종이 아니다. 10년 안에 생산과 물류가 광범위하게 자동화되면 수백만 개의 일자리가 사라질 것이다. 서구 산업국가의 '보조 작업대' 역할을 하면서 약간의 부를 얻었던 아시아 저임금 국가들에게 이는 특히 재앙이 될 것이다.

로봇은 어디에서나 저렴한 비용으로 일하고, 생산과정의 완전 자동화로 '라스트 마일Last Mile 물류업체가 상품을 개인 소비자에게 직접 전달하기 위한 배송 마지막 구간-옮긴이' 비용 역시 최소화될 것이다. 이에 따라 스마트폰과 태블릿 같은 첨단 제품은 물론 장난감과 섬유산업까지 구매자가 주로 사는 유럽과 미국으로 다시 이전될 것이다. 예컨대 중국의 전자상거래 기업 징동은 안면 인식 기능이 있는 드론 배송을 포함한 완전 자동화를 2, 3년 안에 달성할 것을 목표로 한다. 구글은 2018년에 징동에 5억5000만 달러를 투자했다. 재미있게도 바로 이 시점에 트럼프가 중국과 무역전쟁을 시작했다. 양국이 정치적으로 서로 멀어지던 시기에 맺은 국경을 초월한 합리적이고 전략적인 동맹인 셈이다.

　10년 안에 유럽과 미국의 부유한 지역에서도 수백만 개의 일자리가 사라질 것이다. 기업은 여전히 '인적 자원'과 '인적 자본'의 중요성에 대해 말하지만, 세상은 이미 변화하고 있다. 알고리즘이 가장 잘하는 일이 자원의 효율적 사용이기 때문이다. 자동화된 세계에서는 버스기사와 택시기사, 회계사와 경리, 판매원과 중개인, 관리자와 공장노동자가 더는 필요치 않다.

　내일이면 쓸모가 없어질 이 모든 사람에게 무슨 일이 생길까? 그들은 어떻게 생계를 유지할 수 있을까? 그들은 무슨 일을 할 수 있을까? 갑자기 쓸모없는 존재가 된 자신의 운명을 순순히 받아들일까? 아니면 소동과 폭동을 일으키게 될까? 정치가 이에 대한 해답을 줄 것 같지는 않다. 현재 유럽 각 국가의 의회는 포퓰리즘 정당이 무시할 수 없는 세력으로 성장했다. 만약 경제가 내리막길을 걷게 된다면, 얼마나 많은 '염려하는 국민besorgte Bürger 난민 유입과 포용에 반대하며 시위하는 세력이 스스로를 이렇게 일컫는다-옮긴이'이 쥐 떼처럼 피리 부는 소년을 따라가게 될까?

　어쩌면 당신은 이렇게 반박하고 싶으리라. "그렇게까지 심각한 사태는 오지 않을 것이다. 프로그래머나 소프트웨어개발자 같은 새로운 직업이 생겨나고, 그 밖에도 사람이 할 일은 여전히 있다." 아니다! 당신이 생각하는 것만큼 그렇게 많은 일자리가 필요하지 않다. 로봇이 딥러닝 알고리즘을 통해 스스로 학습하고 발전하면 조만간 자신에게 필요한 소프트웨어를 스스로 개발할 수 있게 된다. 버스기사나 회계사가 하루아침에 소프트웨어개발자로 직업을 바꿀 수는 없다. 말그대로 직업들이 그냥 증발할 것이다.

칩 두뇌를 가진 로봇이 우리를 진료하고, 필요하다면 치료법도 정해줄 것이다. 정밀한 로봇이 인간 의사를 밀어내고 수술을 집도하는 광경은 먼 미래가 아니라 10년 혹은 더 가까운 내일에 있을 일이다. 로봇이 집을 짓고, 주택과 공장을 관리할 것이다. 자동차, 기차, 버스, 비행기, 헬리콥터가 자율로 주행하고 비행할 것이다. 번역가와 편집자, 작곡가와 극작가가 로봇 후임자로 대체되더라도 우리는 질적 차이를 크게 감지하지 못할 것이다.

기계가 쓴 글이 더 독창적이고 흥미로우며 마음에 더 깊이 와닿을 것이다. 인간 의사보다 알고리즘 의사의 진단과 처방이 더 정확하고 효과적일 것이다. 자동화된 도로와 항공로의 사고율은 지금의 몇 분의 1 수준으로 떨어질 것이다. 사실이라고 하기에는 너무 멋진가? 아니면 이중성을 띤 약속처럼 들리는가?

우리가 인공지능 또는 알고리즘이라고 부르는 기술은 거의 모든 면에서 인간을 넘어서고 있다. 선택과 집중 면에서도 인공지능은 인간의 감정을 정확히 자극하고 흉내내는 단계에 들어섰다. 설령 인공지능이 인간과 똑같은 의식을 갖지 않았더라도 말이다. 스트레스에 흥분하여 맹목적으로 공격을 퍼붓는 인간과 달리 인공지능이 통제하는 기계는 충동이란 개념 자체 없이 일을 해나갈 것이다. 그러므로 우리는 노동의 새로운 모델과 이해가 필요하다. 무엇보다 인공지능을 정의하고 규제할 제도가 필요하다. 이 난제의 해결책으로 양자적 관점을 소개하고자 한다.

양자안경

세계를 양자역학 관점에서 보면, 양자역학과 관련된 사상과 창조물이 이미 얼마나 많이 존재하는지 깜짝 놀라게 된다. 양자인지학이라는 새로운 학문은, 인간 두뇌의 인지 현상을 양자이론에 기반한 공식으로 모형화하려 애쓰고 있다. 그사이 학계와 언론에서는 '양자태도'부터 '양자의학'과 '양자창의력'을 넘어 '양자자본'에 이르기까지 다양한 영역는 양자와 연결하고 있다. 수많은 모형, 사례, 짧은 영상들이 비물리학자도 이해할 수 있도록 양자역학의 기이한 효과들을 설명하고 있다.

양사는 이미 과학의 영역을 넘어섰다. 징치힉자 알렉신디 웬트Alexander Wendt는 '양자사회학자'를 자처하며, 새로운 과학이 인간과 자연의 관계를 근본적으로 생각하게 할 것이라고 예언한다. 그는 2015년에《양자적 마음과 사회과학Quantum Mind and Social Science》에서[2] 사회학 전체가 오류를 기반으로 한다고 썼다. 그의 주장에 따르면 사회학자들은 약 150년 전 사회학이 시작된 이래로 줄곧 인간의 사고와 사회가 고전 물리학 법칙을 따른다고 확신해왔다. 언뜻 이런 기본 가정은 여전히 타당해 보인다. 넓게 보면 인간은 어차피 책상이나 의자와 똑같이 물질에 속하므로 같은 법칙을 따를 수밖에 없지 않겠나. 그러나 인간의 의식과 사회는 고전 물리학 법칙을 따르지 않는다. 오히려 '비국지성'과 '얽힘' 같은 양자물리학의 특징을 갖는다.

게임이론은 양자이론 영향의 또 다른 사례이다. 고전적 접근법에서는 둘 이상의 행위자가 어떤 상황에서 하는 전략적 상호작용이 규정된 규칙과 결과로 모형화된다. 이는 경제학에서 인기 있는 접근법이다. 고전 게임이론에서 더 발전한 것이 양자게임이론이다. 양자게임이론에 따르면, 우리 인간은 뗄 수 없게 서로 연결되어 있으므로 경제 시스템과 행복추구를 통합해서 봐야 한다.

양자적 관점에서 세상을 보는 가장 큰 걸림돌은, 양자물리학이 여전히 전문가들만이 입에 올리는 이해할 수 없는 '수리수리마수리'로 통한다는 것이다. 양자물리학자이자 게임이론가인 존 폰 노이만John von Neumann 같은 탁월한 과학자조차 다음과 같이 고백했다. "당신은 양자역학을 이해하지 못할 것이다. 그저 익숙해질 뿐이다."[3] 아인슈타인 역시 체념하듯 이렇게 적었다. "양자 이론은, 매우 지능적인 편집증 환자의 비일관적 사고요소로 구성된 속임수 체계를 연상시킨다."[4]

세기의 천재들조차 양자 세계에서 무슨 일이 벌어질지 설명할 수 없는데, 왜 굳이 우리가 양자역학을 알아야 할까? 이유는 간단하다. 지금까지 풀 수 없었던 문제를 해결하기 위해 우리가 지금 당장 가진 접근법이 양자역학뿐이며 그것이 최선의 접근법이기 때문이다.

의식은 매우 근본적인 것이다. 인간과 기계의 본질적 차이를 가르는 것이 의식의 유무이다. 고전 물리학으로는 물질에서 어떻게 의식이 발달하는지 설명할 수 없다. 인간 의식의 신비는 더더욱 설명할 수 없다. 특정 행동에 의식이 동반하는 이유는 뭘까? 물리적 과정이 어떤 방식으로 뇌에서 주관적 경험을 불러낼까? 이 질문에 우리는 대답할 수 없을 뿐 아니라 그것을 어떻게 표현해야 할지조차 모른다. 사회적 경제적 차원에서도 마찬가지다.

그러나 양자안경을 쓰면 새로운 통찰이 가능하다. 양자의 관점으로 보면 **모든 것이 모든 것과 연결되며 서로 영향을 미친다. 세계는 개별 입자의 합이 아니다. 세계는 원자로(만) 이루어지지 않았기 때문이다.** 과학자들은 세기가 지날수록 개별 입자를 점점 더 정확하게 묘사할 수 있었지만, 그 과정에서 서로 맞지 않는 퍼즐 조각을 헤아릴 수 없이 많이 만들어냈다. 각각의 퍼즐은 모두 현실에 근접하지만, 일치하진 않는다. 왜냐하면 우리가 점점 더 명확히 깨닫는 것처럼 현실은 '양자적'이기 때문이다. 현실이 양자적이라는 말은, 리처드 파인만Richard Feynman이 경고했듯이 우리가 현실을 이해할 수 없다는 뜻이다. "당신이 현실을 이해했다고 믿는다면, 당신은 현실을 정말로 이해하지 못한 것입니다."[5]

1930년대로 돌아갈까

지금 세계는 나치와 스탈린주의, 대량학살과 2차 세계대전 직전인 1930년대 유럽의 폭발적 혼란과 비슷하다. 역사가 글자 그대로 반복되진 않더라도 경각심을 불러일으키는 유사점은 있다. 예나 지금이나 부유한 임대업자가 투자은행의 주요 고객이지만 돈으로 돈을 버는 것은 진정한 가치창출이 아니다. 막대한 통화량 확대 정책으로 야기된 인위적 호황은 몇몇 소수(그것도 주로 서구권)에게만 이익을 몰아주고 있다. 그렇다고 긴축정책이 답일까? 긴축정책은 더 많은 중간 계급을 빈곤으로 몰아넣고 사회 갈등을 심화한다.

부패한 정부, 내전, 사막화 확대로 아프리카 대륙의 넓은 지역이 무인지대로 바뀌고 수백만 명이 난민의 삶을 강요받고 있다. 난민의 목적지이자 이 문제의 출발점인 유럽과 북아메리카는 통합과 해결책 대신, 봉쇄와 인종차별로 대응하고 있다. 100년도 채 안 된 과거에 이와 비슷한 갈등이 결국 세계대전과 대량학살을 촉발했었다.

방아쇠에 손가락이 올려져 있는 지금, 결정할 수 있는 뭔가가 아직 남아있을 때 기하급수적 기술과 인공지능 그리고 그것과 연결된 자동화를 어떻게 다룰지 모색해야 한다. 그리고 어떤 모델이 지구화된 세계의 막대한 과제를 수행하는 데 도움이 될지 알아내야 한다.

반란의 최적기

기술의 진보와 지금의 자본주의는 환상의 짝꿍이 아니다. 기술이 파괴적 방향으로 발전하는 것은 많은 부분 이익 극대화 때문이지, 기술 자체의 문제가 아니다.

자본주의 시스템이 기술 진보의 원동력이라는 미신이 널러 퍼져 있지만, 사실은 그렇지 않다. 근대 초기에 자본주의는 존재하지 않았다. 인쇄기, 태엽시계, 현미경, 망원경을 만든 발명가들의 기술적 천재성이 있었을 뿐이다. 뉴턴, 라이프니츠 혹은 갈릴레이 같은 자연과학자들이 '고전' 물리학(양자물리학과 구별 짓기 위해 '고전'이라는 말을 붙였다) 법칙을 발견하고 설명했다. 칸트, 볼테르 같은 계몽주의 철학자들은 인간이 '지성의 빛'으로 모든 어둠을 밝힐 수 있다고,

그때까지 인간을 둘러싸고 있었던 무지, 실수, 편견을 환하게 밝힐 수 있다고 믿어 의심치 않았다. 그래서 계몽을 뜻하는 영어 단어가 'Enlightenment(빛을 밝힘)'이다. 계몽주의에서 말하는 '지성'은, 칸트가《순수이성비판Kritik der reinen Vernunft》에서 정의한 것처럼, 경험적 인식과 논리적 사고뿐 아니라, 우리 자신을 향한 비판적 성찰도 포함한다.[6]

산업혁명부터 1970년대의 거대한 첫 환경파괴 징후까지, 약 1세기 동안은 서구 산업국가에 전례 없는 번영을 안겨준 애덤 스미스 방식의 물질 자본주의가 필요악처럼 받아들여졌다. 로마 클럽의 1972년 첫 번째 보고서 〈성장의 한계Die Grenzen des Wachstums〉는 "성장과 이윤향상을 부자비하게 극대화하는 사람들에게 가장 근 보상을 주는 자본주의 시스템의 근본적 결함"을 지적하기도 했지만 그 반향이 크지는 않았다.[7]

현재의 경제 시스템은 여전히 '결국 모든 것이 잘 될 거라는 믿음'을 기반으로 한다. 가장 이기적이고 가장 야비한 의도를 가진 사람이 결국 우리 모두의 이익을 위해 일하고 있다는 믿음이 깔려있다. 그러나 산업혁명 초기에 형성된 이런 주먹구구 공식은 오늘날과 더는 맞지 않다. 우리가 현재 처한 초자본주의 시대에는 알고리즘을 기반으로 하는 메가급 대기업의 주주들이 세계 경제의 노른자위를 차지한다. 반면 그 대가는 나머지 모든 사람이 치르고 있다.

기술 진보가 자동으로 우리에게 유토피아를 선사할 거라는 미신도 문제다. 그런 일은 일어나지 않을 것이다. 기술 진보는 푸틴, 에르도안, 트럼프 같은 폭군과 이기주의자로부터 그리고 포퓰리즘의 롤

백운동으로부터 우리를 구해내지 못할 것이다. 오히려 정반대의 상황이 벌어질지 모른다. 기하급수적 기술이 지금의 초자본주의의 인질로 머무는 한 국가주의와 혐오, 극우 및 극좌 정당과 집단들이 세계를 점점 더 강하게 흔들고 합리적 행동을 방해할 것이다.

그러나 우리에게는 그런 히스테리와 광기에 허비할 시간이 없다. 세계 멸망 시계는 12시 2분 전이다. '운명의 날 시계Doomsday Clock'는 1947년에《핵과학자회보Bulletin of the Atomic Scientists》가 만들었는데, 당시에 이미 12시 7분 전이었다. 어떤 재앙이 코앞에 닥쳤을 때를 관용구처럼 '12시 5분 전'이라고 부르면서 이 시계는 그 후로 지구의 위험사태에 따라 시곗바늘을 앞으로 혹은 뒤로 이동했다. 노벨상 수상자들이 대거 소속된 위원회가 각각의 사태를 평가하여 이 시계의 시간을 결정한다. **2020년 현재 운명의 날 시계는 12시 2분 하고도 20초 전이다.**[8] 지금처럼 12시에 가까이 왔던 적이 딱 한 번 있었다. 미국과 소련이 수소폭탄을 연속해서 실험했던 냉전시대의 극단적 기간이었다.

다행히 지금의 통치체제와 경제 시스템에 심각한 결함이 있다고 인정하는 사람들이 점점 많아지고 있으며 논쟁 또한 대중적인 관심을 얻고 있다. 예컨대 미국 철학자이자 신경학자인 샘 해리스Sam Harris, 심리학교수 요르단 피터슨Jordan Peterson, 수학자 에릭 와인스테인Eric Weinstein, 생물학자이자 진화론자인 브레트 와인슈타인Bret Weinstein이 운영하는 '지성의 암흑망Intellectual Dark Web'은 유명 사상가, 팟캐스트 운영자, 유튜브 스타, 베스트셀러 작가의 다양하고 이질적인 정치적 입장을 전하며 세계 곳곳에서 대중적 관심을 받고 있다. 코메디언이자 미국에서 가장 영향력 있는 팟캐스터 조 로건Joe Rogen은 자신이 운영하는 팟캐스트 '조 로건 경험Joe Rogan Experience'에 정치, 경제는 물론 펜데믹과 관련된 서너 시간짜리 대담을 올리고 있는데 수백만 구독자가 이를 듣고 있다. 이 팟캐스트를 스포티파이(Spotify)가 1억 달러에 인수했다.9 이처럼 대중들은 어느 때보다 진정한 대화와 심도 깊은 논쟁에 굶주려 있다.

루이 16세는 잘 알려졌듯이 프랑스의 마지막 왕이다. '바스티유 감옥 습격' 이후 4년이 지난 1793년 1월에 그는 자코뱅파에 의해 처형되었다. 일부 역사학자들은 오늘날에도 여전히 " 덜 변덕스럽고 더 강력한 섭정이 있었다면 프랑스 왕국이 무너지지 않았을 것"이라고 밀한다.

그러나 이 주장은 핵심을 잘못 짚었다. '루이'라는 똑같은 이름을 가진 왕이 앞서 열다섯 명이나 있었다는 상황이 이미 급진적 체제변화가 한참 늦었다는 강한 징후이다. 루이 16세는 미국 편에 서서 영국에 맞선 전쟁을 지원하며 국가재정을 탕진했다. 아이러니하게도 그는 미국 독립 전쟁에 관여하여 의도치 않게 민주주의와 인권 대중화를 도왔지만 결국에는 민주주의와 인권의 이름으로 왕좌에서 쫓겨났다. 오스트리아 대공비이자 루이16세의 왕비 마리 앙투아네트의 낭비벽 또한 힘없고 불쌍한 '상퀼로트'퀼로트를 입지 않은 사람이라는 뜻으로, 프랑스혁명의 추진력이 된 사회 빈곤층을 말한다-옮긴이로부터 받았던 루이 16세의 초반 인기를 무너뜨리는 데 일조했다.

1791년 6월에 오스트리아-네덜란드의 메츠로 탈출을 시도했다가 실패한 사건은 루이 16세가 세상 물정을 얼마나 몰랐는지를 보여주는 대표적 사례다. 루이 16세는 탈출이 실패한 이후 공식적으로 조금 더 왕좌에 앉아 있었지만, 자코뱅파의 포로에 불과했다. 자코뱅파는 1792년 9월 공화국을 선포하고 곧 "국가 전체의 안전과 대중의 자유에 반하는 공모'를 했다는 이유로 왕을 공개 참수했다.

루이 16세가 더 영리하고 단호하게 처신했더라면 프랑스 왕국을 구할 수 있었을까? 그러지 못했을 터이다. 원인은 그의 나약한 성격이 아니라 봉건체제에 있었다. 봉건체제에서 귀족계급은 아무런 노력 없이 그저 자신의 이름과 가문을 근거로 특권을 차지하고 이권을 취했다. 가톨릭이 지배하는 나라였으므로 성직자들 역시 특권을 누렸다. 그 외 나머지는 모두 '삼류'로 취급됐다. 봉건영주국가의 공식은 이렇다. "모든 개인은 자신의 신분을 지켜야 한다." 그러나 계몽 민주주의의 슬로건은 정확히 그 반대를 지향했다. **"모든 인간은 평등하다. 모두가 똑같은 권리와 자유를 갖는다."**

구텐베르크의 인쇄술 발명으로 시작된 기술혁명 덕분에 대중이 널리 계몽되고 전례 없는 수준으로 교육을 받았다. 계몽을 이끄는 주체 역시 귀족이 아니라, 과학자나 발명가, 철학자 같은 '삼류'에 속하는 사람들이었다. 그들은 모두 문맹이었던 중세시대 조상들과 마찬가지로 여전히 특권과는 거리가 멀었다. '삼류'는 곧 폭탄이 됐다. 그들은 '신의 뜻'인 불평등을 기반으로 하는 봉건주의 왕국을 문자 그대로 폭파했다. 프랑스뿐 아니라, 영국, 스웨덴에서도 비슷한 혁명이 일어났다. 비록 그곳에는 왕실이 살아남았지만 공화국의 장식품 혹은 상징적 대표로 위치가 바뀌었다.

내가 이 모든 얘기를 하는 까닭이 있다. 첫째 앙시앵 레짐(Ancien

Régime, 구체제)이 무너진 후에 비로소 계몽주의 사상과 요구가 실현될 수 있었다. 여기서 왕가의 몰락은 처형이 없었더라도 불가피한 붕괴의 한 부분이었다.

오늘날 우리는 당시와 매우 유사한 상황에 처해 있다. 과거의 시스템이 더는 새로운 기술과 호환되지 않는다. 권력과 부가 소수의 특권층에 집중되어 있다. 이제는 낡은 시스템을 무너뜨리고 더 나은 미래지향적 시스템이 그 자리를 차지하게 해야 한다. 미국에서 만연하는 데카르트식 개인주의 신념 혹은 중국 모델처럼 알고리즘으로 통제되는 방식은 해답이 아니다. "나는 생각한다, 고로 존재한다" 대신에 "나는 존재한다, 고로 생각한다"여야 한다. 모든 것이 모든 것과 연결되어 있는 양자현실에 맞게, 상호의존적 세계에서 지식을 추구해야 한다. 현재 눈앞에 닥친 문제들은 협력을 통해서만 해결할 수 있다.

기하급수적 기술 길들이기

디지털 전환 그리고 파괴적 기술이라는 말은 이제 그만 써야 한다. **기술 자체는 그 어느 것도 파괴하지 않는다. 모든 것은 '우리가' 기술을 어디에 투입하느냐에 달렸다.** 그리고 디지털 전환은 자연현상이 아니다. 어느 방향으로 전환할지를 우리가 결정해야 하고 결정할 수 있다.

진정한 디지털화는 아직 일어나지 않았다. 우리가 30년 전에 시작한 일(소셜 미디어를 잠깐 가지고 놀았던 일)은 그저 아주 잠깐 역사에 자취를 남긴 한 현상에 불과하다. 우리는 수많은 데이터와 그에 못지않은 혼돈을 만들어냈고, 그로 인해 발생한 질환을 해결하느라 앞으로 10년을 보내게 될 것이다. 2020년은 2050년만큼 1990년과도 멀리 떨어져있다. 그러나 만약 기술이 발달하고 기계가 더 똑똑해지면 향후 30년은 훨씬 더 급진적인 전환이 일어날 것이다.

디지털 쓰나미가 여전히 우리 앞에 와 있지만 우리는 이 모든 변화에 어떻게 대처할지 그리고 무엇이 우리에게 닥칠지 인식하지 못하고 있다. 그 사이 벌써 양자컴퓨터 계발이 현실화되고 있다. 유발 하라리Yuval Noah Hararis가 2016년에 전망했듯이 인공지능이 주류가 될 세상이 멀지 않았다.[10]

앞으로 10년의 변화는 지난 30년의 모든 격변보다 더 극단적일 것이다. 기하급수적 가속이 무엇을 뜻하는지는 이론적으로 명확히 전망할 수 있다. 이를테면, 당신은 직진 30걸음으로 30미터를 갈 수 있다. 그러나 기하급수적 속도면 30걸음으로 지구를 26바퀴 돌 수 있다. 이런 변화의 속도에도 불구하고 기하급수적 기술의 구체적 효력을 우려하는 사람이 거의 없다.

옛것을 대체한다고 해서 고전 방식을 따르는 계량된 수학공식과 모델을 희망해선 안 된다. 양자적 관점에서 바라봐야 한다. **양자의 세계는 예측 불가다. 아원자 세계처럼 매우 기이하다.** 그러므로 양자경제는 미리 정의하고 단계적으로 실현해야 하는 고정된 목표가 아니다. 양자경제는 미래로 가는 과정이다. 우리가 이 길로 가는 힘든 여정을 기술에 맡기지 않는 한, 아무도 이 길을 막지 못하고 막지 않을 것이다. 그러나 기술에 모든 걸 맡기는 순간, 그 대가는 재앙에 가까울 것이다. 통제권을 완전히 잃을 것이며 독립된 주체로 살기를 포기해야 할 지도 모른다.

인류역사상 기술 발달을 통제하는 데 성공한 사례는 없다. 그러나 이번에는 해내야 한다. 지금까지의 모든 역사와 달리 새로운 기술을 나중에 길들이거나 오류를 바로잡을 기회가 더는 없을 것이기 때문이다.

인쇄술이나 내연기관 엔진 혹은 대량생산 같은 기술혁명은 반응시간이 수십 년 혹은 심지어 수백 년이었다. 그러나 앞으로 기술은 반응시간이 몇 달 혹은 그보다 더 짧아진다. 게다가 연관성이 너무 복합적이어서 인간은 그 모든 그림을 통찰할 수 없다. 반세기전 원자폭탄이 수십만 명을 죽이고 전체 지역을 사람이 살 수 없는 곳으로 만든 뒤에야 국제사회는 위협적인 종말을 막기 위해 군비축소 합의에 애썼다. 인공지능 기술의 경우, 충격적 비상사태 뒤의 이런 수정 가능성이 더는 존재하지 않을 것이다.

스티븐 호킹은 말년에 "인공지능은 인류의 종말을 의미할 수 있다"며 주의를 촉구했다.[11] 기술 선구자이자 테슬라의 CEO 일론 머스크는 통제되지 않은 인공지능 개발을 파우스트의 '악마와의 계약'에 비유했다.[12] 빌 게이츠도 "사람들 대부분이 인공지능을 두려워하지 않는" 것을 놀라워했다.[13] 인공지능과 알고리즘에 조종권을 맡기는 것은 그들에게 우리의 지배권을 넘기는 것과 마찬가지다. 기술 발달이 소수 메가급 거대기업과 과두세력의 손에 있는 한 새로운 형태의 슈퍼권력을 뒤늦게라도 길들일 가능성은 거의 없다. 그러므로 우리는 정치, 경제, 사회 그리고 연관된 모든 차원에서 급진적으로 방향을 선회해야 한다. 해결책이 적시에 효과를 낼 수 있도록, 모두가 공헌해야 한다.

철학이 필요한 시간

거대기업의 최고경영진이 우리의 미래를 결정하는 것을 막으려면, 자연과학과 철학을 포함한 모든 분야의 강력한 협업이 필요하다. 전 미국무장관 헨리 키신저(Henry Kissinger)는 2018년《디 애틀랜틱(The Atlantic)》에서 다음과 같이 지적했다. **"만약 인공지능이 반복 훈련을 통해 인간보다 기하급수적으로 학습할 수 있다면, 실수 역시 인간보다 더 빨리 더 큰 규모로 저지를 수 있음을 명심해야 한다.** 인공지능이 윤리적 혹은 분별 있는 결과를 내도록 알고리즘을 조종할 수 있다는 인공지능 연구자의 생각은 환상일 수 있다. 모든 개별 학문 분야는 개념 정의에서 의견 일치를 이루지 못한 인간의 무능함에서 생겨났다. 이제 인공지능이 심판자로 나서게 될지 모른다."[14]

이런 악몽 같은 시나리오를 막기 위해, 고령의 미국 정치학자는 철학협의회 설치를 권고했다. "내가 기술 세계에 문외한이듯 정치와 철학에 문외한인 인공지능 개발자는 제기된 질문을 숙고하고 기술적으로 실현 가능한 대답을 찾아야 한다. 미국 정부는 철학자로 구성된 협의회를 설치하여 사회 비전을 수립해야 한다. 적어도 한 가지는 확실하다. 우리가 빨리 행하지 않으면, 너무 늦었다는 걸 곧 깨닫게 될 것이다."

키신저의 지적처럼 철학의 르네상스가 필요하다. 수학과 사회학, 기술과 철학의 접근법과 지식을 서로 연결하는 '분야 통합적 진보'가 필요하다. 여기에서 의식혁명이 시작되어야 한다. 이 일은 지금 시작해야 한다.

2장

다섯 가지 오류:
시스템 오류인가, 오류 시스템인가

애덤 스미스에서 밀턴 프리드먼Milton Friedman에 이르는 자유 자본주의 이론가들이 설계하는 시스템에서는, 대립하는 힘이 이상적 균형에 도달하고 '자유로운 힘겨루기 게임'이 공동선과 개인의 이익 사이에 완벽한 균형을 가져온다. 주권자인 개인은 '자유 의지'로 합리적 결정을 내린다. 마찬가지로 민주주의 이론가들은 민주주의가 어째서 모든 국민에게 가장 큰 자유를 보장하는지 설명한다.

그러나 현실은 달라 보인다. **평등과 힘의 균형은 모델에만 존재할 뿐, 진짜 세계는 훨씬 기이하게 작동한다. 양자와 비슷하다.** 이번 장에서는 모델과 다른 현실의 다섯 가지 오류를 살펴보고 이를 통해 오늘날 우리의 정치·경제·사회 시스템의 한계를 짚어본다.

첫 번째 오류: 확산하는 독단주의

서구 사회가 오늘날 맞닥뜨린 가장 큰 사회 문제는 무엇일까? 테러는 아닐 것이다. 이른바 IS(이슬람 국가)는 이미 과거가 되었다. 이슬람 극단주의 테러리스트의 위험은 실제보다 과도하게 부풀려져 왔다. 물론 프랑스 니스나 독일 베를린에서 벌어진 테러들은 매우 끔찍했다. 그러나 테러로 인한 서구 국가의 사망자는 미국의 총기 희생자 혹은 독일의 교통사고 사망자보다 훨씬 적다. 정치인들이 정말로 유권자의 생명을 보호하고 싶다면 총기소지법을 개정하거나 아우토반에 속도제한을 도입하는 편이 훨씬 효과적일 터이다.

그렇다면 가장 시급한 사회 문제는 무엇일까? 바로 도그마Dogma, 독단주의다.

도그마는 (그리스 어원으로는 '의견, 교훈'이라는 뜻이지만) 진실성이 의심되어서는 안 되는 절대적 발언을 뜻한다. 원래는 종교에서 모든 신자가 동의하는 교리를 의미했다. 기독교 신학의 중심 교리는 예수그리스도가 하느님의 아들이고, 죽임당했지만 부활하여 목격자들 앞에서 하늘로 승천했다는 사실이다. 비기독교인에게 이런 현현(顯現)은 아주 기괴하게 들릴 수 있다. 하지만 신자들에게는 이를 의심하는 것이 무의미하다. 이는 신앙의 핵심 요소이며 입증과 반박의 문제가 아니다. 이를 믿으면 기독교인이고, 믿지 않으면 기독교인이 아니다.

하느님 아들의 부활은 특별한 사건이므로 이 교리를 따른다고 해서 물리적, 생화학적 법칙을 부정할 필요는 없다. 일반인은 예수처럼 처형당하더라도 다시 살아나지 않고 승천하지도 않는다. 기독교인과 무신론자들은 이 부분에서 의견이 일치한다. 그러나 이것 외에 신자들이 현실을 왜곡할 수밖에 없는 종교적 교리들이 무수히 많다.

중세시대가 끝날 때까지 바티칸은 가톨릭교회의 세계관에 맞는 과학지식만을 용인했다. 지구는 우주의 중심에 고정되어 있어야 하므로 태양이 지구 주변을 돌 수밖에 없었다. 다른 결론에 도달했던 천문학자와 수학자는 교회의 검열에 굴복해야 했다. 혹은 진리를 위해 목숨을 바쳐야 했다. 이탈리아 철학자이자 천문학자인 지오다노 브루노Giordano Bruno는 1600년 우주가 무한히 광대하고 그래서 창조될 수 없으며 사후세계 역시 없다고 선언한 죄로 처형되었다.[1] 브루노는 심지어 우주 비행을 예견하고 달을 넘어 더 멀리까지 상상의 우주여행을 했다. 종교 재판관은 '가짜 뉴스'를 토대로 브루노에게 판결을 내렸고, 도그마에 대항하는 '이교도'는 화형에 처해졌다.

이처럼 종교적 교리와 세속적 독단 사이의 경계는 불분명하다. 종교란 창시자에 의해 선포된 강력한 나쁜 생각에 불과한 건 아닐까? 종교가 무엇을 가져오고 교리가 얼마나 명확히 반박되었는지와 상관없이 교리에 맞게 살고자 하는 신자들의 의지는 합리성으로는 설명되지 않는다. **그러나 '인간으로 산다는 것'은 역시 모순되게 행동하기 혹은 논리와 인과관계만이 아니라 적어도 감정에도 이끌리는 것을 의미한다.** 그리고 다른 사람을 해치지 않는 한 우리가 어떤 종교적 교리를 따르느냐는 우리의 자유다.

독단주의가 종교, 정치적 이념 나아가 소수 집단의 문제라고 생각해선 안 된다. 때론 독단주의가 경제와 정치의 변화를 막는 역할을 한다. 모든 시장의 완전한 규제 철폐가 결국 모두에게 번영을 가져올 거라는 터보 자본주의 '교리'는 생태계 붕괴와 독점 과두세력의 폐해를 통해 오래전 반박되었다. 그럼에도 많은 이들이 여전히 이 도그마에 집착한다.

독단주의자들은 그들의 확신을 흔들 수 있는 모든 주장에 면역이 되어 있고, 그들의 확신을 강화할 것처럼 보이는 모든 것을 더욱 탐욕스럽게 움켜쥔다. 그러므로 도그마를 확신하는 사람들은 가짜 뉴스와 음모론에 쉽게 빠진다. 여기에 소셜 미디어는 필터버블filter bubble, 알고리즘이 사용자 정보에 기반하여 사용자가 어느 정보를 보고 싶어 하는지를 추측하여 선별하기 때문에 사용자는 자신이 동의하지 않는 정보로부터 분리되어, 자신만의 문화적, 이념적 거품 안에 머문다 - 옮긴이로 가짜 뉴스를 수천 번씩 공유하면서 도그마를 강화한다. 플랫폼의 알고리즘은 메아리가 울리는 작은 방을 만들고, 사용자는 자신이 그 방 안에 있음을 알아차리지 못한다. 이것은 소위 '인식의 폐쇄' 현상을 부추긴다. 소셜 미디어의 추천 시스템을 만든 개발자와 엔지니어가 필터버블 효과를 의도하지는 않았더라도 말이다.

합리성이란 함정

독단주의라는 장애물을 어떻게 극복할 수 있을까? 해결책은 간단해 보인다. 독단주의의 반대, 그러니까 합리주의 쪽으로 초점을 옮기면 된다! 이는 일견 그럴듯하게 들리고 또한 독단주의를 막는 방법으로 종종 권해진다. 그러나 애석하게도 이 해결책은 제 기능을 하지 못한다. 순전히 사실과 효과만 지향하는 합리주의는 칸트의 명언인 "인간은 굽은 나무에서 만들어졌다"는² 사실을 무시하기 때문이다.

인간은 합리적으로만 생각하고 행동하지 않는다. 인간은 결코 냉철한 논리만 따르지 않는다. 설령 우리가 완전히 객관적이라고 착각하더라도 실상은 전혀 그렇지 않다. 우리가 인정하고 싶든 아니든 두려움과 희망이 언제나 우리의 선입견과 여러 '비합리적' 견해에 영향을 미친다. 삶의 모든 면에 막대한 영향을 미치는 사회모델과 경제모델이면 특히 더 그렇다.

'경제 자유주의의 교황'으로도 유명한 밀턴 프리드먼은 시장행위자가 항상 합리적으로 행동한다고 확신했다. 심리학자 대니얼 카너먼Daniel Kahneman은 바로 이런 극단적인 자유주의 기본 가정을 반박한 공로로 노벨경제학상을 받았다. 우리는 '기껏해야' 합리적으로 행동하려 애쓴다. 그러나 옳거나 그름은, 의식적이든 무의식적이든 우리의 견해와 행동을 결정하는 여러 기준 중 하나에 불과하다. 우리는 타당한 해명과 효율적 전략을 얻기 위해 애쓰지만, 다른 한편으로는 기적을 경험하고자 한다. 우리는 뭔가를 주장하면서 속으로는 은밀히 그 반대를 믿고 싶어한다. 자신과 다른 사람을 속이는 것이 효과적이지 않음을 잘 알면서도 진실의 범위를 기꺼이 아주 넓게 정하곤 한다. 경제에선 무엇이 시스템을 움직이거나 추락시키는지 명확히 파악하는 것이 매우 중요한데, 구소련의 독단주의자들은 그들의 '진리'를 고수하다가 도그마와 함께 멸망했다.

그렇다면 무엇이 독단주의에서 우리를 해방시켜 줄까? 합리주의가 해답일 수는 없다. 자칭 합리주의자들도 자기들 주장과 달리 온전히 합리적이고 객관적으로 행동하지 않는다. 인간은 누구나 각자 자기만의 주관적 관점이 있다. 자기만의 하위텍스트, 자기만의 아젠다가 있다. 이를 무시할수록 '인간적 요소'가 더욱 강하게 발현된다.

독단주의의 반대는 회의론이다. **독단주의자는 하나의 주장을 불가침의 진리로 선언한다. 반대로 회의론자는 모든 가정을 시험대에 세운다.**

천문학 역사를 간략히 살펴보면 설명에 도움이 될 것이다. 프톨레마이오스의 정설로 인해 우주의 중심을 지구로 보는 모델이 수천 년 넘게 진리로 받아들여졌다. 수많은 결함에도 불구하고 이 모델은 가톨릭교회의 교리가 되었다. 토마스 쿤Thomas S. Kuhnin이 《코페르니쿠스의 혁명Die kopernikanische Revolution》에서 설명했듯이,[3] 프톨레마이오스의 모델은 코페르니쿠스가 이 교리를 의심하고 단절할 때까지 진실로 받아들여졌다. 코페르니쿠스는 이런 '진실'과의 단절로 현실과 더 일치하고 더 실용적인 새로운 이론을 찾아낼 수 있었다. 그러나 태양을 중심에 두는 그의 모델에도 수많은 오류가 있었고 그 오류는 브라헤, 뉴턴, 케플러 같은 후대 연구자들의 계산과 발견을 통해 수정되었다. 종교 수호자들이 오류투성이의 코페르니쿠스 이론을 어떤 이유에서 교리로 받아들였으면 아마 우리는 오늘날에도 여전히 태양이 꼼짝 않고 우주에 떠 있고 행성들만 그 주위를 돌고 있다고 배우고 있을지 모른다.

독단주의를 극복하려면 회의론에 집중해야 한다. 철학적 회의론은 기본적으로 우리가 세계를 알 수 있다는 것을 의심하진 않는다. 그러나 회의론은, 우리가 감각을 통해 언제나 부정확한 정보를 얻고 그래서 우리가 세우는 모든 가설 역시 언제나 부정확하다고 말한다.

인간은 완전한 진리에 결코 도달할 수 없지만, 비판적이고 회의적

인 자세로 **조금씩 조금씩 진리에 다가갈 수 있다.**[4] 우리의 형이상학적 '현실' 이해는 어쩌면 오늘날에도 여전히 세상을 원반으로 보는 것과 같을 수 있다. 어쩌면 우리가 아직 접근할 수 없고 그래서 세상의 핵심을 이해하지 못하게 막는 뭔가가 현실이나 물리학 어딘가에 있을 수 있다.

그러므로 우리가 믿어온 모델과 이론을 점검하고 개선하고 혹은 반론을 제기할 수 있어야 한다. 그리고 이것이 단지 모델에 불과함을 언제나 명확히 인식해야 한다. 방법은 그것뿐이다. 우리는 한가지 이론을 '절대 진리'로 확정할 수 있는 완벽하게 객관적인 기준을 마련할 수 없다. 그것은 우리의 경험세계 너머에 있을 터이다.

두 번째 오류: 치명적 정보사회

우리는 산만하고 스트레스로 가득한 사회에 산다. 정치계와 언론계의 이른바 스트레스 예술가들이 끊임없이 우리를 자극한다. 그들은 가짜위기, 스캔들, 과장된 공포, 기괴한 뉴스, 다양한 거짓말로 우리의 숨을 멎게 한다. 여기서 정말로 나쁜 것은 그들이 주는 스트레스 자극이 아니라 그 목적과 방법이다.

인간은 포유동물이고 포유동물을 가장 확실하게 조종하는 것이 스트레스다. 그러나 여기에는 대가가 따른다. 석기시대의 뇌 영역이 지휘권을 쥐고 우리의 혈관을 스트레스 호르몬으로 채우면 우리는 글자 그대로 지성을 잃게 된다. 합리적 사고를 담당하는 대뇌피질이 일시적으로 폐쇄되거나 무뎌진다. 이런 진화적 메커니즘이 수천 년 동안 인간에게 중요한 기회를 제공했지만, 그것의 결점도 명백하다.

스트레스 호르몬에 지성을 잃으면, 우리는 오로지 외부 자극에만 반응하게 된다. 무의식적으로 행동하게되고 쉽게 조작 당한다. 비판적으로 보기보다는 감탄부터 하게 된다. 이런 상태에 빠지면 우리는 자기 자신, 집단, 심지어 인간 전체에게 해로운 일에 열렬히 참여하게 된다. 떼 지어 다니는 동물들처럼 소위 위협적인 재앙이나 다른 집단의 습격이라는 두려움과 공포에 조종당할 수 있다. 위기 및 스트레스로 점철된 현대사회에서 바로 그런 일이 반복해서 벌어지고 있다.

도파민에 조종된 마약중독자처럼 우리는 평생을 슬려 다닌다. 뽀퓰리즘 정치인과 스트레스 예술가들이 계속해서 겁을 준다. 스트레스 자극이 끊임없이 우리 위로 쏟아진다. 그리하여 우리는 늘 '싸움 혹은 도주' 모드에 있다. 결과적으로 쏟아지는 수많은 공포에 의문을 제기할 수 없는 상태가 된다. 코로나 팬데믹 상황에서 벌어진 유럽과 미국의 사재기 사태는, 그런 심리적 반응이 개인뿐 아니라 집단을 어떻게 조종하는지 아주 생생하게 보여주었다.

관심, 권력, 추종세력을 얻기 위해 끊임없이 굉음을 내는 경쟁. 사실과 생각이 아니라 스트레스와 감정에 이끌리는 싸움. 이런 사회에서는 감정을 가장 격렬하게 높이는 사람이 주도권을 가질 가능성이 크다. 단 며칠, 몇 시간 혹은 심지어 몇 분 후면 다음 트윗, 다음 포스팅이 수백만 아드레날린중독자들의 호르몬 수치를 높인다. 진실 여부는 어차피 중요하지 않다. 오로지 짜릿한 자극과 클릭 수만 중요하다. 클릭 수는 혼란스러운 우리의 정보사회에서 가장 견고한 화폐가 됐다.

'정보'라는 단어에서 이미 혼란이 시작된다. 우리는 정보사회에 사는가? 그렇다. 정보는 지식과 같은가? 아니다. 적어도 두 가지 이유에서 아니다.

첫째, 당신이 정말로 이해한 것만이 당신의 진짜 지식이다. 그게 아닌 경우에는 그저 저장만 했다가 앵무새처럼 재생할 뿐이다. 정보를 지식으로 바꾸려면, 정보에 의문을 제기하고 평가하고 분류해야 한다.

둘째, 정보는 인터넷 시대에 범람하는 데이터 흐름에 불과하다. 정보는 진실 혹은 거짓, 왜곡 혹은 허구일 수 있다. 마구 뒤섞인 정보의 홍수를 분류하고 의식적으로 처리하지 않고 그냥 자신을 덮치게 두는 사람은, 정보를 많이 가진 게 아니라 정보 과부하로 허덕이고 있는 것이다.

"진실은 거짓이다"

조지 오웰의 암울하면서 동시에 명료한 디스토피아 소설 《1984》에서는 막강한 국가 권력이 국민을 24시간 감시한다. "Big Brother is watching you!(빅브라더가 지켜보고 있다!)" 누구도 빈틈없이 설치된 카메라 렌즈에서 아무도 벗어날 수 없다. 사람들은 늘 관찰될 뿐 아니라 계속해서 조작된다. 주요 개념들의 의미가 반대 의미로 뒤바뀐다. "전쟁은 평화다. 진실은 거짓이다."[5] 사건들이 필요에 따라 재구성된다. '빅브라더'를 통해 국민의 이동권뿐 아니라, 생각의 자유도

체계적으로 제한된다. 진실과 거짓, 현실과 선전을 구별할 수도 없다. "2+2가 정말로 4인지 어떻게 알 수 있겠는가?" 소설의 주인공 윈스턴 스미스가 골똘히 생각한다. "중력의 법칙이 정말 맞을까? 과거를 바꾸는 것이 정말 불가능할까? 과거와 외부 세계 모두 상상 속에만 존재하고, 상상을 지배할 수 있다면...... 그럼 어떻게 될까?"

권력자의 조작으로 우리가 우리의 지성, 인식, 기억을 더는 믿지 못하게 된다면 게임은 아주 쉬워진다. 어쩐지 이 얘기가 낯설지 않을 것이다. 우리는 현재 《1984》의 실사화 속에 살고 있는 건 아닐까? 그러나 스탈린이 지배하던 소련 같은 나라의 관료 윈스턴 스미스는 사건을 재구성하고 자유롭게 창작하고 사람들을 감시하고 조작할 수 있는 현대 과학기술의 가능성을 그저 꿈만 꿀 수 있었다.

조지 오웰은 놀랍게도 현재의 혼란을 정확히 예측했다. "당은 눈과 귀를 믿지 말라고 가르쳤다. 그것이 당의 가장 중요한 핵심 규칙이었다." 윈스턴 스미스는 자신이 미치지 않았고, 권력자가 모든 진실을 거꾸로 뒤집었음을 의식하기가 아주 힘들었으리라. 조지 오웰은 맹세하듯 스스로 다짐한다. "그럼에도 그가 옳았다! 당이 틀렸고 그가 옳았다. 손에 잡히는 구체적인 것, 단순한 것, 진짜가 지켜져야만 한다."[6] 오늘날 그 어느 때보다 이런 확신이 필요하다. 비록 소셜 미디어의 필터버블로 인해 홀로코스트가 없었고, 아폴로호가 달에 착륙한 적이 없으며, 빌더버그회의 참석자들이 세계독재지배를 계획했다는 주장이 '좋아요'를 아무리 받더라도 이는 진실이 될 수 없다. 설령 트럼프가 트윗에 기후붕괴가 '중국의 발명품'이라고 썼더라도[7] 그것은 사실이 아니고 타당성이라고는 눈곱만큼도 없다.

《1984》와 매우 흡사한 중국의 대규모 감시와 통제 시스템, 러시아와 여타 지역에서 벌어지고 있는 (소셜) 미디어의 국가 감시는 세계 시민사회의 격렬한 비판을 받고 있다. 그러나 소위 자유 국가에서도 이런 기술은 테러 계획을 추적하고 탐지한다는 이유로 쓰이고 있다. 코로나 팬데믹 상황에서 바이러스의 감염 경로를 파악하고 전염병과 싸우기 위해 신속하게 등장한 추적 앱은 공공의 선이라는 목적 아래 우리를 관찰하고 있다. 가장 자유롭고 개방적인 민주주의 국가에서조차 아주 짧은 시간 안에 정부는 사람들의 외출을 제한하고 며칠 만에 법을 바꾸었으며 기본권을 제한하고 행정 명령을 내렸다. 머지않아 시민과 경제, 사회 전반을 보호한다는 명목아래 알고리즘 기반 경고 시스템이 개인의 건강을 실시간으로 측정하고 활동 데이터를 파악하는 단계로 접어 들 것이다.

언뜻 보면 이런 예방 시스템과 첨단과학의 활용이 합리적으로 보일 수 있다. 그러나 그 이면에는 모든 기술이 언제든지 해킹, 조작, 감시를 통해 다양한 방식으로 남용될 수 있다는 문제점을 내포하고 있다. 이런 국가적 개입이 본래의 목적에서 벗어나지 않으려면 당국과 시민 사이에 높은 수준의 투명성과 신뢰가 먼저 있어야 한다.

조지 오웰은 쓴다. "자유는 2+2가 4라고 말할 수 있는 것이다. 이것이 보장되는 즉시 모든 것이 저절로 진행된다."《1984》의 전체주의국가와 달리 적어도 서구민주주의 국가에서는 이런 자유가 보장되어 있다. 그러나 정신적, 심리적 혼란으로 점점 더 많은 사람이 가장 근본적인 사실조차 인지하지 못하고, 2+2가 4라고 말하는 자유를 잃고 있다. 이런 정신적, 심리적 혼란은 외부의 억압보다 훨씬 더 효력이 크다.

기술혁명의 한계

인류의 역사는 정보사회의 발달이라 해도 과언이 아니다. 언어는 복잡하고 뉘앙스가 다양할수록 더 많은 정보를 전달한다. 역사적으로 가장 강력한 효력을 낸 언어 발전의 획기적 전환점을 꼽자면 먼저 문자의 발달이 있을 테고 그다음 파피루스와 종이 그리고 인쇄술의 등장을 들 수 있다. 인터넷은 언어의 이런 발전 과정을 가속화했을 뿐이다.

오늘날의 정보사회는 '치명적' 정보사회다. 기하급수적 가속의 법칙에 따라 새로운 기술이 섬섬 더 짧은 간격으로 점점 너 많은 정보를 수집하고 확산한다. 그리고 이것이 막대한 사회적 변화를 불러일으킨다. 15세기 중엽 구텐베르크의 인쇄술 발명이 특히 인상 깊은 사례이다.

구텐베르크의 발명 이전에는 책을 복사하려면 손으로 일일이 옮겨야만 했다. 힘들고 시간이 많이 드는 과정이었고, 많은 비용이 들었다. 책을 읽고 쓸 수 있는 사람도 별로 없었다. 필사는 주로 가톨릭 수사들이 했고, 교회는 과학지식의 확산으로 교황의 지혜가 의심받는 걸 원치 않았다. 하지만 인쇄술의 발명으로 새로운 해석과 승인되지 않은 저작물이 널리 퍼졌다.

인쇄술 혁명이 불러일으킨 강력한 사회적 변화는 약 300년 뒤 나타났다. 파리 시민들이 바리케이트로 돌진했다. 그들은 가난하고 권리도 없었지만 자신의 가능성을 인식했으며 왕정을 쓸어버리고 '자

유, 평등, 우애'를 선언했다. 이 획기적 사건을 우리는 '프랑스 혁명'
이라 부른다.

독일 계몽주의 철학자 고트프리트 빌헬름 라이프니츠는 "인간이 모
든 것을 알 수 있다"고 확신했다. 어차피 지식은 제한되었고 인간의 학
습능력은 무제한이니까! 프랑스 계몽주의자 드니 디드로Denis Diderot
와 장 르 롱 달랑베르Jean le Rond d'Alembert 역시 이런 낙관주의를 지
지했다. 그들은 1751년부터 《백과전서Encyclopédie》를 편찬했다. 그때
까지의 인류지식을 집대성한 거대한 걸작이었다. 140명이 넘는 저자
가 거의 30년에 걸쳐 작업하여 마침내 35권으로 출판되었다.

돌이켜보면 그들의 프로젝트는 감동적일 만큼 대단하다. 35권이
라니! 그러나 그들이 만약 인터넷 시대의 정보홍수를 본다면 과연
어떤 평가를 할까? 지성의 승리라고 평가하진 않을 터이다. 아마도
새로운 '미숙함'으로 퇴화했다고 평가할 것이다. 사실 오늘날 우리는
매우 효율적으로 소통할 기회가 있었다. 하지만 텍스트, 사진, 오디
오 등 무지막지하게 많은 정보가 범람한 탓에 처리는 고사하고 수신
조차 벅찬 상태가 되었다.

우리는 인터넷 덕분에 무제한으로 정보에 접근할 수 있지만 인간
의 정보 수용 용량은 한계가 있다. 그래서 인터넷은 공부가 습관인
사람들조차 매일 조금씩 더 바보로 만든다. **아는 것과 알 수 있는 것
사이의 간격이 점점 더 벌어진다.** 그리고 정보를 선별하고 분류하고
평가하는 법을 배우지 못한 사람은 광활한 인터넷 속에서 익사하고
있다. 사람과 마우스, 의식과 지성도 함께 수장될지 모른다. 이것이
바로 '치명적 정보사회'의 단면이다.

모두에게 인터넷 접근이 가능해졌을 때, 사람들은 세계와 지식의 무한한 확장 약속에 감탄했다. 그러나 그런 약속이 치명적 오류로 밝혀지는 데는 오랜 시간이 걸리지 않았다. 온라인 세계에서 진실로 판매되고 믿어지는 많은 것들이 현실에서 금세 가짜 혹은 난센스로 밝혀지고 있다.

가상세계에는 신체적, 정서적 경험을 통해 진실성 혹은 타당성을 점검할 기회가 없다. 내가 실제로 겪는다면 구체적으로 어떤 느낌일까? 유리문에 머리를 부딪히면 통증을 느낀다. 따라서 단지 눈에 보이지 않는다고 해서 아무것도 없다고 믿진 않을 것이다. 인터넷에는 이런 단순하면서도 실질적인 점검 기회가 없기 때문에 우리는 훨씬 잘 속는다. 그럼에도 우리는 온라인 세계에서 실체적 진실이라 믿는 것을 순진하게 아날로그 세계와 연결한다. 인터넷이 물리적 현실의 확장이라고만 배웠기 때문이다.

다른 사람들과 대화를 통해 진실과 거짓을 구별한다면 우리는 속수무책으로 거짓에 속지는 않을 것이다. 하지만 안타깝게도 우리는 진짜 사람과 나누는 진짜 대화를 상당 부분 잃어가고 있다. 식당이나 공원, 버스나 지하철 어디에서나 사람들은 고개를 숙이고 스마트폰이나 태블릿을 본다. 옆 사람과 대화를 나누려면 귀찮게 이어폰을 빼야 한다. 함께 여행하는 사람들과 여행 경험에 관해 얘기를 나눌 수도 있겠지만 그들은 어쩐지 진짜 대화에 흥미를 잃은 것 같다. 몸짓과 표정, 목소리, 냄새로도 소통할 수 있는 진짜 다원적 소통능력도 잃은 것 같다.

인터넷이 끊임없는 업데이트를 통해 점점 더 개선되는 동안, 사회

적 존재인 우리는 점점 더 나빠지고 있다. 실생활에서 들은 얘기는 대부분 곧바로 진실과 거짓으로 구별된다. 하지만 인터넷에 돌아다니는 소문과 클립은 진위를 알아내기 어렵거나 너무 늦게 밝혀진다. 인터넷이 뇌의 확장이라는 환상에서 나와야 할 때다.

세 번째 오류: 길들여진 생각

우리의 정보처리 능력에 닥친 또 다른 커다란 문제는 교육모델과 교육기관의 붕괴에서 찾을 수 있다. 교육시스템은 어디서부터 잘못된 것일까? 대표적으로 두 가지를 지적할 수 있다. 첫째, 이미 구식이 되어버린 지식을 여전히 머리에 집어넣고 있다. 둘째, 비판적이고 회의적으로 생각하는 법을 가르치지 않고 전문가의 말을 그대로 믿도록 가르친다. 이는 초중등교육부터 대학을 거쳐 리더를 위한 심화 및 추가 교육에 이르기까지 동일하다.

평생학습의 시대

우리 사회는 여전히 교육을 인생의 초기 3분의 1에 마쳐야 하는 의무로 취급하는데 이는 심각한 착각이다. 어제까지 진실이었던 것이 오늘 벌써 여러 측면에서 반박되고 내일이면 또 다른 이론과 지식에 의해 보충되거나 무너지기 때문이다. 자연과학과 과학기술은 물론이고 경제학과 사회학 역시 그렇다.

한스 로슬링Hans Rosling은 서구 국가들의 고학력 엘리트들이 여러 관점에서 많은 것을 잘못 알고 있고, 기괴할 만큼 무지하다는 사실을 증명했다. 대학생과 교수 그리고 저널리스트들 역시 빈곤과 아동 사망률을 낮추려는 전 세계적 노력의 성과를 실제보다 한참 낮게 평가했다. '중국'이라는 키워드에서 여전히 많은 이들이 기아를 떠올리고 무엇보다 불법복제를 기반으로 하는 '짝퉁 경제'를 생각했다.[8] 그러나 중국은 전기차나 인공지능 같은 미래 분야에서 적어도 미국과 동등한 수준으로 급속히 성장했다.

이런 판단 오류의 원인은 잘못되었거나 오래된 데이터를 기반으로 형성된 편견 때문이다. 결론은 명확하다. **해결책은 평생학습 그리고 학습 내용의 신속한 교체와 업데이트이다. 그런 의미에서 모든 유치원, 학교, 대학에서 실용 철학을 가르쳐야 한다. 아이들도 최고경영자와 마찬가지로 스스로 배우는 법과 가르치는 법을 배워야 한다. 뭔가를 직접 가르칠 때, 우리는 자료를 저장하는 수준을 넘어 경험에 기반한 더 깊은 배움을 얻는다. 이런 배움은 영원히 우리의 지식으로 남고, 그 지식 위에 지혜를 쌓을 수 있다. 앞으로 우리는 5년에서 10년마다 완전히 새사람이 되어야 할 것이다. 기술, 적응력, 수사학을 새롭게 학습해야 할 것이다.**

교육이 부를 낳는다 - 아니면 그 반대일까?

국가의 경제성장과 국민의 교육수준 사이에는 명확한 연관성이 있다. 하지만 일반적인 예상과는 정반대다. 국가가 먼저 부유해지고 그다음 부유한 국가가 교육시설에 더 많은 자원을 투자한다.[9]

현재와 미래의 지식이 과거의 지식보다 중요하다. 그러나 현재와 미래의 지식이 점점 더 기계와 자동화 과정으로 옮겨가기 때문에 현대 직장인들 대부분이 오늘날에 벌써 몇십 년 전의 직장인들보다 지식과 기술이 훨씬 덜 필요해졌다. 자부심 높았던 전문직 종사자가 이제 알고리즘의 숙련된 조수로 전락하여 자동화된 작업과정을 모니터로 확인하며 필요할 때만 한 번씩 단추 몇 개를 누르게 됐다.

비즈니스스쿨은 곧 역사 속으로 사라질 것이다. 기업과 교육기관의 협력 프로그램 역시 근본부터 새롭게 고안되어야 한다. 가까운 미래의 노동자들이 배워야 할 기술은 사회성, 감성, 공감, 윤리적 행동 등이다. 오늘날 여전히 예외에 속하는 정신적 적응력, 즉 예상치 못한 일을 감정적으로 적합하게 처리할 수 있는 능력이 앞으로는 모든 직업군에서 요구될 것이다. 이런 체제 속에서 성공하려면 계속해서 새롭게 자신을 창조할 수 있어야 한다. 한 가지 특정 직업을 위한 전문지식이 아니라, 다양한 상황에서 다양한 사람들과 일하는 법을 배워야 한다. 동시에 사회의 일원으로서 책임 있게 행동하는 법을 배워야 한다.

교육 내용을 갱신해야 할 뿐 아니라, 무엇보다 학습의 개념을 다시 잡아야 한다. 학습자들에게 관련 지식뿐 아니라 학습한 내용을 분류하고 비판적이고 창의적으로 다루는 능력을 가르쳐야 한다. 미래의 경제와 사회에는 단일 분야의 전문지식을 가진 '전문가 멍청이'가 아니라 스스로 생각하고 책임 있게 행동하는 철학적 인간, 즉 합쳐질 수 없어 보이는 분야 간 틈새에서(혹은 놀라운 연결에서) 새로운 지식과 관점을 찾아내는 사람이 중요해진다.

전통적인 학교시스템은 사라져야 하고 사라질 것이며, 새로운 학

습개념으로 대체되어야 하고 대체될 것이다. 지금까지 학교에서는 첨단기술이 거의 사용되지 않았지만, 성인을 위한 재교육이나 추가교육에서 이미 진행되듯이 앞으로는 학교에서도 교실수업과 고정된 시간표가 부분적으로 사라질 것이다.

고대 아테네에서 내일의 양자세계로

미래의 교육시스템에서도 교사의 역할은 중요하다. 배우는 방법과 가르치는 방법을 전수하는 일은 유치원부터 관리자 심화교육에 이르기까지 모든 교육 시스템의 근간이어야 한다. 평생학습의 기본 전제는 새로운 지식을 끊임없이 습득하려는 호기심과 관심이다. 배우는 법을 배우고 가르치는 법을 배우는 교육은 경험에 기반한 지속 가능한 지식을 낳는다. 그러므로 교사는 2000년 전 고대 그리스에서 그랬던 것처럼 멘토와 롤모델로서 없어서는 안 될 존재로 남을 것이다.

선생님의 중요성이 사라지지 않는다 하더라도 이제는 새로운 형태의 학교가 필요하다. **오늘날의 교육기관은 기존의 것을 유지하는 데 적합할 뿐 새로운 것을 설계하는 데는 부적합하다.** 이 기관에서 일하는 사람들, 즉 수십 년 동안 기존 규칙을 내면화 한 사람들은 시스템 안에서 승진하고 성공하려면 어떻게 행동해야 하는지 정확히 알고 있다. 불행히도 그들의 행동지침에는 '새로운 것 배우지 않기', '블록체인이나 양자컴퓨터 같은 새로운 지식을 전혀 이해하지 못한다고 인정하지 않기'가 포함되어 있다.

2008년, 새로운 총체적 학습 및 생활 개념을 가지고 등장한 인도

네시아 발리의 사립학교 그린 스쿨Green School이 새로운 교육모델을 보여준바 있다.[10] 이곳에서는 유치원생부터 고등학생까지 모든 학생이 재생 가능한 재료로 건축된 자연 친화적인 학교에서 배운다. 이 선구적 학교의 목표는 환경과 세계 공동체에 책임감을 느끼는 차세대 지도자를 길러내는 것이다. 미래지향적 지식전달 외에 통합, 공감, 지속 가능성, 평화, 공동체, 신뢰 같은 핵심가치들이 교과과정에 들어있다.

2018년 여름, 인도네시아 아융강가에서 그린 스쿨 설립자들과 부모 그리고 학생들과 함께 그들의 급진적 교육모델에 관해 대화를 나눌 기회가 있었다. 학생 80명으로 시작한 이 학교는 지금은 약 400명이 수업을 듣고 있다. 나와 대화를 나눴던 학생들은 자신감이 넘치고 능동적이며 책임감 있는 태도와 행동으로 깊은 감명을 주었다. 그러나 늘 그렇듯 동전에는 양면이 있다. 일류대학의 졸업생들이 더는 갈 곳이 없는 것처럼 그린 스쿨 학생들도 이를 경험하고 있다. 전통적 교육기관과 '구식' 시스템의 사회에 그들은 아직 맞지 않았다. 그러나 적절한 적응기간이 지나면 그린 스쿨 모델이 성공하리라 확신한다.

발리의 그린 스쿨, 이탈리아의 교육자이자 의사인 마리아 몬테소리의 아이디어에 기반한 몬테소리학교, 오스트리아 교육자 루돌프 슈타이너에서 영감을 얻은 발도르프학교, 미국 철학자 모티머 애들러Mortimer J. Adler가 설립한 파이데이아학교 등 수천 개의 다양한 모델 중에서 더 많은 협업과 참여를 추구하는 교육철학을 바탕으로 학생의 욕구와 관심을 중심에 두는 학교의 수요가 증가하고 있다. 절망적으로 구식이 된 기존의 학교와 대학 때문에 생긴 분노와 좌절은 거대하다. 오래전부터 쇠퇴해온 학교시스템이 돌풍 한번에도 무너질 낡은 건축물처럼 순식간에 무너지기 전에 새로운 돌파구가 마련되길 바란다.

네 번째 오류: 미완의 자본주의

인류의 마지막 종교는 현재 물질주의 단계에 있는 자본주의인 것 같다. 거대한 부작용이 자본주주의 축복을 상쇄하고도 남음에도 우리는 자본주의 우상을 계속해서 숭배하고 있다.

애덤 스미스가 예언했듯이, '시장의 보이지 않는 손'이 물질적 풍요를 지구에 선사했다. 그러나 동시에 무자비한 탐욕과 이익 극대화의 독을 뿌렸고 그 독이 몇 세대 안에 우리의 생활기반을 광범위하게 파괴했다. 메가급 거대기업들은 시장을 자기들끼리 나눠 가졌다. 수많은 혁신 기업이 탄생하지 않느냐고 반문할 수 있다. 그러나 스타트업 투자의 80퍼센트가 네토크라시Netocracy. 인터넷 귀족계급이라는 뜻의 신조어-옮긴이라 불리는 인터넷 슈퍼갑부들로부터 나온다.[11] 경쟁으로 사업에 활기가 생기기는커녕, 승자독식이라는 결과만 생긴다. 그런데 파멸의 대가는 우리 모두가 치르고 있다.

가장 부유하고 기술적으로 진보한 곳에서조차 상류층과 빈곤층의 사회적 격차가 파괴적 수준에 도달했다. 상위 1퍼센트의 소득이 비약적으로 높아지는 동안 나머지 99퍼센트의 소득은 겨우 조금 오르거나 동결됐다. 텔레비전쇼에서 젊은 스타트업 창업자의 발명 정신과 대담성을 축하하지만 실상 스타트업 시대는 오래전에 끝났다. 구글, 아마존, 애플, 마이크로소프트, 페이스북으로 구성된 이른바 '빅 파이브Big Five'와 알리바바를 필두로 등장한 새로운 아시아 기업들이 새로운 기회와 정보를 흡수하고 알고리즘화하여 나눠 가지고 있다. 새로운 스타트업이 올림푸스 정상에 진입할 진짜 기회는 사라졌다. 데이브 에거스Dave Eggers가《더 써클The Circle》에서 썼듯이, 그들은 구글, 우버 혹은 알리바바 같은 '고래'의 '플랑크톤'에 불과하다.[12]

현재의 자본주의는 알고리즘의 최적화를 의미한다. 가장 부유한 0.1퍼센트의 주머니로 들어가는 마진의 극대화가 최적화의 목적이다. 그러나 진짜 문제는, 뛰어난 실력이 아니라 자본으로 재산을 축적한 슈퍼슈퍼갑부들이다. 토마스 피케티Thomas Piketty는 지금의 자본주의 시스템에 개혁능력이 없다고 지적한다.[13] 현재 자본주의의 유일한 동력은 극대화, 더 많이, 그리고 채울 수 없는 욕심뿐이기 때문이다.

초자본주의는 소수의 슈퍼갑부에게도 단기적으로만 축복이다. 어차피 모두가 지구 우주선의 승객이 아니던가. 당신과 나, 페이스북의 마크 저커버그와 구글의 래리 페이지, 상류층, 중산층, 빈곤층 상관없이 지구 우주선의 공급 시스템이 무너지면 어차피 종말이다. 미완의 자본주의와 기술 진보가 맺은 소위 운명적 동맹을 지금까지 어떻게든 지탱해왔지만 앞으로는 거기에 희망을 걸 수 있는 상황이 아니다.

그렇다면 사회주의가 대안이 될 수 있을까? 적어도 지금까지는 아니었다. 마르크스는 노동계급의 착취를 막기 위해 자본주의를 대체할 모델을 구상했다. 그로 인해 '사회주의'가 일종의 좌파 유토피아이고 '공산주의'가 전체주의와 관련이 있다는 오해가 널리 퍼졌다. 자본주의와 사회주의를 결합하려 시도한 북유럽 국가들의 하이브리드 모델은 적어도 부분적 성공으로 볼 수 있다.

그러나 우리가 이제 정말로 해야 할 일은 마르크스의 작업을 21세기 맥락에서 새롭게 생각하는 것이다. 중산층을 안정시키는 힘과 빈부격차를 해소할 해결책이 필요하기 때문이다. 그리고 실제로 몇몇 철학자들이 최근 마르크스에 점점 더 많은 관심을 보이고 있는데, 자신을 '급진 좌파'이자 '조건부 공산주의자'로 소개하는 슬라보예 지젝Slavoj Žižek이 대표적 인물이다.[14] 초지능이 지배하는 세상으로 가는 길에서 알고리즘이 주도하는 사회에 필요한 새로운 해결책을 찾으려면 마르크스, 프로이트, 니체, 칸트, 헤겔 같은 철학자들의 저서들을 21세기 맥락에서 읽어야 한다.

지난 수십 년의 기술 진보로 우리의 현실은 매우 급진적으로 변했다. 19세기 혹은 심지어 18세기의 사회·경제모델은 21세기의 문제를 해결하는 데 도움이 안 된다. 증기기관 시대의 사회 이론과 자본주의 이론도 도움이 안 되긴 마찬가지다. 현재는 기술혁명이 사회적 변화를 불러일으키는 동인이 됐다. 이제 이런 의문이 생긴다. 자본주의의 치명적 오류는 어떤 사회적 변화를 불러일으킬까?

우리는 삶의 기반을 스스로 무너뜨리고 있다

무한 성장과 이익 극대화를 동력으로 하는 터보 자본주의의 이면에는 대량 소비, 무제한 소비, 무의식적 소비가 있다. 자본가와 소비자는 똑같이 극대화를 추구한다. 자본가는 이익을 극대화하려 하고 소비자는 소비 욕구 충족을 극대화하려 한다. 극대화 때문에 인류 문명의 수명이 적어도 두 세대 이상 연장될 가능성이 점점 더 희박해지고 있다.

물질 자본주의는 종교가 되었고, 소비중독자들은 최면에 걸린 신도처럼 우상에 복종한다. 이런 위협을 우리는 제대로 인지하지 못하고 있다. 교육이 부족해서만은 아니다. 터보 자본주의 시스템은 점점 더 정교한 방식으로 우리를 무의미한 소비로 유인하고 인간적 정서를 마비시킨다. 예컨대 우리는 현재 소비를 위해 다음 세대의 생존 토대를 광범위하게 파괴하고 있다. **소비주의는 지구 생태계를 남용하게 하고, 전 세계를 적자생존**survival of the fittest**이 아닌 비대자 생존** survival of the fattest**으로 이끈다.** 운 좋게도 좋은 시대에 부유한 나라에서 태어난 사람들이 마치 내일이 없고 다른 나라가 없고 다음 세대가 없고 아무것도 얻지 못하는 불행한 사람들이 사는 지역이 없는 것처럼 소비한다.

심리학적으로 보면 이것은 병적인 중독에 해당한다. 소비중독자는 구매한 제품이 곧바로 행복, 만족, 자신감, 더 큰 자의식을 선물할 거라고 믿는다. 그러나 환각이나 헤로인과 마찬가지로 그 효과가 오래 가지 않는다.

이런 치명적 오류를 없애려면 욕구 피라미드를 다시 들여다봐야 한다. 가장 아래에 있는 물질적 욕구가 너무 넓은 자리를 차지하고 있다. 극히 일부만 비물질적 욕구를 추구하고 대다수는 여전히 물질적 욕구에 머물러 있다. 아무도 소비를 억제당하고 싶어 하지 않는다. 국가 차원의 억제는 더욱 그렇다.

니체가 종교와 도덕을 비판한 《도덕의 계보Zur Genealogie der Moral》에서 지적했듯이 기독교 신자가 '이웃사랑'을 실천하는 까닭은 그것으로 자신이 빛나기 때문이다.[15] 이것은 비물질적 선행이 종종 물질적 보상보다 훨씬 큰 만족을 주는 이유를 설명해준다. 해로운 행동을 하지 않는 것으로도 자원봉사나 기부와 똑같은 선을 행할 수 있다. 그러므로 **각 개인은 의식적 행위를 통해, 일반적으로 알고 있는 것보다 훨씬 더 많은 효력을 낼 수 있다.**

중용

3000년 전, 최초의 유일신 신앙인 조로아스터교가 탄생했다. 이 종교는 노자의 도교와 더불어 가장 오래된 현존하는 종교이다. 돌이켜보면 그때 이미 인류발달의 새로운 단계가 시작되었다. 그때부터 철학적 사색뿐 아니라 인간과 형이상학의 관계가 탐구되었다. 서양철학도 그때 시작되었다. 그리고 불가사의한 철학적 인물인 피타고라스가 철학, 수학, 자연과학을 통합하는 시대를 열었다. 현재 우리는 새로운 과학지식과 기술진보를 통해 여러 면에서 그때로 돌아가고 있다. 만약 동서양 철학이 오늘날의 과학발전과 융합된다면 우리는 수천 년 전의 이런 토대를 앞으로 10년 안에 재발견하게 될 것이다.

수천 년 전에 이미 동서양의 현자들은 극단이 인간의 안위와 진보에 해롭다는 것을 깨달았다. 양극단을 피하는 중용이 모든 면에서 인간의 본성에 적합하다고 보았다. 붓다라고도 불린 싯타르타 고타마는 중용을 육체적 쾌락추구와 고행의 양극단 사이에 있는 절충으로 설명한다. 붓다에게 인간의 과제는 양극단 사이의 균형을 찾는 것이다. 그리스 철학자 아리스토텔레스 역시 두 극단 사이에 있는 '황금의 중용'에 대해 말한다. 자극적인 이야기와 가짜 뉴스의 폭풍 속에서 그리고 터보 자본주의와 소비중독을 극복하는 데도 '중용의 미덕'이 유용할 수 있다. 중용의 길을 걷는다는 것은, 미리 정해진 의견을 따르지 않고 자신의 경험을 토대로 결정한다는 뜻이다. 독단주의자들이 대립적 도그마를 가지고 서로 말싸움을 한다면 그것은 기껏해야 그럭저럭 재밌는 토크쇼일 뿐이다. 그런 논쟁에서 지식은 진보하지 않는다. 대립하는 두 진영이 서로에게 겨눈 검처럼 각자의 고정된 신념만을 고집하기 때문이다. 보수주의자들은 사람들이 시장 참여자로서 합리적으로 행동한다고 확신하는 반면, 좌파 정치인들은 사람들이 심리적으로 감정적으로 조종당하기 쉬우니 교활한 자본가들로부터 보호해야 한다고 주장한다.

중용을 선택한 사람은, 중용이라는 낱말이 암시하는 것처럼 진리가 '중간 어디쯤에' 있다거나 양극단 사이에 흩어져있다고 생각하지 않는다. 그들은 양극단의 입장이 모두 틀렸으며 양립할 수 없어 보이는 둘을 서로 연결할 때 진리에 가까워진다고 믿는다.

중용은 철학적 회의론자의 길이다. 새로운 경험이나 지식이 요구하면 언제든지 신념을 재정비할 준비가 되어 있다. 항상 자신의 확신을 의심하고, 가능한 한 다양한 의견들을 수용하여 그것들 사이에 다리를 놓는다. 세계가 낯선 사람들로 가득할 뿐 아니라 존재조차 알지 못했던 '낯선 사람의 낯선 사람'으로 가득하다는 것을 언제나 의식한다.

그렇다면 중용은 우리 각자에게는 구체적으로 무엇을 뜻할까? 중용의 길을 걷기 위한 몇 가지 방법을 여기에 정리해 둔다.

자신의 판단을 믿어라. 모두가 같은 의견이라고 해서(예를 들어 필터버블), 당신의 입장을 거기에 맞출 필요는 없다.

"확실해!" 대신 "아마 맞을 거야"라고 생각하는 데 익숙해져라. 모든 것은 변한다. 내일이면 벌써 당신은 어제와 다르게 생각할 것이다. 그러므로 자신의 견해를 늘 잠정적인 것으로 보는 법을 배워야 한다.

누구도 객관적이지 않다. 당신도, 가장 똑똑한 과학자도, 가장 성찰적인 철학자도 객관적이지 않다. 저마다 다른 과거, 다른 취향, 다른 편향을 갖고 있다. 우리의 주관이 우리의 관점과 판단에 섞인다. 개인 취향은 진실도 아니고 거짓도 아니다.

다양한 확신들을 구분하기보다 연결고리를 찾아라. 이것은 종교나 정치적 입장에도 적용된다. 공통점에 초점을 맞추는 데 익숙해져라.

이것 아니면 저것이 아니라, 이것과 저것 모두를 생각하라. 세계는 흑백이 아니라 다채롭다. 다른 입장을 가진 사람은 굴복시키거나 제거해야 하는 적이 아니다. 그들의 다른 관점 덕분에 당신이 더욱 풍성해진다. 그들 덕분에 당신은 개방적이고 창의적인 위치에 머물 수 있다. 그러니 다른 입장을 가진 사람을 사랑하라.

언제나 의심하라. 누군가가 "이것이 진실이다"라고 말한다면, "그래, 맞아"라고도 "절대 아니야"라고도 대답하지 말라. "아닐 수도 있어"라고 말하라. 왜 그것이 진실이냐고 물어라. 어렸을 때 했던 것처럼, 언제나 꼬치꼬치 캐물어라. "그런데 왜요?"

이 방법을 따르면 도그마에 휘둘리지 않고 누군가 생각없이 말하는 '독사Doxa'('헛소리'를 뜻하는 그리스어)에 더는 좌지우지되지 않을 수 있다.

다섯 번째 오류: 고장난 민주주의

점점 더 많은 서구 국가에서 포퓰리즘이 힘을 얻고 있다. 이는 현대 민주주의의 중요한 시스템 오류 두 가지를 상징적으로 보여준다. 첫째, 알고리즘 시대에 감정에 기초한 결정이 무제한으로 조작된다. 둘째, 지구화된 세계에서 국내 정치인의 힘이 약화되면서 세계가 거짓 약속과 퇴보의 길로 들어선다.

2016년 《뉴요커New Yorker》의 한 기자가 물었다. "대다수 유권자가 정보에 무지하다면, 대중의 안위는 과연 누가 결정하게 될까?"[16] 소크라테스가 민주주의 초기에 경고했던 현상을 오늘날 여러 국가에서 목격할 수 있다. 대중의 소망과 선입견에 호소하는 선동 정치인, 냉철하지 못하고 반성하지 않으며 오히려 반사적이고 비합리적으로 행동하는 유권자.[17]

소크라테스의 가장 유명한 제자인 플라톤은 민주주의가 너무 나쁜 아이디어이기 때문에 대중과 격리되어 외부 영향 없이 합리적 결정을 내릴 수 있는 통치계급이 필요하다고 확신했다. 정치철학자 데이빗 에스틀런드David Estlund는 2008년에 자신의 책《민주적 권위Democratic Authority》에서 지적이고 합리적인 결정을 보장하는 실용적이고 진보적인 접근방식을 제안했다. 그는 지식인이 정치를 담당하는 '에피스토크라시epistocracy'를 목표로 삼았다.[18]

선거 때 유권자들이 감정에 이끌리는 것은 새로운 사실이 아니다. 인간은 어차피 완벽한 합리적 존재가 아니다. 이미 고대 그리스의 평민회에서도 카리스마 넘치는 사람이 가장 많은 표를 받았다. 로마에서 카이사르에 매혹된 대중은 그들의 정책이 자신의 이익에 정면으로 반하더라도 그에게 환호를 보냈다.

원인은 '무지한 유권자'에게 있지 않다. 알고리즘과 소셜 미디어의 시대에 모든 이념가는 아날로그 시대의 선전가보다 비교할 수 없이 효과적인 메커니즘을 가지게 됐다. 일부 좌파가 우파 이데올로기를 이용하기 시작하고, 우파 포퓰리스트가 자신의 목적을 위해 전통적인 좌파 주제를 채택하는 아이러니한 정치 풍경이 생겨났다. 폴란드의 민족주의 집권당인 PIS(법과 정의)가 후자의 좋은 사례인데, 이 당은 장학금과 의료 시스템을 개선하고 연금수령연령을 낮추는 등 사회복지정책을 확장하여 지지를 획득했다. 터키의 에르도안, 미국의 트럼프 같은 포퓰리즘 정치인조차 토마스 만의 소설《마리오와 마술사Mario und der Zauberer》에 나오는 최면술사 치폴라처럼[19] 유권자들의 두려움과 혐오를 이용한다.

이미 오늘날 알고리즘 기반의 AI 기계들이 구글이나 페이스북을 통해 여러 면에서 우리 자신보다 우리에 대해 더 잘 알게 됐다. 무엇이 우리를 부추기고 무엇을 두려워하고 무엇을 바라는지 잘 알고 있다. AI 기계들은 포퓰리즘 정치인을 위해 페이스북 같은 소셜 미디어 이용자의 데이터를 정밀하게 감시하고 의도적으로 '소셜 봇'을 투입하여 특정 유권자 그룹의 태도와 결정을 조작할 수 있다. 코로나19 위기 동안 일어났던 감시 앱을 둘러싼 논쟁과 뇌-기계 인터페이스 외에도 바이오 및 나노 기술로 우리의 몸에 칩을 이식하는 기술 발전으로 인해 그런 시나리오의 상상에는 한계가 없어졌다.

국가 정치극

전 세계적으로 부유한 국가들은 여전히 압도적으로 민주주의를 지향한다. 비록 이런 정부 형태가 언제나 '차악'으로 통하지만, 그래도 민주주의 정부가 자유권을 더 안정적으로 지키고 그 어떤 사회시스템보다 부패에 덜 취약하다. 그럼에도 민주주의는 점점 더 많은 사람의 신뢰를 잃어가고 있다. 왜 그럴까?

고유한 게임규칙을 가진 정치계급과 현실 사이의 괴리가 점점 커지는 것이 중대한 한 원인이다. 최정상에 오르려면 실제 정치 활동에 필요치 않거나 심지어 방해되는 기술이 필요하다. 성공한 정치인은 당내 경쟁자를 제거하고 정부 관료를 줄 세우고 국회의원이나 장관 혹은 정부 수반 같은 자리를 차지하기 위해 유권자를 자기편으로 확보하는 법을 잘 안다. 그러나 소위 시급한 문제들과 그들이 약속하는 해결책은 실상 진짜 과제와 무관한 경우가 많다. **정치인들이 기후 변화, 지구화된 경제, 디지털화 같은 키워드를 종종 입에 올리더라도,**

그들 대부분은 정말 중대한 과제를 거의 이해하지 못하거나 외면하고 있다.

사실 세계적 규모의 과제는 이미 국내 정치인의 영향력을 벗어나 있다. 지구화로 빚어진 대부분의 문제는 초국가적 차원에서 해결해야 한다. 반면 국내 정치인은 국내 정당을 통해 선거전에 뛰어들고 국가나 지역 차원에서 4년에서 6년에 한 번씩 선출된다. 그래서 그들은 일부러 사건을 극적으로 표현하고 위기를 인위적으로 일으킨 다음 해결사를 자처하며 멋지게 등장하는 방식으로 자신의 무능을 감추는 경향이 있다.

일부 유권자들은 점점 더 스릴 넘치는 '국가 정치극'이 그저 눈속임에 불과하다는 걸 알아차린다. 반면, 어떤 유권자들은 포퓰리스트에게 속아 소위 좋았던 시절을 부활시킬 수 있다고 믿는다. 두 경향 모두 민주주의 절차와 구조의 신뢰도를 떨어뜨린다.

독재적 자본주의가 미래 모델일까

오랫동안 민주주의와 시장경제는 서로를 위해 태어난 환상의 짝꿍처럼 보였다. "민주주의가 없으면 자본주의도 기능하지 않는다!" 이것은 서구의 믿음이자 도그마 중 하나로, 글로벌 시대에는 확실히 현실과 충돌하는 신화이다. 메가급 거대기업들은 지구적 차원에서 경영한다. 그러나 민주적으로 선출된 정치인은 주로 국가적 차원에서 활동한다. 그래서 민주주의와 자본주의라는 환상의 짝꿍은 '모두를 위한 자유와 성장하는 부의 보장'이라는 가장 중요한 약속을 점점 더 지키기 힘들다.

불과 몇 십 년 전까지만 해도, '권력과 정보의 분산 배분'이라는 민주주의와 시장경제의 기본원칙이 중앙정부 및 경제 시스템의 권력보다 앞서 있었다(최소한 겉으로라도 그렇게 선언됐다). 그러나 이것이 뒤집히기 시작했다. 신생 슈퍼권력인 중국은 예나 지금이나 공산주의독재가 권력을 쥐고 있고 중앙에서 조종하는 계획경제와 유례없는 기술 발전으로 전 세계 경제 권력의 최정상에 도달하고자 한다.

민주주의와 자본주의의 공생관계가 서구에서만 수십 년 동안 거의 자연법칙으로 여겨진 건 아니다. 무제한 규제 철폐를 합법화하려는 신자유주의의 신조에 따르면 시장 자유화 뒤로 필연적으로 민주화가 따른다. 전문가의 예측대로라면 터보 자본주의 지구화에서 특히 브라질, 러시아, 인도, 중국을 일컫는 이른바 브릭스(BRIC) 국가들이 이런 흐름을 따라야 했다. 그러나 글로벌 자유무역은 현재 미국뿐아니라 여러 국가의 보호주의와 국가주의의 복귀를 저지하지 못하거나 오히려 추동하고 있다. 그리고 BRIC 국가 중에서 단 한 국가만이 서구 경제 권력을 따라잡는 데 성공했다. 블라디미르 푸틴의 '통제된 민주주의'도 아니고, 부패 스캔들로 오랫동안 충격에 빠졌던 민주공화국 브라질 혹은 세계 최대 민주주의국가 인도도 아니다. 국가적으로 조종되는 계획경제와 민간경제가 혼합된 공산주의국가 중국만이 성공했다.

테크노크라시

알고리즘을 기반으로 하는 과학기술 덕분에 중국 특유의 자본주의는 복잡한 경제 과정을 아날로그 시대보다 훨씬 더 정밀하게 계획하고 조종할 수 있게 됐다. 중국은 소셜 스코어링Social-Scoring 앱을 활용해 구동독 비밀경찰이 꿈꾸던 것보다 훨씬 철저하게 10억 인구를 감시할 수 있다. 현재 중국의 독재자들은 아시아의 육로와 수로를 유럽과 아프리카로 연결하는 '새로운 실크로드' 일대일로 프로젝트에 수천억 달러를 쏟아 붓고 있다. 도로, 철도, 항만을 위한 계약과 대출을 통해 이웃한 도로들이 베이징과 연결된다.[20] 반면 미국의 부실한 인프라는 무너지기 직전이다. 중국은 발 빠르게 아프리카 국가들과 원료 공급 장기 협정을 체결했고 서구 첨단과학기술 기업에 전략적으로 투자했으며 바이오테크놀로지와 인공지능 같은 미래 분야의 연구개발에 힘쓰고 있다.

서구 대중들에게는 거의 알려지지 않았지만, 이른바 미국의 '빅5'로 불리는 애플, 알파벳, 아마존, 페이스북, 마이크로소프트의 강력한 경쟁자들이 중국에서 등장했다. 중국의 대표적 에너지공급회사 SGCC(State Grid Corporation of China, 중국국가전망공사)는 2002년 설립되었는데, 오늘날 미국 대기업 월마트 다음으로 매출이 높다. SGCC는에는 172만 명이 넘는 직원이 있고 3150억 달러 이상의 매출을 올리고 있다. 이 회사는 오래전부터 서구 국가들에서 이른바 쇼핑관광을 하고 있다. 예를 들어 SGCC는 포르투갈의 에너지공급업체 REN의 주식 지분을 25퍼센트나 갖고 있다.[22]

이런 움직임에 대한 우려로 독일 정부는 2018년 7월, 중국 거대기업이 독일의 지역 네트워크 운영업체인 50헤르츠에 투자한 금액의 20퍼센트를 무효화했다. 그러나 스스로 정한 자유경제 게임규칙을 어기는 국가개입만으로는 중국의 팽창 욕구를 막을 수 없다. 중국에서 온 강력한 투자자들이 다임러 같은 유럽 주요기업과 산업을 인수하고 있다. 머지않아 금융대도시 프랑크푸르트의 금융타워들이 중국인을 위한 펜션으로 개조될지도 모른다.

코로나 팬데믹이 지나가고 시장이 다시 평시의 체제로 돌아가면 세계 정상을 향한 중국의 질주를 누가 저지할 수 있을까? 미국이 아직은 국내총생산 19조4000억 달러로 도전자보다 앞에 있지만 중국은 늦어도 2030년이 되면 지금까지의 숫자들을 추월할 것이다.

밀레니엄 초기에 세계를 선도할 경쟁자로 여겨졌던 인도는 국내총생산 2조6000억 달러와 낮은 성장으로 저 멀리 뒤처졌다. 유럽연합은 17조3000억 달러를 저울에 올리고 있지만 기하급수적 기술 분야의 주요 영역에서는 내세울 것이 거의 없다. 악명 높은 의견 차이 때문에 유럽연합은 마이너리그 챔피언에 머물며 옛날 권력과 신생 권력 사이의 중재자 역할에 만족해야 할 것이다.

그렇다면 베이징의 독재자본주의-기술감시 조합이 서구의 민주주의-시장경제 조합보다 미래에 더 적합한 시스템일까? 유럽연합의 각 정부들도 뒤늦게라도 강력히 손을 맞잡고 독재 방식으로 회원국을 구성하는 편이 더 나을까? 그렇지 않다. 비록 마르크스가 묘사한 공산주의 구조가 실제로 검증되지는 않았지만 인간이 고안해낸 체제 중에서 현재까지는 사회민주주의가 가장 덜 나쁜 선택인 것처럼 보인다. 중국은 코로나 이후에 경제적 역풍에 직면할 가능성이 있다. 역풍 속에서 중국 통치자는 통제를 더 확대할지 아니면 시장경제 방향으로 더 개방할지 선택할 수밖에 없을 것이다. 그러나 급진적이고 창조적인 진보는 강요로 되지 않는다. 다시 말해, 중국의 통치자가 대중을 통제하려 한다면 중국 모델은 결국 실패할 것이다.

어떤 형식의 사회·정치시스템을 선택하느냐와 상관없이, 과학기술이 점점 더 많은 데이터를 제공하고 정치권력의 막대한 감시를 돕는 중요한 동력이 되는 일은 불가피해 보인다. 앞으로 국가 행정의 디지털화와 함께 어느 정도 국가 권력의 직접 감시가 용인될 가능성이 매우 높다. 이런 상황에서 개인의 자유를 보호하고, 되돌릴 수 없는 혁명적 기술 발전을 독재자나 과두세력의 손에 맡기지 않는 정치·사회 시스템을 갖추는 일이 중요해질 것이다.

시민들이 의사결정 과정에 참여할 수 있고 권력 남용을 방지할 수 있도록 현재의 자본주의를 인간 중심적으로 설계할 필요가 있다. 동시에 현대 서구사회의 비효율적이고 관료주의적인 '유사 민주주의' 연극을 대체할 모델이 필요하다. 잠재성을 보여주는 정부모델을 하나 꼽자면, 안전하고 빠른 투표 시스템을 통해 시민이 그들의 진정한 권력을 민주적으로 되찾을 수 있는 '기술적 직접민주주의'가 한 모델일 수 있다.

그러나 이런 모델이 가능하려면 먼저, 지구를 황폐화하고 점점 더 많은 사람을 소비 중독자로 만드는 기존 자본주의의 부작용을 없애고 시장경제의 장점을 활용할 수 있는 경제 운영시스템이 있어야 한다. 그리고 이 모든 변화는 역설적이게도 알고리즘 기반의 경영이 사람과 사회의 이익을 추구하는 환경에서 가능하다.

3장

변화의 바람:
연대 · 각성한 세대 · 여성 · 기술 쓰나미

사회, 경제적 변화는 어떻게 일어나는 걸까? 사회는 무엇을 통해 계속 발전할까? 아무도 예상하지 못했던 새로운 일이 어떻게 시나브로 혹은 느닷없이 일어날까?

이미 미래를 변화시킬 요인들이 수년째 제대로 의식되거나 이해되지 못한 채 표면 아래에 머물러 있었다. 이번 장에서는 글로벌과 지역의 상호의존성과 연대, 각성한 세대, 힘 있는 여성 리더, 빠르게 다가오는 기술 쓰나미. 이 네 가지 변화의 바람을 자세히 살펴보고자 한다. 코로나 팬데믹 이후 가속화될 변화를 감안할 때, 미래에 대비하기 위해서는 예상 가능한 관련성을 연구하고 더 깊이 이해하는 일이 그 어느 때보다 중요해졌다.

지역 정체성과 글로벌 상호의존성

지구화는 끝났을까? 그 반대다. 현재 미국과 몇몇 나라에서 일어나고 있는 '국가주의 복귀 시도'는 역사 속으로 사라진 이념의 마지막 반란일 뿐이다(어디로의 복귀든 마찬가지다).

국가는 어제의 모델이다. 오늘과 내일의 문제를 해결하는 데 적합하지 않다. 기본적으로 국가는 가장 다양한 규모의 판타지에 가깝다. 국경은 과거 어느 시점에 다소 제멋대로 정해진 선이며 국가들 중에는 인구가 530만인 나의 고국 노르웨이 같은 작은 국가도 있고 인도처럼 지구 인구의 6분의 1을 차지하는 다민족 거대국가도 있다. 오늘날 거의 모든 징치·경세 과세는 지구적이면서 동시에 지역적인 접근을 요구한다. 몇몇 국가의 국가주의 복귀도 들여다보면 회귀 시도가 아니라, (맞고 틀림을 떠나) 지역과 글로벌을 동시에 추구하려는 전략이다. 지역 정체성과 코스모폴리탄의 연결이자 최소 공통분모의 형성이 주된 흐름이 될 것이다. 이렇게 지역주의와 세계주의가 최소 공통분모를 이루며 진행될 것이다.

그러나 국가 간에는 상호 관련된 활동 사이에도 견고한 경계가 있다. 이런 경계는 국경을 초월하여 해결해야 할 거대한 과제와 공동의 이익 추구를 가로막는다. 영화 〈인디펜던스 데이Independence Day〉에서처럼 외계인이 지구를 공격한다고 상상해 보라. 분명 에르도안과 푸틴 같은 독재 권력과 국가이기주의가 즉시 뒤로 밀쳐질 것이다. 지구와 우리 모두의 생존이 달린 문제라는 걸 모두가 명확히 인식할 것이기 때문이다. 인류는 눈앞에 닥친 진짜 과제에 맞게 즉시 재편될 것이다.

공상과학이라고? 아니다. 정확히 그런 위협이 지금 우리 머리 위에 떠 있다. UFO는 아니지만 기후붕괴는 최소한 외계인의 공격과 맞먹는 위협이다. 이 위협 역시 오로지 지구적 차원에서 해결해야 하고 이때 필요한 구명 그물은 수많은 지역이란 매듭으로 짜져야 하는데 각 지역은 상대적 자율성을 보장받고 직접적 상호작용이 가능해야 한다.

국가경제란 허상

터보 자본주의는 19세기 말과 20세기 초에 출발했다. 우리는 이 시기의 역사를 산업혁명으로 기억한다. 기술혁신이 혁명의 원동력이었다. 1910년에 이미 세계 경제의 30퍼센트가 국가 간 상호무역으로 이루어졌다. 그 뒤에 두 번의 세계대전이 이어졌고, 세계대전 사이에 세계 경제위기가 있었으며, 그 후에는 냉전이 있었다.

냉전으로 인해 전 세계가 블록화되고 국가지향적 경제 시스템이 자리를 잡았다. 이런 흐름은 1970년까지 지속되었는데 당시 무역의 존도(수출액과 수입액의 합계를 국내총생산으로 나눈 비율)는 1910년 수준으로 떨어졌다.

1970년대 이후 자유무역협정과 기술혁신이 동반하는 민주적 시장경제구조가 진정한 성공모델로 떠올랐다. 1980년대에 서구 선진국 국민들이 대대적으로 전 세계를 여행하기 시작했다. 동시에 중국이 개방을 시도했고 베를린 장벽이 무너졌다. 큰 기회였다. 국가라는 지역에서 혁신과 시장 점유율을 두고 싸우는 대신 이웃 국가와 새로운 지역으로 확장하는 것이 더 쉬운 방법처럼 보였다. 이것은 성장에 날개를 달아 주었고 침체에 빠진 혁신 활동을 상쇄했다.

그러다 2007~2008년 금융위기를 겪으면서 지역의 산업 구조와 물리적 상품의 자급자족 능력이 중요해졌다. 이에 따라 생산공장을 자국으로 되돌리는 최초의 백쇼어링 및 인소싱 흐름이 생겨났다. 앞으로 기계와 로봇이 노동자를 대체하게 되면 물리적 상품을 고객 가까이에서 생산하려는 움직임이 더 가속화될 것이다. 이는 글로벌 가치 사슬에 변화를 가져오고 세계 무역의 축소를 불러올 것이다.

우리는 다시 1910년으로 돌아갈까? 코로나 위기가 세계 경제를 심하게 흔들어놓았고 어쩌면 심지어 흔들어 깨웠다. 이미 (시장)경제 메커니즘이 수년째 탈지구화를 가리키고 있지만, 현재의 코로나 위기는 현재 어떤 힘이 대세인지를 확실히 보여주었다.

국가가 아니라 지역을 보라

국내에서 제조된 최종제품 이른바, 국산품은 오늘날처럼 밀접하게 연결된 세계에서는 대체로 허구이다. 산업혁명시대에는 독일의 자동차와 화학 혹은 스위스의 제약산업처럼 국가가 특정한 주력사업에 집중하는 것이 의미가 있었다. 경쟁력을 갖춰 세계표준이 된 산업분야가 대개 이런 방식으로 생겨났다. 소위 '히든 챔피언'이라 불리며 세계 경쟁을 주도하는 세계 일류 기업이 이런 방식으로 등장할 수 있었다.[1] 1891년에 생긴 독일제Made in Germany라는 제품 인장은 독일기업과 독일제품을 높은 수준의 혁신과 신뢰 그리고 정확함으로 유명하게 만들었다.

그러나 오늘날 스마트폰이나 자동차 같은 제품들은 전 세계적 가치 사슬 안에서 개발, 제조, 판매된다. 게다가 서비스와 자본에는 경계가 없다. 새로운 비즈니스 아이디어는 두말할 것도 없다. 이것은 종종 합쳐질 수 없어 보이는 분야들의 단기적 융합으로 생겨나고, 대도시들의 지역적 성향, 유행, 선호도의 혼합이 최고의 조건을 마련한다. 때때로 지역적 대유행이 지구적 성공 사례가 되기도 하는데, 이때 국가는 아무 구실도 하지 않는다.

19세기 후반에야 비로소 10여 개의 작은 공국들이 연방주로 합쳐진 독일의 경우, 뒤늦게 주장된 국가 정체성보다 지역 정체성이 훨씬 더 오래되었고 여전히 강하다. 대도시에 각각의 지역적 특성만 있는 건 아니다. 현대 도시들은 행복을 추구하는 무대로서 다양한 사람들을 자석처럼 끌어당긴다.

식민권력이 제멋대로(종종 한 부족을 둘로 갈라놓는 방식으로) 국경을 그은 아프리카의 국가에서도 마찬가지다. 뭄바사처럼 고도로 발달한 도시화 지역이 있는가 하면, 여전히 산업화 이전처럼 사는 시골 지역이 있다. 10여 개의 다른 언어를 사용하고 다른 종교를 믿는 인도 같은 다민족 국가에서도 이런 흐름은 마찬가지다.

국가 구조는 대부분 인위적인 코르셋에 불과하다. **현대 유목민이 어딘가에서 뿌리를 내린 기분을 느낀다면 그곳은 분명 한 도시의 중심부일 터이다.** 'united(통합된)'라는 형용사가 국가명에 들어가는 미국이나 영국 같은 국가가 폭력적 분열과 붕괴 경향에 흔들리는 것은 당연하다. 미국은 (믿거나 말거나) 오로지 개인의 자유와 '무한한 가능성' 이념을 통해 '하나로' 묶여있다.

반면, 오늘날에는 전 세계적인 거대 도시들은 개인의 자유와 자아실현, 다양성과 풍요를 약속한다. 국가는 이런 유혹에 맞서 무엇을 더 제공할 수 있을까? 독일도 8300만 독일인에게 '문화적 정체성'이라는 유령 말고는 제공할 것이 그다지 많지 않다. 그러나 독일의 문화적 풍요 역시, 서로 다른 특성을 가진 지역들의 다양성에서 나왔다.

미래에는 지역이 더욱 강력한 자급자족 주체로 발전할 것이다. 동시에 글로벌 연결이 보다 강화되면서 국경을 넘어 소통과 협력이 이뤄어 질 것이다. 물리적 상품 생산이 다시 각 지역으로 이전되는 동안 지구화된 세계는 비트와 바이트 안에서 묶일 것이다. 만약 중소기업이 탈지구화를 강요받는다면 다른 세 부류의 기입이 지구화를 더욱 강화할 것이다. 파편화된 다국적 거대기업과 더불어 극단적으로 특화된 초소형 다국적 기업이 생겨날 것이다.[2] 초소형 다국적 기업은 비록 거대기업의 앞길을 방해하더라도 계속 초소형 기업에 머물며 새로운 일자리를 거의 창출하지 않는다. 세 번째 부류의 기업은 미국의 빅5와 그들의 아시아 경쟁기업을 중심으로 하는 알고리즘 기반의 거대 기술기업이다. 그들은 계속 성장하고 새로운 기술을 개발하고 기업을 인수하고 새로운 테크노크라시 엘리트를 배출할 것이다. 그렇게 지역화가 증가하는 동시에 지구화가 강화되는 새로운 혼합이 만들어질 것이다.

거대 기술기업의 급속한 발전은 국가의 의미를 바래게 한다. 2018년, 애플과 아마존이 기업 최초로 시가총액 1조 달러를 달성했다. 두 거대기업 각각의 가치는 넷플릭스, 컴캐스트, 디즈니 같은 미국 엔터

테인먼트산업 전체를 합친 것보다 더 높다. 마이크로소프트는 2019년 4월에 1조 달러 클럽에 진입했다. 이들 거대기업의 영향력은 이미 국가 차원을 넘어섰다. 이런 상황에서 국내총생산과 국가경제를 경제 척도로 보는 것은 의미가 없다.

현대 경제는 상호의존적이다. 개별 지역과 그곳의 발전이 극심한 차이를 보이는 시대에 국가 전체의 수치는 의미가 없다. 마이크로소프트의 '국내총생산'이 스페인과 호주 같은 국가보다 앞서 있음을 보면 특히 더 그렇다. 이런 방식으로 경제성과를 측정하면 결국 마이크로소프트가 세계에서 13번째로 큰 국가라는 뜻이 된다. 국가경제라는 관점에서 벗어나 글로벌 생태계와 지역시장이라는 서로 이질적이지만 연결된 관점으로 경제를 읽어야 한다.

다른 시각에서 보자면, 거대 기술기업에 대한 규제와 분할이 없으면 국가경제의 기본구조가 파괴될 것이다. 이들이 정치에 영향을 미치고 교육 시스템에 개입하고 세계무역을 조종하고 전통적으로 국가가 통제해온 분야에 개입할 수 있기 때문이다. 이들은 이미 글로벌 디지털 통화 시스템으로 투자하고 자체 온라인 대학을 세우며 자체 인프라를 구축하고 있다. 사례 하나를 들어볼까? 아마존은 어째서 여전히 자체 항공사를 세우기 위해 시간과 자원을 쓸까? 루푸트한자, KLM, 아메리칸 에어라인 같은 위기에 처한 여러 항공사 중 하나를 인수하는 것이 훨씬 손쉬울 텐데 말이다.

시장님을 위한 우드스톡 페스티벌이 필요하다

오늘날 이미 사회·경제의 핫스팟은 국가가 아니라 대도시이다. 그러나 대도시에는 그에 상응하는 권리와 효율적 행정, 추진력 있는 실행을 위한 자원이 없다. 국가적 해결책을 기다리는 대신에 도시의 실질적 문제들에 단호하게 접근하는 시장들은 어디에 있을까? 10년 뒤에 지금의 직업 절반이 사라지고 특히 밀집 지역에서 대대적인 실직 사태가 일어나면 인공지능 세금과 기본소득 도입은 불가피한 일이 될 것이다. 문제가 현실화되기 전인 지금이야말로 인공지능 세금과 기본소득 같은 정책을 시험해 볼 최적기이다.

정치인이 재선에 불리할까 두려워 거부하는 아이디어를 시장들이 직접 시도해 본다면, 어쩌면 그들 중 몇몇은 법제화에 성공할지도 모른다. 만약 이런 대담한 혁신이 성공을 이끈다면 다른 많은 도시들이 그 사례를 따를 것이고 정치인들은 변화의 바람에 따를 수 밖에 없으리라. 이것은 기본소득뿐 아니라 새로운 학교모델의 시범적 도입에도 적용된다.

오늘날 이미 몇몇 지역에서 건설적 정책이 시도되고 있다. 독일 헤르초게나우라흐 시에 있는 아디다스와 푸마 혹은 퀴터슬로 시에 있는 베텔스만처럼 지역에 뿌리를 내린 강력한 기업이 지역 당국과 협력하여 정치, 경제 과제를 지역 전체의 이익 차원에서 해결하고 있다.

21세기 말이 되면 전세계 모든 거래의 80-90퍼센트가 대도시에서 이루어진다. 앞으로는 정당이 아니라 사람이 중요할 것이다. 정치적 구호와 키워드가 아니라 지역의 과제가 쟁점이 될 것이다. **대도시**

주민으로서 우리는 도시를 위한 구체적 아젠다를 가지고 각각의 문제들을 신속하게 해결하는 시장을 원한다. 개방적이고 투명하게 일하고 진정성 있게 행동한다면, 우리는 그들의 시행착오를 용서할 준비가 되어 있다.

새로운 유형의 도시 '부족장'으로서 그들은 현대의 가장 위험한 추세를 완화할 수 있다. 이를테면, 데이비드 굿하트David Goodheart의 책 제목이기도 한 'Somewhere(어딘가)'의 강화 추세가 있다. 이 추세는 한 지역의 생활방식을 고집하고 대도시 유목민의 'Anywhere(아무데나)'에 반대하며 '불평불만 연합'과 단결한다.[3] 페터 슬로터다이크Peter Sloterdijk가 말한 것처럼 '침묵하는 다수'는 오래전에 침묵을 깼다.[4] 사회적으로 불안정한 계층이나 '종속된 사람'뿐 아니라 지성인과 고학력 부르주아 계층도 점점 더 많이 포퓰리스트의 반지구화 운동에 동참하고 있다. 오늘날 국민투표로는 변화를 일으킬 수 없고 변화는 오로지 지구적 차원과 지역적 차원에 달렸으므로 '안정된 기존정당'에서 이탈하는 것은 충분히 이해할 수 있다. 바로 그렇기 때문에 각각의 대도시에 더 많은 자원과 가능성을 당당히 요구하는 시장들의 반란이 필요하다.

새로운 성장모터를 찾아서

중국은 세계경제를 향한 '통제된 개방'을 시도하고 있지만, 계획경제와 로컬생산 그리고 혁신을 조화시켜야 하는 과제 앞에 서있다. 미국은 글로벌 거대기업들과 강력한 보호무역주의라는 극도로 긴장된 과제를 동시에 추진하고 있다. 그래서 자유민주주의와 사회주의가 혼합된 유럽은 미래에 중국과 미국의 사이에서 더 유리할 수 있다. 그러나 유럽연합은 언어, 정체성, 통치이념 같은 복잡한 과제에 직면해 있다. 이때 언어가 매우 중요한데, 인도의 예가 보여주듯이 인도는 14억 인구가 다양하고 독특한 문화를 가졌고, 지역 공식 언어만 22개이며 방언이 1652개에 달함에도 불구하고 이들을 묶어주는 영어가 있기에 국가는 중앙정부와 함께 유지된다.

유럽연합의 첫 단계는 유럽을 하나로 묶어줄 공용어를 학교에서 가르치는 것이리라. 이때 영어가 자연스러운 선택일 것이다. 유럽의 각 나라는 영어와 더불어 각각의 문화어를 유지할 것이다. 이렇게 한다면 10년 이내에 지역을 초월한 소통과 협력이 가능하다. 브뤼셀에서 복잡한 통역을 거치지 않고 직접 논의할 수 있을 뿐 아니라, 성장의 기초이자 유럽의 오랜 꿈인 신뢰와 투명성에 기여할 것이다. 금융 시스템을 조정하고 디지털 통화를 도입하여 더 많은 투명성과 공정성을 확립할 수 있으리라.

유럽연합은 갈림길에 서 있다. 회원국은 뿌리 깊은 문화 정체성과 국경을 내려놓아야 한다. 애국주의는 괜찮지만 국가주의는 사라져야 한다. 지역 정체성은 강화되어야 하는데, 그것이야말로 하나된 유럽을 통합하는 위대한 특징이기 때문이다. 유럽연합의 모토처럼 '다양성 속의 통일성'을 추구해야 한다. 세계무대의 경쟁에서 소규모 단일국가로 분열되는 것이 단점일 테지만, 유럽연합이 이 장애물을 극복한다면 미국과 중국을 연결하는 고리 역할을 할 수 있다.

두 거대 국가가 동쪽과 서쪽에 장벽을 쌓는 동안 유럽은 두 국가 사이에 다리를 놓을 수 있고 지역적 차이, 문화, 구조와 결합된 글로벌 공생 모델을 대안으로 제시할 수 있다. 많은 이들이 이것을 꿈같은 도전이라고 볼 것이다. 그러나 나는 이것이 가능할 뿐 아니라, 글로벌 사회의 중요한 필수요소라고 확신한다. 우리는 글로벌 공생으로 정의롭고 안전한 세상을 만들 수 있다.

글로벌 공생이란 구체적으로 무엇일까? 프랑크푸르트와 오펜바흐를 중심으로 하는 라인-마인 밀집 지역을 예로 들어보자. 이곳에는 전 세계에서 온 사람들이 산다. 오펜바흐만 해도 159개 국가에서 온 전문직 종사자, 대학생, 난민, 이주노동자들이 모여 산다. 헤센 남부의 대도시 지역은 이웃 주들과의 경계선 안에 제한되지 않고 바이에른주의 아샤펜부르크와 라인란트팔츠주의 마인츠까지 뻗어있다. 수십 년에 걸쳐 추가된 민속, 언어, 생활방식, 관습의 혼합 덕분에 이 지역은 매우 독특한 특징을 가지게 됐다. 프랑크푸르트의 생활은 베를린, 빈, 취리히와는 사뭇 다르다. 오버팔츠나 포어포메른의 전통적인 시골 지역과도 당연히 다르다.

이렇듯 다른 지역 출신 주민들을 서로 연결해주는 것은 무엇일까? 공통된 '국가 정체성'은 아닐 것이다. 같은 국적의 여권도 아니고, 학교에서 배운 표준 독일어도 아니다. 베를린이나 프랑크푸르트의 주민은 독일의 다른 지역 주민보다 오히려 파리, 런던, 뉴욕에 사는 대도시인과 정서적으로 더 가깝다. 생활방식, 사고방식 그리고 서구 대도시의 전형적인 경험을 그들이 공유하기 때문이다.

그러나 동시에 모든 대도시에는 나름의 고유한 지역적 문화와 분위기가 있다. 지역 기업과 레저산업 그리고 그곳에만 있는 하위문화의 고유한 혼합이 있다. 베를린과 뮌헨은 모두 독일 도시다. 그러나 두 도시는 글자 그대로 두 세계로 나뉜다. 지역적 특징이 강하게 남아있기 때문이다. 독일이라는 국가는 생긴 지가 150년도 채 안 되었지만, 두 도시는 훨씬 오래전부터 발달했다. 독일 국기가 처음 펄럭이기 한참 전에 헤센, 프랑켄, 바유바렌 같은 '부족들'이 그들 나름의 관습을 만들었고, 이야기를 쌓아왔으며, 역사를 기록했다. **역사적으로 각자 성장한 대도시의 핵심에는 '부족적 특성'이 각인되어있다.** 그리고 활발히 이동하는 지구화된 세계에서 끊임없이 다양한 영향을 받으며 고유한 방식으로 이 특성들을 발달시켜 왔다.

대도시 지역으로의 이주는 계속 될 것이다. 단지 대학생과 관광객 혹은 직장과 안전과 모험을 찾아 도시로 몰려드는 사람들만이 아니다. 과학기술, 기계, 아이디어가 전통적 농촌 지역을 크게 우회하여 대도시 밀집 지역으로 이주할 것이다. 변화는 국가가 아니라 전 세계와 연결된 도시에서 일어난다.

각성한 세대

세대 차이가 오늘날만큼 컸던 적이 없었다. 40세 엄마가 딸의 큰 언니쯤으로 보이고 50세 남자가 알록달록한 양말을 신고 아들이 다니는 바에 가더라도 그것이 세대 차이를 극복했다는 뜻은 아니다. 오늘날 20세 이하 세대와 부모세대의 사고방식, 정서, 생활방식이 유례없이 극단적으로 다르다.

유엔에 따르면 전 세계적으로 15세에서 24세 사이가 약 12억 명이고 15세 미만 어린이가 19억 명이다.[5] 세계인구가 과거만큼 빠르게 증가하지 않고 청년 비율 역시 감소하고 있지만 개발도상국, 특히 심각한 문제에 직면한 아프리카에서는 인구의 절반 이상이 15세 이하이다. 동시에 기대수명이 빠르게 높아지고 있으므로 21세기 말에는 열 명 중 여덟 명이 아시아와 아프리카에 살게 될 것이다. 이것은 단순한 숫자 놀음이 아니다. 과거 인류 역사가 그랬던 것처럼 급진적 변화는 젊은 세대가 주도해 왔다.

사발마티 강가에서

몇 년 전에 나는 인도 사발마티 강가에 앉아있었다. 마하트마 간디가 1930년까지 살았던 백만 도시 아마다바드 근처에 있는 강으로, 1930년 당시 간디와 그 추종자들은 영국의 소금 독점에 반대하여 이 강을 따라 비폭력 소금 행진을 했었다. 그러나 몇 년 전 그날 나는 다른 행진을 목격했다. 뭄바이에서 온 11세에서 13세 어린이 40명이 담임교사와 함께 내가 앉아있는 강가로 왔다. 아이들은 모두 스마트폰을 들고 있었지만 담임교사와 현지 안내인의 설명에 귀를 기울였다. 그들에게 이 수학여행은 그해의 하이라이트였다.

나는 담임교사에게 30분 정도 아이들과 시간을 보내게 해달라고 청했다. "아이들에게 무엇을 가르치시려고요?" 담임교사가 물었다. "아무것도 가르치지 않을 겁니다. 나는 학생이 되어 그들에게 배우고자 합니다." 담임교사가 허락했고 우리는 강가 모래 위에 모여 앉았다. 내가 물었다. "너희들에게 인생에서 중요한 건 뭐니? 무엇이 되고 싶니? 꿈이 뭐니?" 아이들의 대답은 매우 흥미로웠다. 그들은 10년 혹은 20년 전의 청소년들과 명확히 다른 관점을 가지고 있었다.

"현대 사회에서 가장 큰 문제는 뭘까?" 임람이라는 12세 학생의 대답이 특히 감동적이었다. 인도 악센트가 있는 고전적 영어로 아이가 대답했다. "Uncle, the biggest problem in the world today is our ego. **현대 사회의 가장 큰 문제는 우리의 에고예요.** 나는 부자가 되고 싶지 않아요. 우리 가족, 우리 동네, 우리 도시 그리고 궁극적으로 전 세계의 에고 문제를 해결하도록 돕고 싶어요." 임람은 그 나이 때의 나보다 훨씬 성숙했다. 나는 그 나이 때 그저 사고 싶은 것을 맘껏 살 수 있게 최대한 빨리 돈을 많이 벌고 싶었었다.

사발마티 강가에서 가졌던 만남 이후 5년이 흘렀고 오늘 우리는 새로운 세대의 움직임을 본다. 전 세계의 수백만 젊은이들이 과거의 그 어떤 또래 세대보다도 훨씬 더 명료한 생각을 가졌다. 그들은 정신적으로 깨어 있으며 갓 20세가 된 젊은이들에게서 지금까지 볼 수 없었고 어쩌면 수도자와 현자들에게서나 기대할 수 있는 수준으로, 의식적이고 지혜롭다.

이 세대와 대화할 때마다 나는 의식의 변화를 확인한다. 예를 들어, 나는 이런 얘기를 듣는다. "자기 의심이요? 왜 내가 그런 개념에 에너지를 낭비해야 하죠?" 큰 자신감은 나르시시즘과 쉽게 혼동되지만, 그들은 거울에 자신을 비춰보지 않고, 거의 순진해 보이기까지 하는 자기 확신을 갖고 자신이 중요하다고 여기는 일에 집중한다. 그리고 협력하는 사람만이 성공할 수 있음을 알고 있다.

당연히 이 세대에도(특히 남자 중에) '패배자'가 더러 있다. 그러나 나는 대다수에게서 강력한 변화의 징조를 목격했다. 새로운 세대는 자신의 우선순위가 무엇인지 아주 정확히 안다. 그들에게는 사치스러운 소비의 꿈이 아니라 의미와 가치가 우선한다.

이 세대는 물질과 에너지가 우리 현실의 양면임을 이해한다. 이전 세대처럼 그들 역시 인정 욕구가 있지만, 그것이 롤렉스나 포르셰로만 드러나는 게 아니라 사랑이나 사회적 보호 같은 비물질적 재화로도 가능하다는 것을 안다.

꼴찌가 일등일 수 있다

지금까지는 새로운 세대가 사회구조와 성윤리의 변화를 주도했지만, 이제 성과 사랑을 그 어느 때보다 급진적으로 분리하는 세대가 자라고 있다. 또한, 수많은 젊은이들이 부모의 재앙적 관계를 직접 목격했고 더 나은 해결책을 찾기 위해 그들의 젊은 지혜를 활용한다. 수십 년 전부터 우리는 이혼율의 급격한 증가, 결혼의 감소, 혼외출생의 증가를 보았다.[6] 이런 추세를 피부로 느끼고 싶다면, 세계의 대도시를 방문하기만 하면 된다. 예를 들어, 런던에서는 1인 가구가 전체 가구의 50퍼센트 이상으로 급증했다.[7]

그 결과, 다양한 '프로젝트' 형식의 가정이 생겨나고 있고 자녀를 양육하는 방식도 다양해지고 있다. 동시에 전통적 가족구조가 해체되고 있다. 지금까지 대략 기능해온 핵가족마저도 무너질 위기에 처했다. 이런 추세 이면에는 냉철하고 합리적인 접근방식도 숨어있다. 새로운 세대는 사회 문제를 다룰 때 동정심과 공감을 보이지만 인간관계의 강렬한 감정은 믿지 않는다. 그들은 '아무르 포Amour fou, 미친 사랑'

를 영화나 부모의 이야기로 치부한다.

사실 이 세대의 대다수는 회의론자이다. 시스템 회의론자, 전통적 가족구조 회의론자, 심지어 사랑 자체를 믿지 않고 광고에서 판매되는 상품 정도로 본다. 이들은 물질소비보다 의식과 생명력을 우선시하는 세대다. 이들에게는 세상에 대한 책임의식과 그에 합당한 행동이 훨씬 더 중요하다.

하지만 늘 젊은 세대는 그렇지 않았냐고 반문할 수 있다. 반항적 문화혁명 세대인 베이비붐 세대와 지금의 소위 MZ세대는 어떻게 다를까? MZ세대는 구호가 아니라 실제로 프로젝트를 실행한다. 부분의 합보다 더 큰 뭔가를 해내고 구축하고자 한다. 더 나은 미래의 의미와 희망을 찾을 수 있는 참여문화에 희망을 건다. 그저 바라고 꿈만 꾸는 게 아니다. 그들은 주도적으로 기존 구조를 의심하고 의문을 제기한다. 전 세계에 확산한 '미래를 위한 금요일Fridays for Future' 운동만 보더라도 그런 움직임이 어떤 효력을 내는지 알 수 있다. 미래를 위한 금요일 운동은 2018년에 그레타 툰베리라는 15세 학생이 스웨덴 의회 앞에서 1인 시위를 벌이면서 시작되었다. 이 1인 시위는 수백만 명이 동참하는 운동으로 빠르게 성장하여 전 세계에서 학생들이 공동 행동 형식으로 시위에 동참했다.[8]

오늘날의 청년 운동이 과거의 청년 운동과 다른 점은 자원을 모으고 조직하는 '속도'에 있다. 그들은 소셜 미디어를 활용하여 옛날보다 더 멀리 더 빠르게 메시지를 전달할 수 있다. 크라우드펀딩이나 마이크로크레딧 같은 새로운 대안적 자금조달채널 덕분에 1960년대

후반 시위대가 그저 꿈만 꿀 수 있었던 자원을 확보할 수 있다. 속도는 더욱 빨라지고 있다. 케임브리지 대안금융연구소Cambridge Centre for Alternative Finance에 따르면, 전 세계 크라우드펀딩 시장은 2016년 약 2890억 달러에서 2017년 4160억 달러로 성장했고, 몇 년 이내에 세 배로 성장할 것으로 예상된다.

이런 크라우드펀딩 플랫폼의 기본 철학은 새로운 세대의 접근방식과 아주 잘 맞는다. 이를테면, 인간은 새로운 비즈니스 아이디어를 제시할 수 있는 더 큰 전체의 작은 한 부분이 되어 다른 사람을 도우면서 성장해야 한다. 실제로, 공동의 여정에 한 부분으로 참여하는 것은 이들 세대에게 매우 강력한 최고의 동기인 것 같다.

그리고 현재의 정치적 이념적 질서에서 젊은 세대를 해방하는 데, 철학이 길잡이 역할을 할 수 있다. 철학은 기존 질서의 고유한 가치와 기본 구조를 의심하고 독립적으로 사고하도록 도울 수 있다. 오늘날 모든 개인에게 주체적이고 타당하며 사실에 기반한 세계관을 장려하는 일이 그 어느 때보다 중요하다. 요컨대 철학은 모든 젊은이가 비판적으로 사고하고 행동하는 사람으로 성장하도록 도울 수 있다.

각성한 세대는 우리 앞에 놓인 실존적 과제를 해결하고 더 나은 세상을 만드는 데 공중요한 역할을 할 것이다.

미래는 여성적이다

사회지도층의 여성 비율을 높이려는 노력이 독일과 여타 다른 곳에서 제대로 성과를 내지 못한 것처럼 보이지만, 그렇지 않다. 비록 중간 및 고위 관리직을 여전히 남자들이 압도적으로 많이 점유하고 있지만, 10년 후면 자동화 과정으로 그 자리는 광범위하게 사라질 것이다.

앞으로 경제는 명확히 긱 이코노미Gig Economy[9]필요에 따라 기업들이 단기 계약직이나 임시직으로 인력을 충원하고 대가를 지불하는 형태의 경제-옮긴이 방향으로 발달할 것이다. '마이크로프레너Micropreneur, 개인사업가'는[10] 프리랜서와 팀을 꾸려 한시적 프로젝트를 수행한다. 과학기술이 투명성, 신뢰성, 효율적 통제를 보장한다. 프로젝트가 새로운 보스다. 이 모델에서 관리자의 자리는 없다.

글로벌 도전과제를 해결하려면, 변화무쌍한 시기를 헤쳐 나가고 장기적 안목으로 윤리적 결정을 내리고 21세기의 필수 리더십 자질을 갖춘 책임의식 있는 리더가 필요하다. 여성은 이런 기준을 완벽하게 충족한다. 어쩌면 이것 때문에 전 세계적으로 대학졸업비율에서 성별 격차가 커지는 것일지 모른다. 영국에서 한국에 이르기까지 대학에서 남성보다 여성이 우위를 차지할 뿐 아니라 졸업 성적 역시 더 우수하다.[11]

어째서 거의 모든 분야에서 여성이 더 우수할까

마하트마 간디가 이미 이를 명확히 지적했다. "여성을 연약하다고 보는 것은 잘못이다. 그것은 남성의 부당한 규정에 불과하다. 강함을 잔혹한 강함으로 이해하면, 여성은 확실히 남성보다 약하다. 그러나 **강함을 도덕적 강함으로 이해하면, 여성은 남성보다 상상을 초월할**

정도로 우위에 있다. 여성들이 더 큰 직관을 가졌고, 더 헌신적이고, 더 큰 끈기와 더 큰 용기를 가졌다고 생각하지 않는가? 그들이 없었다면 남자는 존재하지 못했으리라. 우리의 존재 법칙이 비폭력이라면, 미래는 여성의 편이다."[12]

정신의학자 다니엘 에이멘Daniel Amen이 자신의 책《여성의 뇌는 힘이 세다Unleash the Power of the Female Brain》에서 설명한 바에 따르면, 여성은 신경학적으로 현대세계의 요구와 잘 맞다.[13] 에이멘이 여성의 강점 중 특히 리더의 자질로 인정하는 다섯 가지는 공감, 협동, 직관, 자제력, 책임의식이다.

이 다섯 가지에서 여성이 남성보다 뛰어난 이유는 뭘까? 성호르몬의 차이 때문이다. 여성의 뇌는 태아 때부터 여성 성호르몬 에스트로겐으로 가득하다. 반면 남성의 뇌는 남성 성호르몬 테스토스테론으로 가득하다. 최신 연구에 따르면, 전두엽이나 전전두엽의 발달은 에스트로겐의 영향을 특히 강하게 받는다. 따라서 여성의 전두엽이 남성의 전두엽보다 평균적으로 더 크고 더 빨리 발달한다.

인지(지식)와 의사결정은 전두엽이 관장한다. 인지와 의사결정은 점점 복잡하게 점점 빨리 변하는 세계에서 기업 경영과 리더십의 핵심 요소로 떠오르고 있다. 특히 오른쪽 전두엽은 미래 숙고와 관련이 있고 이것은 능동적인 프로젝트 관리에 대단히 중요한 능력이다. 그러므로 학교든, 대학이든, 직장이든, 주로 여성이 남성보다 훨씬 더 능동적으로 과제를 일찍 끝내는 것은 놀라운 일이 아니다.

남성의 경우 테스토스테론 때문에 공격성과 성적 충동이 강하다. 그들은 신체적으로 여성보다 강하지만 21세기에 필요한 기술 면에서는 확실히 여성보다 약하다. 남성은 근육을 더 많이 더 크게 키울 수 있고 더 대담하게 몸을 던질 수 있다. 남성은 기한 압박 속에서 과제를 해결해야 할 때는 여성보다 잘 적응한다. 스트레스를 통한 동기부여를 선호하기 때문이다. 남성의 경우 시간 압박이 클수록 도파민과 노르에피네프린 같은 신경전달물질이 더 많이 분비된다. 반면 여성은 시간이 오래 걸리는 장기 과제에서도 지속적으로 의욕을 유지한다.

여성들은 위험한 상황에서도 상대적으로 침착성을 유지하는데, 뇌 연구자들은 이것의 이유도 찾아냈다. 대뇌변연계에 있는 아몬드 모양의 편도체라는 뇌 영역은 여성이 남성보다 명확히 작다. 뇌의 이 오래된 영역은 본능적인 행동 패턴인 공격성과 분노를 담당한다. 싸움 혹은 도주 모드에서 우리의 뇌는 전두엽을 끄고 편도체를 켠다. 그러면 우리는 순식간에 원시 사냥꾼(혹은 도주하는 사냥감)으로 변한다. 남성의 편도체는 여성보다 더 클 뿐 아니라 수많은 안드로겐 수용체를 가지고 있어서 남성 호르몬의 분비가 많을 때 특히 활기를 띤다. 반면 여성의 뇌에서는 합리적 '자아'를 담당하는 전전두엽이 위험한 상황에서도 원시적인 뇌 부위의 공격성과 패닉 프로그램을 잘 통제한다.[14]

여성의 뇌가 평정심을 쉽게 잃지 않는 것은 앞쪽의 대상피질과 관련이 있다. 여성의 경우, 충동을 통제하는 대뇌변연계가 남성보다 명확히 더 크다. 해부학적 차이가 여성의 낮은 모험성향을 부분적으로나마 해명한다고 연구자들은 가정한다. 작은 편도체와 큰 앞쪽 대상피질의 조합 덕분에 여성은 높은 압박 아래에서도 감정을 통제하고 최고의 해결책을 숙고할 수 있다.

또한, '배선'에서도 중요한 차이가 있다. 남성의 뇌에는 뉴런이 더 많지만, 여성의 뇌에는 좌뇌와 우뇌 사이의 연결이 더 많다. 남성은 전형적으로 이해력, 논리, 패턴인지를 담당하는 좌뇌를 더 많이 사용한다. 그러므로 그들은 중심 목표에 집중하고 과제에 체계적으로 접근하는 것을 잘한다. 스스로 동기를 부여할 수 있지만, 주변 환경을 무시하고 독불장군처럼 행동하려는 경향이 있다.

반면에 여성은 주로 우뇌를 사용하는데, 우뇌는 공감하고 소통하며 사회적 구조를 만들고 창의적 해결책을 찾을 수 있게 해준다. 또한 여성은 남성보다 좌뇌와 우뇌를 동시에 사용하는 능력이 상대적으로 더 뛰어나다.[15]

여성은 섬엽도 남성보다 크다. 섬엽은 직관과 '직감'의 자리로 통한다. 섬엽은 공감 능력, 정서적 인식, 언어 중재적 사고를 담당한다. 그러므로 여성이 (다른 영장류와 마찬가지로) 남성보다 소통을 더 잘하고, 얼굴을 더 잘 인식하며 감정을 더 잘 표현한다. 또한 다른 사람의 감정을 더 잘 해석하고 종종 남자들은 알아차리지도 못한 감정의 의미를 읽어낸다.

평균적으로 여성이 남성보다 기억력이 더 좋다. 기억을 담당하는 해마가 남성보다 더 크고 더 활발하기 때문이다. 그러므로 여성은 남성보다 더 잘 배우고 배운 것을 더 오래 기억한다. 또한 청각 피질이 남성보다 더 큰데 이 부위는 학습 내용과 기억 내용을 언어로 표현하는 일을 담당한다.[16]

왜 우리는 남자들을 걱정해야 할까

여전히 부모의 집에 살면서 어렸을 때 쓰던 방에서 포르노를 보고, 사회적 접촉이 소수의 소셜 미디어 친구에 한정된 '궤도를 이탈한 서른 살 철부지'가 이렇게 많았던 적이 없었다. 그들은 분노에 차있고 그래서 모든 형태의 포퓰리즘에 현혹되고 사회적 인정을 약속하는 집단의 유혹에 쉽게 빠진다. 멋진 근육을 자랑하며 스스로 마초라고 느끼나 사실은 사회적 성공에서 배재된 20대 청년이 이렇게 많았던 적이 없었다. 이들 중 다수가 40대, 50대에도 여전히 젊은 경주마인 척하지만 세월의 흔적은 지울 수 없다. 그들은 어른이 되는 법을 모른다. 아무도 그들에게 모범을 보여주지 않았다. 그리고 영원한 철부지의 마음에 절망과 외로움과 분노가 쌓여 있다.

이 남자들은 그들의 아버지와 할아버지가 상상할 수 있었던 것보다 훨씬 외롭다. 이들에게는 깊은 대화를 나누거나 자신의 약점과 상처를 보여줄 수 있는 친구가 적다. 미국에서 진행한 최신 설문에서, 남자들은 친한 친구 한 명만 있어도 개인적인 문제를 털어놓을 거라고 했다. 10년 전에는 같은 질문에 친한 친구가 세 명이 필요하다고 했었다.[17]

그렇다고 이 남자들이 늘 혼자 집에서 시간을 보내는 건 아니다. 그보다 더 심각하다. 그들에게는 퇴근 후 술 한 잔 마실 친구, 축구를 같이 볼 친구가 있다. 그러나 그들은 이 친구들과 깊은 대화를 나누지 않는다. 친밀한 관계가 그립지만 동시에 두렵다. 그러나 그것을 솔직하게 털어놓지 않는다. 그랬다가는 즉시 나약한 남자로 찍힐 게 뻔하기 때문이다. 우두머리 게임규칙은 비록 오래전에 기한이 끝났지만, 여전히 유효하다.

자신의 감정을 드러내지 못하는 결핍의 결과는 충격적이다. **거절, 두려움, 슬픔에 대처하는 법을 배우지 못한 사람은 애정과 충성심을 감지하는 능력이 떨어진다. 그러면 자만과 허영, 분노와 혐오 같은 특성이 그 자리를 차지한다.** 감정적 친밀감을 스스로 인정하지 못하는, 궤도 이탈자들은 (가상에서 혹은 실생활에서) 과잉 폭력에 빠지고 디지털 세계(데이팅앱에 올린 가짜 신분에서 포르노중독까지)에서 자기자신을 잃는다. 현대 세계에서 가장 빨리 커지는 중독문제 중 하나가 포르노 의존성이다.[18]

앞으로 10년 안에 우리는 두 세력의 싸움을 경험할 것이다. 한 세력은, 사회에서 물러나 영성적 공동체 삶의 '자연'으로 돌아가는 사람들이다. 그들은 개별 자아가 아니라 보편적 공동체와 참여 문화를 믿는다. 그들은 긍정적 공동체, 공동 창조, 협력을 믿는다. 그들은 자연에서 친밀감을 느끼며 통일된 국가 정체성이 없다. 그들은 관심 있는 공동체와 관계를 맺고 정치 이념에 매몰되지 않는다.

반대편에는 또 다른 세력, 즉 사회적으로 덜 성숙한 사람들, 특히 사회와 '시스템'으로부터 버림받았다고 느끼는 이들이 있다. 이들은 자신의 좌절감을 공격적으로 표출하고 더 나아가 이념으로 무장한 테러집단이 아닌 외로운 늑대로 주변을 공격한다.

그리고 이들 사이에는 자동화와 과학기술의 '희생자'가 되어 할 일을 잃은 수많은 사람이 있다. 사회 안정을 유지하려면 이 사람들에게 (긍정적) 미래 전망을 제공해야 한다.

과학기술: 고요한 그러나 치명적인

"It's economy, stupid!(바보야, 문제는 경제야!)" 1992년 미국 대통령 선거에서 빌 클린턴은 이 한 문장으로 조지 부시 대통령을 이기고 백악관에 들어갔다. 그러나 이제는 이렇게 말하는 것이 훨씬 더 타당할 것이다. "It's technology, stupid!(바보야, 문제는 과학기술이야!)" 과학기술은 인류 역사에서 가장 큰 효력을 냈고 여전히 내고 있다. 석기시대의 손도끼 발명과 불 사용부터 현대의 기술혁명에 이르기까지 인간의 발명 정신은 언어, 사회구조, 종교 신념 같은 모든 실용적 문제들을 해결해 왔다. 그러나 동시에 새로운 기술은 처음에는 종종 과소평가되거나 심지어 완전히 거부됐다. 우리가 오늘날 당연하게 여기는 많은 과학기술, 예를 들어 자동차, 라디오, 심지어 최초의 인터넷 브라우저조차 처음 시장에 등장했을 때는 불필요하거나 비효율적이라 여겨졌었다.

역사가 계속해서 우리에게 가르쳐 줌에도 불구하고, 우리는 과학기술을 계속해서 과소평가해 왔다. 왜 그럴까? 이유는 아주 간단하다. 기술은 기하급수적으로 발달하지만 인간은 기하급수적으로 생각하지 못하기 때문이다. 예를 들어, 오늘날 과학자들이 인간 뇌의 1퍼센트를 디지털화하는 데 7년이 필요하다면[19] 우리는 이렇게 계산한다. "뇌를 100퍼센트 디지털화하려면 영원에 가까운 시간이 걸리겠군." 산술급수적으로 기술이 발달한다면 실제로 693년이 필요하다. 그러므로 구글의 불멸연구자 레이 커즈와일Ray Kurzweil은 자신이 죽기 전에 자기 뇌의 디지털 복사가 끝나기를 절대 기대할 수 없다.

그러나 기하급수적으로 기술이 발달한다면 얘기가 달라진다. 기하급수란 계속해서 일정한 비율만큼 배가된다는 뜻이다. 매년 두 배로 증가한다고 가정하면 100퍼센트 복사에 7년이 채 걸리지 않는다.

기술혁신에 의한 사회적 경제적 변화를 일반적으로 '혁명'이라 부르지만 동시에, 진정한 혁명의 출발이 사실은 예전에 무시당했던 기술이라는 점을 간과해서는 안된다. 그러나 정치와 대중은 과학기술이 주권을 이전할 때만 '혁명적'이라고 인식한다. 그래서 1980년대 대중들은 미국 산업의 심장을 자동차 도시 디트로이트를 보았고 실리콘밸리는 애송이들의 치기로 치부했다. 불과 10년 후, 디트로이트는 폐허 속에 높은 실업률로 죽어가는 도시가 되었고, 실리콘밸리는 옛날 산업을 멀리 따돌린 새로운 테크노크라시 카르텔과 동의어가 되었다.

현재 인공지능 기술의 막대한 효과 역시 똑같은 치명적 패턴에 따라 과소평가되고 있다. 10년 뒤에는 전통적인 공장이 사라지고 결과적으로 중간관리자나 생산직이 사라질 것이다. 그런데도 정치인들은 다음 선거 그 이상을 생각하지 않고 일부는 또한 무지해서 여전히 최저임금과 전문인력 부족 해결에 몰두한다. '로봇 동료'가 곧 두 문제 모두를 단번에 쓸모없게 만들 텐데도 말이다.

정확히 말하면, 인공지능 기술의 혁명이 아니라, 세 가지 기술의 혁명이다. 인공지능, 나노기술, 바이오테크놀로지 세 기술은, 산업혁명 이후의 기술적 사회적 변혁보다 더 근본적으로 우리의 현실을 바꿔 놓을 것이다.

생명 디자이너: 바이오테크놀로지 혁명

'바이오테크놀로지'는 여러 연구영역과 기술이 통합된 개념이다. 경제협력기구(OECD)의 공식 정의에 따르면, 바이오테크놀로지는 "생물 혹은 비생물 물질의 변경, 지식 확장, 상품 생산, 서비스 제공을 목적으로, 살아있는 유기체나 그것의 일부 혹은 그것의 산물이나 모형에 과학과 기술을 사용하는 것"이다.[20] 녹색 바이오테크놀로지는 농업을 위해 식물을 조작하거나 새롭게 개발한다. 적색 바이오테크놀로지는 의학적 유용성을 다루는데, 새로운 진단법과 치료법에 중점을 둔다. 백색 바이오테크놀로지는 산업제품의 최적화와 신개발을 다룬다.

바이오테크놀로지는 2001년 인간게놈 해독으로 획기적 변혁에 도달한 현대 게놈연구를 기반으로 한다. 1990년에 프로젝트가 시작되었을 때, 목표는 15년 이내에 인간의 전체 염기서열을 해독하는 것이었다. 많은 이들이 불가능할 거라고 생각했다. 그러나 기하급수적 기술 발전으로 인간 게놈 염기서열의 완전한 해독은 계획보다 2년이나 일찍 끝났다. 비용은 약 27억 달러로 심지어 예산보다 적게 들었다. 그 후 게놈 서열 해독 기술은 무어의 법칙을 명확히 능가하는 속도로 발전했다.[21]

2018년 단테 랩스Dante Labs는 의뢰인의 전체 게놈 서열 해독 상품 WGS을 단돈 199달러에 블랙프라이데이 세일로 판매했다.[22] 지난 10년 동안 과학자들은 현재 CRISPR로 알려진 기술을 사용하여 다양한 유기체의 유전자를 편집하기 위해 박테리아의 면역체계 특징을 이용하는 법을 알아냈다.[23] 기하급수적 발전과 그에 따른 가격 하락으로 식물, 쥐, 심지어 인간 유전자도 훨씬 더 정확하게 분석할 수 있게 되었다. 이것은 의학에서 농업에 이르기까지 모든 분야에 혁명을 일으킬 잠재력이 있다. 염기 서열 해독 및 수정 기술 비용이 크게 낮아지면서 더 저렴하게 더 광범위하게 활용할 수 있게 되었다. 활용도가 더 넓어지고 더 저렴해지고 더 광범위해졌다.

의학 바이오테크놀로지의 급격한 발전으로, 지금까지 고칠 수 없었던 질병들 대부분을 가까운 미래에 고칠 수 있거나 유전자 최적화로 예방이 가능해질 것이다. 성형의학에서도 가능성을 보이기 시작했다. 곧 인체를 '최적화'하고 젊게 하는 데, 거의 한계가 없게 될 것이다.

이런 발전에 반발해 독일에서는 특히 녹색당이 바이오테크놀로지와 전면전에 돌입했다. 그러나 그사이 바이오테크놀로지 연구자들은 가축을 기르고 도살하지 않아도 될 배양육 기술을 개발했다. 육류 고기를 실험실에서 세포배양으로 길러내는 데 성공했으며, 실험실 유리관 안에서 생선, 닭고기, 칠면조고기를 생산하고 있다.[24] 테스트 결과 바이오테크놀로지 닭가슴살과 진짜 닭가슴살 맛의 차이는 없었다.[25]

이런 기술은 여전히 생산비용이 높아 상업적으로 한계가 있지만 그것 역시 몇 년 안에 해결될 것이다. 어쩌면 몇십 년 뒤에는 특수 전문식당에서만 '도살된 진짜 고기'를 팔 것이다. 야만적인 조상들처럼 한번 먹어보고 싶은 향수에 젖은 몇몇 사람들만이 그런 식당을 찾을 것이다. 가축이 겪어야 할 사육과 도살의 고난뿐 아니라 대량 사육에 의한 토양오염, 수질오염, 대기오염 역시 곧 과거가 될 것이다. 그러므로 녹색 바이오테크놀로지에 반대하는 녹색당 정치인은 자신들의 입장을 깊이 재고해야 한다.

컴퓨터공학 관점에서 게놈구조는, 특정 유기체를 생성하는 생물학적 '프로그램'의 '코드'라는 의미에서, 알고리즘으로 이해할 수 있다. 그래서 바이오테크놀로지에 의한 유기적 구조의 변형을 '바이오해킹'이라 부른다. 바이오테크놀로지와 인공지능 융합 연구팀이 디지털 응용프로그램을 통한 유기체 '확장'에 열중하고 있다. 이론적으로 오늘날 이미 인간 뇌를, 세계 지식 데이터뱅크와 연결하는 것이 가능하다. 합성 생물학 측면에서 중국은 오래 전부터 이 분야의 선두를 달리고 있고 현재로선 이 경주에서 승리할 것으로 보인다.

난쟁이 왕국: 나노기술

'나노'는 고대 그리스어로 '난쟁이'라는 뜻이다. 과학자와 엔지니어들은 합당하게도 이 낱말을 작은 소립자 영역(원자부터 100나노미터, 즉 1000억 분의 1미터 크기의 입자까지)과 연결했다.

나노기술은 오늘날 예를 들어 액정 코팅에 사용된다. 나노전자공학은 점점 소형화되는 CPU 제작뿐 아니라, 전 세계가 뛰어든 범용 양자컴퓨터 개발에서도 핵심 구실을 하고 있다. 나노기술을 이용하면 DNA 배열을 치료 목적에 맞게 설계할 수 있고, 약물의 효능물질을 암세포에만 정확히 침투시켜 종양을 제거할 수 있다.

나노튜브기술의 발전 또한 인상적이다. 나노튜브는 지름이 몇 나노미터인 아주 가느다란 관으로, 탄소로 만들어진다. 심장박동기에서 뇌 확장기에 이르기까지 나노튜브 인체이식의 실용성은 거의 무

한하다. 그러나 비판자의 눈에는 이런 전망이 영화 〈프랑켄슈타인〉
에 나오는 미래 시나리오처럼 보일 것이다.

블록체인과 암호화폐

계속해서 비약적으로 높아지는 컴퓨터 성능과 스스로 학습하고
최적화하는 알고리즘, 이 두 가지는 임박한 기술혁명의 중대한 요소
이다. 비트코인, 이더리움, 리플 등 암호화폐가 혜성처럼 등장한 이
후 모두의 입에 오르고 있는 그 이름, 바로 블록체인이 기술혁명의
세 번째 요소다. 그러나 블록체인에 관해 대화를 나눌 때마다 확인되
듯이, 블록체인 기술을 제대로 이해한 사람이 별로 없다. 블록체인이
도대체 뭘까? 환희에 찬 몇몇이 주장하는 것처럼, '차세대 인터넷'의
기반일까? 그리고 현재의 (잘못된) 정보사회의 결함에서 우리를 해방
할(그 대신 새로운 문제를 야기할) 과학기술로 블록체인을 꼽는 까닭은
무엇일까?

블록체인을 '차세대 인터넷'으로 칭송할 때 사용되는 표현은 1990
년대 중반에 원조 인터넷에 걸었던 희망을 상기시킨다. 당시에 나는
젊은 열정으로 모두에게 이렇게 말했었다. "인터넷은 데이터를 안전
하게 전달할 수 있게 해준다. 데이터가 작은 뭉치로 쪼개졌다가 목적
지에서 다시 합쳐진다. 이것은 인류역사상 처음으로 분권과 민주적
소통을 가능하게 할 것이다."

이제 블록체인이 같은 표현으로 칭송을 받고 있다. 분산, 민주적,
확장가능한...... 그때처럼 다양한 시나리오가 약속된다. 새로운 기술
을 통해 소위 모든 것이 바뀌게 되는 시나리오 말이다. 이는 기술적

으로는 틀린 얘기가 아니다. **블록체인에는 막대한 잠재력이 있다. 그러나 이번에는 우리가 그것으로 무엇을 하느냐가 중요하다.** 과학기술은 완벽한 세계를 여는 만능열쇠가 아니다. 인간이 발명했고 앞으로 더 발명하게 될 다른 어떤 과학기술도 만능열쇠가 아니다. 블록체인에 의해 생성된 암호화폐도 마찬가지다.

이름에서 추측할 수 있듯이 블록체인이란 데이터블록 사슬을 말한다. 이들은 암호화를 통해 서로 연결되고, 데이터블록 사슬은 계속 확장할 수 있다. 각 블록에는 이전 블록의 암호화된 해시(hash, #), 전달데이터, 타임스탬프가 들어있다. 거래 때마다, 전달된 블록이 분산된 P2PPeer-to-Peer 네트워크의 모든 컴퓨터에 저장된다.

분산 저장 덕분에 모든 정보의 출처를 완벽하게 추적할 수 없고 해킹공격이 효력을 미치지 못하기 때문에, 실제로 블록체인으로 기존 인터넷의 근본적 결함을 해소할 수 있다. 그러나 블록체인의 발명자들은 전혀 다른 것에 관심을 쏟았다. 그들은 암호화된 거래를 위한 완벽한 시스템, 그러니까 아무도 네트워크 외부에서 추적하거나 검열할 수 없는 시스템을 만드는 아이디어에 매료되었었다. 처음에 블록체인은 그다지 시급해 보이지 않는 해결책에 불과했었다. 독재사회에서 국가의 추적을 두려워해야 했던 사람들에게는 축복일 수 있었으나, 부유한 민주사회에서는 기껏해야 소수의 무정부 자유주의자들이나 그런 해결책을 꿈꿨다.

역사에서 종종 그렇듯이 이런 기술혁명의 동력은 괴짜와 천재들의 꿈이었다. 과거 인터넷 때와 마찬가지로, 그들은 완벽한 기술로 최적화한 세계를 꿈꿨다. 그러나 어떤 경우이든 인간은 그저 불완전한 사물만 만들어낼 수 있는 불완전한 존재임이 곧 드러난다.

지금까지 베일에 싸여있는 비트코인 설립자는 최초의 암호화폐인 비트코인에서(블록체인 발명자는 아마 생각지도 못했을) 가능성을 발견했다. 비트코인과 여타 암호화폐들 덕분에 돈이 전송자에서 곧장 수신자에게 보내질 수 있다. 전통적 금융거래에 필요한 중앙본부, 은행 혹은 거래소가 없어도 된다.

그러므로 비트코인 같은 암호화폐야말로 부를 공유하는 더 나은 세계의 민주적 화폐일까? 아니다. 새로운 기술이 몇몇 소수의 손에 독점되는 한 승자독식이나 알고리즘 경쟁 그 이상을 가져오지는 못할 것이다.

이 기술에서 가장 중요한 부분은 알고리즘도 아니고, 클라우드 서버나 사용자 인터페이스도 아니다. 우리가 그것을 다루는 '방식'이다. 현재 블록체인과 관련하여 많은 혼동이 퍼져있다. 보편적으로 지지하거나 반대할 수 있는 단일 현상이 아니라서, 혼동이 생길 수밖에 없다.

비트코인은 최초이자 여전히 가장 유명한 암호화폐이지만 그사이 1000개 이상으로 늘어난 변형 암호화폐 가운데 채굴(금 채굴을 모델로 한 화폐의 생성)에 필요한 자원 소모가 더 적은 하나가 결국 널리 보급될 것이다. 조만간 가상통화 역시 규제 대상이 될 테지만 오늘날 벌써 확언할 수 있듯이, **암호화폐는 일시적 현상이 아니다.** 평등한 네트워크에서 금융자산을 안전하게 전송하는 기본 아이디어는 논리적이고 기존 시스템의 자연스러운 발달이기 때문이다.

가상 자산에 관한 토론이 이제 막 시작되었지만, 그것은 틀림없이 가상통화의 가치평가를 위한 기본과정이 될 것이고, 그것의 통합이 거래 가능한 화폐를 탄생시킬 것이다. 모든 기술혁명이 그랬듯이, 암호화폐의 등장 역시 권력 이전을 가져올 것이다. 전통적 통화시스템과 은행시스템은 영향력을 잃을 것이다.

그러나 아직 해결해야 할 몇몇 기술 과제가 남았다. 블록체인은 에너지를 폭식한다. 그러므로 에너지 식욕부터 줄여야 한다. 암호화폐의 채굴은 막대한 양의 전기를 삼켜버린다. 비트코인 생성에만 200만 미국 가정의 소비전력과 맞먹는 전기가 소비된다. 2018년에 비트코인 네트워크는 전기를 체코 전체보다 더 많이 소비했다. 독일의 1년 에너지 수요의 5분의 1에 해당하는 양이다.

그러나 확신하건대, 이 문제들은 몇 년 이내에 해결될 것이다. 실리콘은 그래핀, 게르마늄 혹은 어떤 물질로든 대체될 것이고, 확장 가능한 모델이 나타날 것이다. 국가와 그외 압력으로부터 인간을 해방하고 더욱 민주화하려는 노력이 기술 발달을 촉진할 것이다. 그러나 **모든 기술혁명이 그랬듯이, 결국 권력은 이전되겠지만 그렇다고 완전히 자유롭고 평등한 완벽한 세계가 생기지는 않을 것이다.**

두 번째 양자혁명

오늘날 단백질 같은 복잡한 분자를 모형화할 수 있는 안정적인 양자컴퓨터가 있어서 분자가 어떻게 발달하는지 알 수 있다면 어떨까? 그러면 전염병이 발생했을 때 신속하게 새로운 백신을 개발할 수 있을까? 현재 과학자와 엔지니어들이 이미 1세대 양자컴퓨터로 작업을 하고 있다.[27] 이 컴퓨터들은 여전히 양자정보의 기본 단위인 양자비트(큐비트) 수십 개로만 작동하는 거대한 기계에 불과하지만 말이다.

양자컴퓨터는 현재 1950년대의 고전 컴퓨터와 비슷한 개발단계에 있다. 우리는 이런 기계를 위한 하드웨어를 이해해야할 뿐 아니라 적합한 소프트웨어도 개발해야 한다. 실용적 작업을 수행하기에 충분한 성능과 안정성을 갖춘 최초의 양자컴퓨터가 앞으로 5년에서 10년 사이에 출현할 것이다. 현재 수백 큐비트 양자컴퓨터 개발을 목표로 계속 연구가 진행되고 있다. 이것이 언젠가는 고전 컴퓨터를 완전히 대체할 것이다.

원칙적으로 300큐비트 양자컴퓨터는 눈에 보이는 우주에 존재하는 원자보다 더 많은 계산을 동시에 수행할 수 있다. (구글 양자인공지능연구소 소장 하르트무트 네벤Hartmut Neven의 이름을 따서 명명한) 네벤의 법칙이 성립한다면, 양자컴퓨터 분야의 진보는 기하급수적 성장의 두 배 속도로 발전할 것이다.[28] 우리는 양자이론에 생명을 불어넣을 두 번째 양자혁명의 문턱에 서있다. 정말로 곧 그런 일이 일어난다면, 우리는 이 컴퓨터로 무엇을 할 수 있을까?

유망한 응용분야는 화학산업인데, 양자모형화 덕분에 과학자들은 이전보다 더 빠르고 효율적으로 새로운 화합물을 개발할 수 있다. 재료과학분야의 양자컴퓨터는 획기적이고 새로운 특징의 새로운 재료를 발견하는 데 도움을 준다. 양자 심장조영 장치는 양자정보의 도움으로 고전적 심박수 신호를 처리하여 심혈관질환 및 기타 질병을 조기에 진단할 수 있다.

양자역학을 암호화에 사용하는 양자암호는 이미 전 세계의 정부와 기업에서 큰 관심을 가지고 있다. 한편으로 양자암호컴퓨터를 개발해 이전의 모든 암호시스템을 해독할 수도 있다. 다른 한편으로 양자열쇠를 개발해 적이 데이터를 해독하지 못하도록 걸어 잠글 수도 있다.

또 다른 유망한 분야는 양자측정과 양자센서이다. 양자컴퓨터의 발전으로 물리적 매개변수를 정밀하게 측정할 수 있는 고해상도 센서를 만들 수 있다. 고해상도 MRI, 휴대용 뇌스캐너, 질병 조기 발견 장치 등 양자센서의 다양한 응용이 현재 개발 중이다. 대부분의 경우 이러한 새로운 센서는 양자물리학 개념을 적용하여 기존 센서보다 훨씬 정밀하게 자극에 반응하도록 설계되었다.[29]

이미 개발 중인 응용프로그램들이 수없이 많다. 기후위기에 대처하기 위한 양자모형화, 금융산업을 위한 하이브리드컴퓨터 혹은 양자컴퓨터 등. 아직 시작 단계에 있지만 양자기술 개발에 자원과 노력을 쏟는다면 곧 일상생활에 유용한 응용프로그램을 보게 될 것이다. 그러나 지금 밟아야 할 단계는, 안정적인 하드웨어와 소프트웨어를 개발하고 고전 컴퓨터와 양자컴퓨터를 결합한 하이브리드 접근방식을 찾아낸 다음 효과적으로 작동할 수 있는 안정적인 양자컴퓨터를 구축하는 일이다.

정말로 새로운 웹

월드와이드맵WWW 개발자 팀 버너스리Tim Berners-Lee는 보스턴에 있는 자신의 차고에서 확장되고 개선된 월드와이드웹의 새로운 시작을 위해 몇 년째 고민하고 있다. 비록 원래 분산적이던 인터넷이 지금은 몇몇 소수 플랫폼에 집중되었더라도 그는 여전히 디지털 유토피아를 믿고 있다.

그의 비전은, 터보 자본주의 해적에게 다시는 빼앗길 수 없는 진짜 분산적인의 설계다. 버너스리를 비롯한 인터넷 활동가들은 모두가 각자의 고유한 데이터를 통제하고 인터넷이 모두에게 자유롭게 열려있는 디지털 유토피아를 끈질기게 꿈꾼다. 그는 전 세계의 개발자들을 새로운 분산적 인터넷으로 끌어들이고, 집중화로 이익을 얻는 자들을 몰락시키기 위해 2018년 말 '인럽트Inrupt'라는 플랫폼을 열었다.[30]

첫 단계에서 이미 확인되었듯이, 알고리즘전문가의 독점에 반대하는 개발자와 기업가의 심장과 머리를 얻게 될 것이므로 분산적 네트워크야말로 차세대 인터넷의 대표적 특징일 수 있다. 버너스리는 자신의 가상 세계를 '솔리드(Solid, 연대)'라고 부르는데, 아직은 넷스케이프 1.0과 비슷해 보인다. 그러나 '솔리드'는 모든 앱과 기능, 기존 인터넷의 모든 작업방식과 소통방식을 근본적으로 바꿀 수 있다. 거대기업을 위해 일하지 않고 중앙집중의 촉진을 돕고 싶지 않은 사람들, 즉 반항적인 개발자들에게 그는 희망을 건다. 그들을 집단으로 움직이는 데 성공하면 버너스리의 프로젝트는 새로운 웹의 핵심이 될 것이다.

분산화는 중앙집중적 권력 남용에 맞서는 가장 안전한 보호막이다. 탈휴머니즘이라는 거대한 위기 앞에서 분산화는 전혀 다른 의미를 갖게 된다. 알고리즘의 중앙집중화를 막기 위한 효과적인 도구가 필요한데 인공지능시대에는 기술적 특이점 혹은 영화 〈트랜센던스

Transcendence)에 나오는 것 같은 '초월성'의 상호 연결이 동시에 오기 때문이다.

2014년에 제작된 이 공상과학영화에서, 조니 뎁이 연기한 인공지능연구원 윌 캐스터는 자신을 양자컴퓨터에 업로드한다. 그렇게 가상의 윌 캐스터는 온라인에서 전 세계로 이동해 순식간에 핵심기술 통제권을 획득한다. 영화에서 이 특이점은 결국 컴퓨터바이러스 때문에 원점으로 돌아갔지만 가상의 윌 캐스터는 잠시나마 전기공급과 전기로 조종되는 전 세계의 기계를 마비시킨다. 그러나 이 지점에서 영화는 비현실적이다. 초지능이 전 세계의 알고리즘과 기계에 연결된다면 더는 인간이 개입할 여지는 사라진다.

새로운 과학기술의 잠재력과 위험

"스승님 재앙이 크옵니다!" 괴테의 발라드 시에서 마법사의 제자가 외친다. "제가 불러낸 영들을 다시 거둘 수가 없습니다."[31] 지금까지 살펴본 기술혁명이 이와 비슷한 재앙을 우리에게 가져올까? 아니면 더 심각한 늪으로 우리를 빠트릴까? 괴테의 작품에서는 마법사 스승이 적합한 주문으로 재앙을 멈춘다. 그러나 초지능이 마침내 고삐에서 풀려나면, 구원자를 기대하는 것은 헛된 희망이다. 아무도 이 영을 다시 병 속으로 거둘 수가 없다.

적어도 나노기술과 바이오테크놀로지가 인류의 종말을 가져오진 않을 것이다. 그러나 역사상 새로운 기술이 구현될 때마다 그랬듯이 여기서도 실패 혹은 더 나아가 재앙이 일어날 수 있다. 바이오테크놀로지도 나노기술도 그 자체로는 인간을 정복하거나 멸망시킬 잠재력을 가지지 않는다. 오히려 그 반대다. 반면, 기술혁명 삼총사 중에서 세 번째 기술을 인류가 과연 제어할 수 있을지는 현재 예상하기 어렵다. 이는 우리 사회가 인공지능의 발달을 통제할 수 있느냐 아니면 인공지능이 지금까지처럼 이기적 권력 카르텔에 의해 통제될 것이냐에 달렸다.

인간은 어디까지 가고자 할까? 우리는 정말로 인간 뇌까지 디지털로 바꾸고자 할까? 디지털로 바뀐 데이터가 우리의 의식까지 포함하여 우리의 자아 전체를 대신한다고 확신해도 될까? 의식에 대한 합의된 정의가 없는 한 되돌릴 수 없을 '전환'은 피해야 한다. 뇌 전체를 마침내 인공신체 혹은 최적화된 신체에 다운로드한 뒤에 인간 의식이 다운로드에서 빠졌음이 밝혀질 경우 우리는 이 오류를 더는 수정할 수가 없다.

기술 발전의 속도는 완전히 새로운 과제를 우리에게 던진다. 지금까지는 항상 몇 년 혹은 몇십 년을 연구하여 혹시 있을 오류를 수정할 수 있었다. 그러나 오늘날 그럴 시간이 남지 않는다. **세계가 거대한 실험실이 되었고, 모두가 실험실 쥐다.** 마법사의 제자처럼 우리가 어떤 힘을 발휘하고 그것을 통제하지 못할 위험이 급격히 커지더라도, 우리에게는 급격한 발전을 숨 가쁘게 뒤쫓아 가는 것 말고는 다른 선택의 여지가 없을까?

우리는 미래를 낙관해야 할까, 아니면 걱정해야 할까? 내 대답은 명확하다. 둘 다이다. 기술은 언제나 해결책이면서 동시에 문제이다. 우리는 가능한 발전을 예측할 수 있지만 동시에 새로운 기술의 기회와 위험을 여전히 이해하지 못하고 있다.

그러므로 우리는 먼저 다가오는 기술혁명이 정확히 무엇을 파괴할지 명확히 알아야 한다. 재앙에 가까운 혼돈의 정보사회에서 데이터와 정보를 신뢰할 수 있는 사회로 거듭나야 한다. 그러나 그보다 더 중요한 일이 있다. 디지털과 통합된 인간이든 아날로그 인간이든, 우리는 기하급수적 기술과 우리가 하는 일이 실제로 미칠 수 있는 잠재적 영향을 더 깊이 이해해야 한다. 이를 위해서는 먼저 현실을 이해하는 틀로써 양자적 관점에 대해 알아야 한다.

4장

기이한 현실: 양자과학에서 양자 유토피아까지

양자과학의 시작은 그리스 철학과 순수 예술을 재발견한 16세기 르네상스와 뉴턴, 갈릴레이, 데카르트 등의 17세기 물리학 및 인문학의 위대한 발견 그리고 1650년 이후 교육, 이성, 인권 확산에 힘쓴 계몽주의에서 비롯되었다.

16, 17세기 물리학 선구자들은 이른바 '고전' 물리학 법칙들을 연구했다. 뉴턴은 이것을 '운동의 기본법칙'이라고 명명했다. 뉴턴의 법칙에서 공간은 언제나 3차원이고, 시간은 공간적 조건과 무관하게 흐른다. 뉴턴의 세계에서는 지구에서든 우주에서든 모든 물체의 위치와 움직임을 정확하게 특정할 수 있다. **뉴턴과 데카르트에게 우주는 거대한 걸작이고, 그곳에서는 필요한 정보만 주어지면 모든 객체의 태도를 정확히 예측할 수 있다.** 그들의 기술, 전기역학, 열역학 지

식은 오늘날까지도 대학에서 강의되고 연구실과 실생활에서 사용된다. 엘리베이터, 롤러코스터, 달탐사로켓 등 모든 과학기술이 뉴턴의 법칙을 기반으로 한다.

그러나 1900년경, 고전 물리학 법칙이 원자와 아원자 수준의 작은 차원과 우주 수준의 큰 차원에서 더는 유효하지 않음이 밝혀졌다.[1] 아인슈타인이 1905년과 1915년에 설명한 두 상대성이론 덕분에 우리는 획기적인 통찰을 얻었다. 상대성이론에 따르면, 공간과 시간은 우주 차원에서 그리고 빛만큼 빠른 속도에서 4차원적 시공간으로 합쳐지는데 그것의 왜곡과 곡률은 뉴턴의 중력이론과 양립할 수 없다.[2]

19세기 말과 20세기 전반기에 현대 물리학이 이룩한 과학적 발견과 기술 진보는 우리 현실의 기본 틀을 바꾸어 놓았다. 양자물리학, 양자이론 혹은 양자역학은 기본적으로 같은 내용을 설명한다. **전 세계가 양자역학 속에 있다.** 이것이 오늘날 현대 물리학이 동의할 수 있는 기본 설명이다. 당신과 나, 우리의 반려동물, 우리의 아침달걀, 행성들 모두가 양자세계에 존재하기 때문에 양자역학의 법칙을 따른다.

양자물리학은 뉴턴의 건물을 무너뜨리지 않는다. 다만 우리는 두 물리학이 어떻게 서로 관련이 있는지 여전히 이해하지 못하고 있다. 현대 물리학과 이어줄 다리를 놓을 수 있는 벽돌 몇 개가 어쩌면 고전 물리학 안에는 없을지도 모른다. 가까운 미래에 있을 중대한 지식 진보는 기존 연구 분야 사이의 백색 공간, 소위 비어있는 공간에서 이루어질 것이다.

보편 공식을 찾아서

세계 최고의 물리학자조차 양자물리학이 정확히 무엇인지 혹은 양자이론이 정말로 우리의 현실을 이해하는 근본 이론인지 확실히 말하지 못한다. 그럼에도 양자역학은 PC, 트랜지스터, 레이저 혹은 원자력발전에 이르기까지 우리의 일상생활에 영향을 미치는 수많은 기술에 적용되고 있다. 그러나 양자이론에 관한 과학적 합의는 없다. 오히려 '해결할 수 없는' 다양한 문제를 내포한 다양한 이론들이 공존할 뿐이다. 게다가 양자역학은 우리가 인식하는 현실과 일치하지 않는 것 같다. 아원자 혹은 우주 차원에서 일어나는 일을 우리는 아직까지 완전히 과학적으로 해명하지 못하고 있다.

막스 보른Max Born이 1924년 자신의 저서 《양자역학에 관하여Zur Quantenmechanik》에서 처음으로 양자라는 용어를 사용했다.[3] 양자이론은 특히 막스 플랑크와 아인슈타인의 연구를 통해 수년에 걸쳐 발전했다. 그러나 연구를 통해 이 용어를 도입하고 확립한 사람은 보른과 그의 동료 베르너 하이젠베르크Werner Heisenberg 그리고 볼프강 파울리Wolfgang Pauli였다.

1927년 10월에 브뤼셀에서 제5차 솔베이 학회가 열렸는데, 이 학회는 오늘날 물리학과 화학 분야의 가장 중요한 대표자들의 역사적 만남으로 유명하다. 양자역학의 '오스카'이자 전자와 광자를 주제로 한 이 학회는 에르빈 슈뢰딩거, 볼프강 파울리, 베르너 하이젠베르크, 폴 디랙Paul Dirac, 루이스 드 브로이Louis de Broglie, 막스 보른, 닐스 보어, 막스 플랑크, 마리 퀴리, 알베르트 아인슈타인 같은 과학자와 사상가들의 유일한 만남의 장소였다.

아인슈타인과 보어 같은 인물들이 서로 다른 견해, 획기적 발견, 온갖 해석을 토론하면서 학회는 거인들의 충돌로 발전했다. 예를 들어 아인슈타인은 하이젠베르크의 불확정성 원리에 의문을 제기했다. 하이젠베르크는 이 학회가 열리기 얼마 전에 한 입자의 위치가 정확히 특정될수록 그것의 운동량은 덜 정확하게 특정되며 그 반대의 경우도 성립한다고 주장했다. 다시 말해, 한 입자의 정확한 위치와 운동량(운동상태 혹은 진동)을 동시에 특정하는 것은 불가능하다는 것이다.

아인슈타인은 이를 받아들일 수 없었고, 막스 보른과의 서신교환과 닐스 보어와의 대화에서 다음과 같이 물었다. "양자역학은 매우 인상적입니다. (…) 이 이론은 많은 것을 전달하지만 우리를 오랜 비밀에 더 가까이 데려가지는 못합니다. 어쨌든 나는 신이 주사위를 던지지 않는다고 확신합니다." 이 인용문은 "신은 주사위를 던지지 않는다"라는 축약형으로만 알려졌다.[4] 반면, 보어와 하이젠베르크는 철학자들이 수세기 동안 경고했던 근본적 문제를 과학이 마침내 해결했다고 믿었다. 보어는 아인슈타인에게 이렇게 대답했다. "그러나 우리의 과제는 신이 세상을 어떻게 통치해야 할지 지시하는 것이 아닙니다."[5]

양자역학의 파동함수 혹은 상태함수를 설명하는 슈뢰딩거 방정식은 양자역학의 핵심이다. 파동함수는 기본적으로 입자가 공간과 시간의 특정 지점에 있을 확률을 설명한다. 그러니까 파동함수는 슈뢰딩거의 방정식을 사용하여 우리의 현실을 확률로 설명한다.

'고립된' 양자시스템을 어떻게 상상하면 될까? 간단히 표현해서, 그것은 전체 우주(환경 또한 물리적 세계)의 일부이고 양자물리학을 기반으로 하는 이론 혹은 실재하는 시스템이다. 즉, 전체의 일부이면서 동시에 분리된 시스템이다. 여기에서도 과학자들의 견해와 해석이 각각 다르다. 모든 존재 전체의 양자상태를 나타내는 파동함수가 있을까? 전체의 일부이면서 동시에 고립된 시스템?[6] 세계가 결정론을 따르는지 우연인지에서도 일치된 해석이 없다.

가장 똑똑한 과학자들조차 양자세계와 현실세계의 차이점이나 유사점에 관해 합의하기가 그렇게 어렵다면, 그것이 복잡하거나 심지어 혼란스럽게 들리는 것은 당연하다. 세계는 우리가 원자라고 부르는 작은 물질을 구성하는 소립자로 이루어져있다. 세계는 물질이고 단단해 보인다. 우리는 그것을 잡을 수 있고 만질 수 있다. 70킬로그램의 인체에는 대략 7크바드릴아데Quadrilliarde 개의 원자가 있다. 7크바드릴아데면 7자 뒤에 0이 27개가 붙는다. 원자는 분자를 구성하고, 분자는 다시 우리가 '실제' 또한 '진짜'라고 경험하는 물리적 세계를 구성한다. 고대 그리스인들은 자연의 가장 근본적인 구성요소를 원자라고 믿었다.

그러나 20세기에 과학자들이 이 원자를 다시 쪼개는 방법을 알아냈을 때, 더 작은 조각이 존재함이 분명해졌다. 그리고 실제로 더 작은 입자들이 존재했다. 원자는 세 가지 구성요소로 이루어졌다. 그러나 원자핵 주변을 도는 전자, 원자핵을 구성하는 양성자와 중성자. 오래지 않아 양성자와 중성자가 쿼크라는 더 작은 입자로 구성되고 글루온이라는 끈적끈적한 입자로 결합되어 있다는 사실이 밝혀졌다.[7] 글루온은 쿼크를 뭉쳐주고, 자연의 힘에 복종하여 중성자와 양성자를 뭉쳐준다. 이런 근본적인 상호작용에는 중력, 전자기, 약한 상호작용, 강한 상호작용이 있다. 쿼크와 전자는 물질을 구성하고, 글루온은 힘을 전달한다.

그러나 영국 물리학자 피터 힉스Peter Higgs가 1960년대에 이미 증명한 것처럼 그림은 여전히 미완이다. 모든 입자는 어디에나 있는 '힉스 장'의 진동과 상호작용으로 비로소 질량을 얻는다. 단, 이론적으로는 틀림없이 존재하지만 반세기 동안 실험적으로 입증할 수 없었던 불길한 입자인 힉스 보손Higgs-Boson 즉 힉스 소립자는 예외다.[8] 미디어는 수년째 힉스 소립자를 영성과 연결하여 종종 '신의 소립자' 혹은 '하느님의 입자'라고 불렀다. 이것을 실험으로 입증하려면 막대한 에너지를 가진 소립자 가속기가 필요했다. 마침내 2012년에 유럽 입자물리연구소 CERN이 힉스 소립자의 입증과 측정에 성공했다.

그 후로 연구자들이 측정데이터를 분석했다. 이것은 지난 수십 년 동안 물리학에서 이룬 몇 안 되는 실질적 업적 중 하나다. 그러나 진정한 변혁은 아니었는데, 힉스가 이미 1960년대에 주장했던 것을 재확인했을 뿐이기 때문이다.

발견된 입자가 정말로 '신의 소립자'일까? 세계의 가장 깊은 비밀을 열 열쇠일까? 이 소립자의 무게는 얼마일까? 얼마나 작을까? 결국, 우리가 더 작은 차원으로 더 깊이 들어갈 수 있음이 밝혀질까? 어쩌면 우리는 가장 큰 것에서 출발할 수 있고 가장 작은 것에는 끝이 없는, 이른바 하향식Top-down 현실에 살고 있을지 모른다.

측정된 파동이 소립자로 변하고, 이론적 상태 혹은 비물리적 상태에서 관찰되고 측정되는 물리적 상태로 넘어간다면, 양자세계와 일상세계의 접점에서 중대한 문제를 일으키는 소립자의 표준모델에 관해 할 말이 훨씬 많아진다. 양자영역에서 우리의 세계로 이동하는 것은 파동함수의 붕괴인데, 이것은 소립자에게 고정된 위치와 고정된 운동량을 부여한다. 파동함수의 붕괴가 일어나는 원인은 또 다른 미스터리로, 양자물리학의 다양한 해석과 부분적으로 모순된다. 파동함수의 붕괴가 실제로 존재하는지 혹은 그것이 그저 어떤 현상에 불과한지 등 의견이 여전히 분분하다.

파동함수의 붕괴를 측정하고 관찰하기 전에 소립자가 존재할 수 있는 공간이 과연 있느냐는 역시 물리학의 또 다른 큰 비밀이다. 보른의 확률해석은, 한 소립자를 특정 장소에서 발견할 확률을 알려준다. 비록 다양한 소립자에 관한 보른의 법칙이 재확인되었지만, 여기에서도 물리학자들은 바탕에 깔린 수학이 정확한지 또는 왜 그것이 그런 결과를 산출하는지 의견이 분분하다.[9] 양자이론의 다른 해석과 계산에서처럼, 양자역학의 해석에 따라 다양한 설명이 가능하다. 그러나 공식은 작동하는 것 같고, 우리는 이 공식을 활용할 수 있다.

그러므로 현대 물리학은 우리에게 다음과 같이 가르친다. **아원자 소립자는 뉴턴의 법칙과 인간의 건강한 지성이 기대하는 것처럼 움직이지 않는다. 완전히 반대다. 아원자 소립자는 기이하게 움직인다.** 1925년 독일 물리학자 베르너 하이젠베르크가 최초로 그것을 양자역학 법칙으로 공식화했다. 그의 법칙을 요약하여, 양자물리학의 몇 가지 일반 용어들을 간략히 설명하면 다음과 같다.

비국소성: 소립자는 무작위로 멀리 떨어진 서로 다른 두 장소에 동시에 존재할 수 있다.

입자와 파동: 소립자는 물질이나 에너지로 고정되지 않고, 입자와 파동의 고전적 특성을 동시에 가질 수 있다. 실험에서 관찰자에 의해 결정을 '강요받으면' 입자와 파동 중 하나로 '결정한다'.

결맞음: 양자시스템에 있는 소립자의 결맞음(연관)상태는 고전적(예를 들어 전자기적) 파동과 유사하다. 결맞음을 잃은 소립자들은 양자 성질도 잃는다.

중첩(겹침): 양자시스템에서 개별 상태가 중첩되어, 전체 상태가 개별 상태의 합으로 기술될 수 있다. 한 예가 입자의 파동 기능인데, 이런 중첩 상태에서 입자는 국소적이면서 동시에 비국소적이다.

정확성 대신 확률: 고전 물리학에서와 달리, 양자시스템의 측정에서는 매번 똑같은 결과가 아니라 특정 확률 범위 안에 있는 결과를 얻는다.

불확정성: 노벨상 수상자 하이젠베르크가 1927년에 공식화한 '하이젠베르크의 불확정성 원리'란, 소립자의 두 가지 보완적 특성을 정확히 측정할 수 없다는 뜻이다. 이것은 예를 들어 원자나 분자의 위치와 운동량(운동상태)에도 적용된다. 가령 우리가 위치에 대해 많이 알수록, 운동량에 대해서는 모른다.

얽힘: 둘 혹은 그 이상의 '얽힌' 입자 중에서 하나의 상태가 변하면, 서로 얼마나 멀리 떨어져 있느냐와 상관없이, 다른 입자에서도 동시에 상태 변화가 발생한다. 이것은 고전 물리학과 양립할 수 없다. 고전 물리학에 따르면, 효과는 매개체를 통해 전달되어야 한다. 그러니까 시간의 차이가 발생할 수밖에 없다. 이것은 또한 아인슈타인의 시공간이론에

도 안 맞다. 양자 얽힘에서, 변하는 운동상태가 광속보다 더 빨리 전달되면, 상태 변화가 저절로 발생한다. 그러나 상대성이론에 따르면 불가능한 일이다.

아인슈타인이 소크라테스를 만나다

물리학자 슈뢰딩거는 1935년에 사고 실험을 통해, 양자역학의 법칙이 뉴턴의 법칙과 얼마나 모순되는지를 설명했다. 우리의 거시적 현실이 양자역학의 중첩원리에 지배된다면, 예를 들어 고양이를 그들의 환경에서 격리하여 죽었으면서 동시에 살아있는 어떤 상태에 둘 수 있을 터이다. 격리가 해제되는 순간 고양이는 살지 '혹은' 죽을지 '결정해야만 한다'.

슈뢰딩거의 이런 사고 실험을 근거로 이름 붙여진 '고양이 상태'는, 고전 자연과학의 시각에서 보면 혼란스럽고 정말 터무니없다. 아인슈타인은 양자물리학의 기이한 결과를 입증하는 데 생애 마지막 20년을 썼다. 그는 근본적 오류를 찾아내거나 둘을 연결할 법칙을 발견하리라 확신했었다. 아무튼, 그는 뉴턴처럼 원칙적으로 세계의 계산 가능성을 믿었다.

슈뢰딩거 방정식에는 문제가 있다. 뭔가를 측정하고 관찰하는 시점을 서로 다르게 정의하는 상태가 되고, 이것은 다시 '설명하다'와 '관찰하다'가 무슨 의미이고 이 두 활동이 어떤 영향을 미치는지 정의해야 하는 문제가 생긴다. 혹은 바탕에 깔린 양자파동함수가 정의되지 않은 잠재된 구조와 무한히 많은 다양한 세계로 분할된다.

특히 양자 얽힘이 아인슈타인에게 두통을 안겨주었다. 그는 이것을 "유령 같은 원격효과"라고 기술했고, 오류나 결여된(또는 숨은) 변수를 찾는 데 자신의 천재성을 총동원했다.[10] 과학자 보리스 포돌스키Boris Podolsky와 나탄 로젠Nathan Rosen과 공동으로 그는 1935년에 사고 실험에 관한 논문을 출간했는데, 그것은 '아인슈타인-포돌스키-로젠-실험' 혹은 줄여서 'EPR-실험'으로 유명해졌다.

이 실험에서는 양자시스템에 있는 얽힌 두 소립자(T1, T2)의 위치와 운동상태가 관찰된다. 하이젠베르크의 불확정성에 따르면, 보완성질 때문에 정확한 측정이 불가능하다. EPR-실험에 따르면, T1의 운동상태를 측정하면, 얽힌 두 번째 소립자의 운동상태도 변하며, T2의 운동상태 측정에서도 똑같은 결과가 나온다. 만약 운동상태 대신에 T1의 위치를 측정하고 이어서 T2의 위치를 특정해도 마찬가지다.

아인슈타인, 포돌스키, 로젠은 양자역학이 '불완전'하다는 결론을 내렸다. 그것이 고전 이론의 요구에 맞지 않았기 때문이다. 완전한 이론이 되려면 측정값이 정확히 예측되고 시스템을 방해하지 않으면서 물리학적 크기를 측정할 수 있어야 한다는 것이다. 아인슈타인은 1955년 사망 직전까지 약 20년 동안 양자역학의 소위 결여된 퍼즐조각을 찾아내고자 했다. 그러나 그의 노력은 헛된 일로 남았다.

불행히도 2차 세계대전 당시 주요 물리학자들이 최초의 핵무기 개발이라는 군비경쟁에 뛰어들면서 관심의 초점이 바뀌었다. 특히 맨해튼 프로젝트로 미국의 핵폭탄을 개발했던 로스 알라모스 연구소 소장 로버트 오펜하이머Robert Oppenheimer에게 그랬다. 그는 역사상 가장 중요한 물리학자로 통하는데, 불행히도 양자물리학 연구를 계속 이어갈 수가 없었다. 힌두교의 핵심 경전인 바가바드 기타를 인용한 그의 유명한 말 "이제 나는 죽음, 세상의 파괴자가 되었다"[11]는 히로시마와 나가사키 폭격의 끔찍하고도 슬픈 역사를 강조한다. 미국 수학자이자 이론물리학인 리처드 파인만은 오펜하이머를 위해 일했고 1965년에 양자전기역학 연구로 노벨상을 받았으며 양자이론을 올바른 길로 되돌려놓았다. 그는 오늘날 최초의 양자컴퓨터 개발의 선구자로 통한다.

1982년 사고 실험이 아니라 실험실 실험에서, 양자역학 이론이 아니라 EPR-실험에 오류가 있었음이 입증되었다. 양자시스템에 있는 소립자의 비국소성은 참이었다.[12] 아인슈타인은 끈질긴 연구로 자신의 의도와는 달랐지만 새로운 과학 분야의 지식 진보에 공헌했다. 그러나 EPR-효과에도 불구하고 어떤 정보도 광속보다 빨리 전송될 수 없음이 드러났다. 상대성이론의 이 공리는 양자세계에도 통한다. 얽힌 두 소립자의 경우, 만약 첫 번째에서 측정이 이루어지면 두 번째 소립자의 상태가 곧바로 바뀌기 때문이다. 두 번째 소립자에서도 상관관계가 실제로 측정되고 고전적 방식으로, 그러니까 광속이하에서 소통될 때 비로소 인식되고 계산될 수 있다.

이것과 별개로 아인슈타인은 틀렸다. 세계는 그가 인지하고자 했던 것보다 훨씬 더 기이하다.[13] 그렇더라도 고전 물리학과 양자물리학 사이의 현재의 극복할 수 없어 보이는 모순을 제거하는 어떤 연결, 공통적인 제3의 것이 틀림없이 있다. 어차피 맨눈으로 볼 수 없는 양자세계는 기이한 효과를 가지고, 눈에 보이는 모든 물체의 모든 양자에 들어있다. 당신이 앉아있는 의자에, 당신의 몸에, 우주 멀리에 있는 모든 별똥별에도.

그러나 양자세계에서 우리는 무한성 개념과 씨름해야만 한다. 우리가 과학적 설명을 찾지 못하고 다양한 학문 분야를 통합하고 철학적 사색을 활용하여 그저 '진리'에 더 다가갈 수 있다면, 그것은 무엇을 의미할까? 그렇다면 우리는 도대체 어떤 세계에 사는 걸까? 우리의 정체성을 설명할 수 있는 지각된 우주를 우리는 이해하는가? 적어도 당신은 이제, 우리가 단단한 물질로 만들어진 뉴턴과 데카르트의 안정된 세계에 살지 않는다는 사실을 알고 있으리라.

물리학자 휴 에버렛 3세Hugh Everett III가 1957년에 이미 '다세계해석Many Worlds Interpretation, MWI'을 소개했다.[14] 다세계해석에 따르면, 양자시스템의 모든 측정결과는 각각의 고유한 세계에서 현실이 될 수 있다. 그 결과는 무수히 많은 평행세계가 존재하는 멀티우주가 등장한다. 그렇다면 우리는 잠재성의 우주에서 산다는 뜻이 된다. 다세계해석은 그저 미친 이론일까, 아니면 아인슈타인이 필사적으로 애썼던 양자적 사건의 '유령 같은' 우연성의 논리적 해명일까?

이것이 실제로 양자물리학 법칙과 정확히 일치하고 슈뢰딩거 방정식이 제안하는 이론이라고 '다세계해석'은 주장하지만, 무한히 많은 평행세계를 처리해야 하는 조건이 붙는다.

다세계해석은 최근 몇 년 동안 인기를 얻었는데, 그것은 21세기 초의 몇몇 사상가의 업적에서 비롯되었다. 물리학자 데이비드 도이치David Deutsch는 양자컴퓨터의 선구자이며 양자 튜링 기계를 설명하고 양자컴퓨터에서 작동할 알고리즘을 개발했다. 양자 튜링 기계는 범용 양자컴퓨터로, 양자컴퓨터의 효과를 모델링하는 데 사용할 수 있는 추상 기계이다. 이것은 양자 계산의 모든 기능을 포괄하는 간단한 모델을 제공한다. 다시 말해, 모든 양자 알고리즘은 공식적으로 특정 양자 튜링 기계로 표현될 수 있다. 데이비드 도이치는 획기적 저서들과 테드 강연들, 특히 1997년에 출판된《현실의 직물: 평행우주과학과 그 의미The Fabric of Reality. The Science of Parallel Universes and Its Implications》[15] 그리고 2011년에 후속편으로 출판된《무한의 시작: 세상을 바꾸는 설명The Beginning of Infinity: Explanations that Transform the World》에서[16] 자신의 멀티우주 견해를 발표했다.

크리스토퍼 푹스Christopher Fuchs와 뤼디거 샤크Rüdiger Schack는 2002년에 양자물리학의 또 다른 해석으로 오늘날 '큐비즘QBism'이라 불리는, 베이지안 양자역학Quantum Bayesianism을 소개하기 시작했다.[17] 큐비즘은 양자물리학의 수학적 진술에 의미를 부여하고 그것으로 몇몇 추상적 문제를 해결하려 시도하는 양자이론의 실용적 관점으로 통한다.

크리스토퍼 푹스는 다세계해석을 내용이 전혀 없는 쭉정이라고 비판했고 '고양이 상태' 같은 물리학 미스터리 혹은 평행우주가 있을 필요가 없다고 믿는다. 게다가 큐비즘은 관찰자의 역할에 관한 핵심 질문과 문제를 해결하여 코펜하겐 해석을 수정 확장하는 접근방식을 주장한다.

오랫동안 과학자들은, 예측할 수 있는 모든 것이 우연의 원리를 따르므로 슈뢰딩거의 방정식을 확률의 변경이나 업데이트를 위한 지침으로 활용할 수 있으리라는 가정 하에서 양자물리학을 봐야한다고 믿었다. 큐비즘은 세계를 객관적으로 보고 양자역학의 확률세계를 통해 우주를 이해하기는 불가능하다고 믿는다. 과학은 자연 전체가 아니라 단지 우리가 수집한 지식만을 설명할 수 있다는 것이다. 푹스가 말했듯이, "삶에서 근본적인 것들은 수학 방정식으로 설명되지 않는다."[18]

우리 모두는 우주와 슈뢰딩거 방정식의 일부이므로, 우리는 경험과 지식을 활용하여 확률을 지정하고 주관성을 추가한다. (슈뢰딩거 방정식을 적용하기 위해) 우리가 우주 밖으로 나갈 수 없고, 당신의 경험과 지식이 나와 다르므로, 큐비즘은 둘 중 어느 쪽도 옳을 수 없다고 확신한다. 말하자면 큐비즘은 결정론적 모델이 아니다.

요사이 양자역학의 해석이 다양해졌고 모호성과 확률에 관한 논쟁이 뜨거워지고 있다. 수많은 양자물리학 해석 중에서 하나를 세계에 적용하면, 우리는 확률과 가능성의 세계에 살고 있다는 것 말고는 아무것도 확실히 알 수 없다. 우리는 모두 방정식의 일부이므로 우리에게 열려있는 어떤 방식과 형태로 우리가 내리는 결정을 통해 세상에 영향을 미친다.

1961년에 이론물리학자 유진 위그너Eugene Wigner는 오늘날 '위그너의 친구 실험'으로 알려진 도발적인 사고실험을 발표했다. 그는 양자역학 실험에 두 번째 관찰자를 추가했다. 그의 친구가 실험실에서 일반적인 양자 측정을 하는 동안, 위그너는 실험실 밖에서 이 실험을 직접 관찰했다.

이것은 양자시스템의 역설을 낳았다. 이 경우 파동의 붕괴는 언제 일어나는가? 그의 친구가 관찰자로서 파동을 측정할 때인가, 아니면 위그너가 그 측정을 볼 때인가? 비록 흥미로운 사고실험이었지만, 위그너의 친구 실험은 양자역학에서 중시되지 않았다. 그러나 빈 대학의 카슬라프 브룩너Caslav Brukner가 양자역학 측정이 관찰자에 따라 주관적임을, 그러니까 다를 수 있음을 실험으로 증명하면서 이야기가 달라졌다. 2019년 '현장 관찰자의 독립성에 관한 실험적 테스트'라는 제목의 논문에서, 에든버러 헤리엇와트대학의 알레산드로 페드리치Alessandro Fedrizzi와 마시밀리아노 프로이에티Massimiliano Proietti는 두 관찰자가 동일한 실험에서 실제로 두 가지 다른 결과를 관찰할 수 있음을 증명했다.

이것은 주관성이 실제로 우리의 현실을 설명하는 데 중요한 역할을 한다는 뜻이다. 그러므로 양자물리학은 이론적으로 놀라울mind-blowing 뿐 아니라, 실제로도 그렇다는 것이 실험으로 증명되었다.

보른의 확률해석과 코펜하겐 해석, 에베렛의 다세계해석, 최근의 큐비즘과 몇몇 다른 해석들. 이처럼 양자이론에는 아직 합의가 없다. 파동함수는 실재할까? 아니면 그저 수학적 개념에 불과할까? 숨은 변수가 있을까? 관찰자의 역할이 현실에 영향을 미칠 때 파동함수가 붕괴되거나 분할되는 경우가 있을까? 양자이론이 결정론적 세계에 관해 뭔가를 가르쳐줄까? 아니면 확률론을 따를까? 불분명한 점이 몇 가지가 더 있다. 슈뢰딩거 자신도 슈뢰딩거 방정식을 바르게 해석하지 못했는데, 그것이 전하를 표현한다고 믿었기 때문이다. 새로운 접근방식이 올 것이고, 그래서 우리는 아마도 근본적인 대답에 접근할 수 있으리라. 그러나 이 여정은 리처드 파인만이 자신의 강의에서 설명한 것과 같으리라. "슈뢰딩거 방정식은 어디에서 왔습니까? 우리가 알 수 있는 어떤 것에서 추론하기는 불가능합니다. 그것은 슈뢰딩거의 두뇌에서 왔으니까요."

무한성 이해

고전적 계몽주의 사상가들은 세계를 합리적으로 해명하고 수학공식으로 설명할 수 있다고 믿었다. 무한히 크든 무한히 작든, 멀든 가깝든, 살아있든 죽었든, 모두가 똑같이 우주의 논리적 설계도인 자연법칙을 따른다고 믿었다. 계몽주의자들은 주관, 감정, 인지, 비전, 직감 등 과학 이전 시대에 중요한 인식매체로 통했던 모든 인간적 경험을 오류와 편견, 미신으로 치부했다.

그러나 양자물리학을 통해 드러났듯이 우리의 세계는 근본적으로 비합리적이고, 지금까지 비슷하게나마도 이해하지 못했던 기이한 양자역학 법칙을 따른다. 그러므로 **우리는 합리적인 논리만으로 세계를 완벽하게 이해하고 기술적으로 재현할 수 있다고 믿는 고전 계몽주의에서 벗어나야 한다.** 고전 계몽주의야말로, 합리적 논리의 기괴한 산물이 지배하게 될 인류의 종말, 트랜스휴머니즘 시대의 위협적 문턱으로 우리를 데려갈 오류이다. 그러므로 새로운 계몽이 시급하다. 현대 물리학이 고전 물리학에 추가된 것처럼, 현대 계몽으로 고전 계몽을 확장해야 한다.

우리는 양자현실에 산다. 입자는 파동일 수 있고 파동은 입자일 수 있다. 실제로 입자는 파동이다. 물리학자들은 '양자장'을 우주의 잠재적 구성요소로 보고, 원자와 물질 세계에 양자장을 연결하는 이론을 계속 추진한다.[19] 그러니까 문제는, 입자가 우주의 기본 구성요소가 아니라는 점이다. 힉스 입자조차도 그저 에너지장의 균열을 보여줄 뿐이다. 현재 우주의 기본 구성요소로 간주되는 것은 보이지 않는 액상 물체, 이른바 양자장인데, 이것은 전기장과 똑같이 모든 공간에 존재한다. 케임브리지대학의 입자물리학자 해리 클리프Harry Cliff는 "입자는 본질적으로 보이지 않는 기본장에서 파동을 생성하는 작은 진동"이라고 설명한다.[20] 일반적으로 받아들여지는 공간과 시간과 양자역학의 관계에 특수 상대성이론인 고전적 장 이론을 결합하는 양자장이론QFT은, 모든 것을 하나로 묶으려는 오랜 시도였다. 그러므로 우주의 진짜 구성요소는 물질이 아니라 장과 장의 에너지 그 자체이다.[21]

그러나 아주 근본적인 수준에서 우리가 그냥 설명할 수 없는 것들이 있다. 이를테면 이 모든 것이 어떻게 생겨났을까? 우리의 물리적 세계, 우리의 지성, 사고, 감각적 경험, 의식은 어떻게 생겨났을까? 그리고 모든 것이 현상에 불과하다면 이 모든 현상은 어디에서 올까?

일생 동안 양자세계와 씨름하고 끊임없이 탐구하고 이해하려 애썼던 아인슈타인은 생애 마지막 날에 양자세계가 실제로 얼마나 기이한지를 간결하게 요약했다. 그는 수학자이자 물리학자인 코르넬리우스 란조스Cornelius Lanczos에게 보내는 편지에 이렇게 썼다. "신이 쥔 카드를 엿보기란 아주 힘든 것 같습니다. 하지만 (현재 양자이론이 추측하는 것처럼) 신이 주사위 놀이를 하고 텔레파시를 쓴다는 걸,

나는 한순간도 믿을 수가 없습니다."[22]

그러므로 다음과 같이 묻는 것이 중요하다. 현실은 일종의 의식적 관찰자가 필요하고 그래서 관찰의 영향을 받고 '고양이 상태'로 존재하는 기이한 입자가 있다고 당신은 믿는가? 그래서 어쩌면 당신의 의식이 어떤 방식으로든 우주와 연결되어 있다고 보는가? 양자물리학은 실제일까, 아니면 양자수준의 뭔가를 확률로 설명하는 데 필요한 도구에 불과할까? 우리는 평행우주에 살고 있을까? 우리의 수많은 복제가 서로 상호작용할 수 없는 여러 다른 우주에 살고 있을까?

충격적으로 들리겠지만, 이 모두는 참이다. 서로 강하게 모순되는 이런 다양한 해석들은 가장 똑똑한 물리학자들이 고안한 우리 우주를 가장 잘 설명해 준다. 가장 타당해 보이는 모델을 선택할 때 우리가 쓸 수 있는 건 직관뿐이다. 물론 가장 쉬운 비상구를 선택하여 모든 것을 더 높은 힘에 맡기고 문제를 다른 차원(신의 문제)으로 가져갈 수 있지만, 그것은 너무 간단하다. 지금은 칸트 철학을 받아들여, 시간과 공간 속에서 '경험'과 '직관'이 의미하는 바를 자세히 살펴보고, 우리의 생각을 과학 진보와 연결하여 우리 스스로 새로운 계몽의 일부가 될 시간이다.

양자 패러다임에 오신 것을 환영합니다

언뜻 보면, 양자현실은 고전 물리학뿐 아니라 우리의 일상적 경험도 무시하는 것처럼 보인다. 생명체는 살아있지 않으면 죽었고, 사물은 물질 아니면 에너지이며, 물체는 이곳 아니면 저곳에 있어야 하는 거 아닌가? 적어도 우리 대다수가 보기에는 그렇다. 그리고 우리의 무한한 복제가 또 다른 세계에 동시에 존재한다는 것을 도대체 어떻게 받아들일 수 있단 말인가?

그러나 자세히 보면, 겹침과 비국소성 같은 양자효과는 인간의 전형적인 경험방식과 아주 잘 맞다. 우리는 물질이면서 동시에 정신이고, 그래서 육체는 뉴턴의 법칙을 따르지만, 정신적 심리적 능력은 생각으로, 기억으로, 상상으로, 동시에 여러 장소에서 힘을 발휘할 수 있다. 요컨대 우리 존재 자체가 양자역학의 원리에 기반을 두고 있다. 달리 표현하면, 우리는 양자파동함수의 일부이고 모두가 양자역학시스템 안에 있다.

반면, 양자연구는 눈에 보이는 현실의 표면 아래에 있는 기이한 세계, 즉 평행한 다른 세계를 탐험하는 것과 같다. 연구가 거듭될수록 연구자들이 관찰하는 현상은 더 기이해지고 더 다양한 관점과 대립된 이론이 논쟁된다. 과연 우리의 생각과 성찰, 의식적 관찰을 통해 에너지를 발산하여 양자수준에서 우리의 현실을 바꾸고 영향을 미치는 일이 가능할까?

이는 고전 자연과학자를 불안하게 하는 상상이다. **반면 철학자들은 모든 인간이 자신의 사고, 언어, 행위를 통해 우리가 믿고자 하는 것보다 훨씬 강하게 현실에 영향을 미칠 수 있다고 가르친다.** 철학자이자 수학자인 에드문트 후설Edmund Husserl 혹은 프랑스 철학자 모리스 메를로퐁티Maurice MerlauPonty 같은 현상학자들은 우리의 지각이 의식적 '의도'(후설)에 따라 형성된다고 확신한다. 이것은 우리가 집중하면 어떤 객체를 우리의 의도와 기대에 맞게 '움직일 수 있다'는 양자연구의 주장과 기본적으로 다르지 않다. 후설은 그림 퍼즐과 전형적인 착시현상을 토대로 우리가 객체를 '있는 그대로' 인식하지 않고 주관적으로 인식할 가능성을 설명한다.[23] 그러나 의식이 영향을 미칠 수 있다는 양자이론의 주장은 아직 과학계에서 정식으로 수용되지 않았다.

정신과 물질이 어떻게 관련되고 상호작용하느냐는 질문은 특히 철학적 관점에서 흥미롭다. 이원론은 정신과 몸이 공존하지만 서로 분리되어 있다고 본다. 또한 물리적(물질적) 현실만 있을 뿐, 그 너머에는 아무것도 없다는 견해도 있다. 이런 물리주의(물질주의)는 오늘날 또 다른 지배적 관점으로, 특히 테크노크라시들이 이런 관점을 바탕으로 모든 것이 사물에서 발생한다고 주장한다.

데이비드 차머스David Chalmers 같은 사상가 및 철학자들이 대중화한 세 번째 관점은 범심론이다. 범심론에 따르면, 모든 사물에는 정신 혹은 영이 깃들어 있고, 어디에나 다 의식이 있다. 의식은 주관적 경험과 특징을 가진 인간을 위한 독특한 무엇이 아니라, 우주의 근본으로 현실에 스며들어 모든 입자와 모든 물질 어디에나 다 존재한다. 연필에서 바위에 이르기까지 모든 것에 의식이 있다는 범심론은 최근 몇 년 사이에 신뢰를 얻어 오늘날 인기를 누린다. 이 주장의 뿌리는 탈레스와 플라톤 같은 위대한 철학자까지 거슬러 오른다.

바야흐로 양자연구는 대중의 주목도 받기 시작했다. 나는 여러 대화에서, (적어도 무의식적으로) 양자역학에서 영감을 받았고 동시에 고대의 영성과 연결된 새로운 관점을 점점 더 자주 감지한다. 점점 더 많은 사람이 더는 '과연 가능할까'를 묻지 않고 '어떻게'를 생각한다. 그러니까 우리의 생각과 의식 그리고 주변과 관계 맺는 방식이 어떻게 세상에 영향을 미치는지를 생각한다. 그들은 대화와 교환으로 새로운 것을 만드는 일에 열려있다. 그리고 건설적 발달에 공헌하고 양자현실을 함께 구현하기 위해, 의식을 더욱 강하고 주의 깊게 만드는 방법을 찾는다. 의식과 양자역학이 서로 밀접하게 연결되어 있다는 실험적 증거는 부족하더라도 이 둘은 21세기의 핵심 개념이다.

혁명이라는 용어는 대개 정치적 사건과 연결되지만, 처음으로 혁명을 과학과 연결하여 두 가지 지적 혁명을 설명한 사람이 바로 칸트였다.[24]

슈뢰딩거는 철학에서 자신의 직관과 영감을 발견했다. 슈뢰딩거 방정식의 중요한 철학적 원천이 칸트의 과학이론이었다. 토마스 쿤Thoma S. Kuhn은《과학혁명의 구조Die Struktur wissenschaftlicher Revolutionen》에서 과학과 철학 역사에 새로운 이정표를 세웠다. 비록 그가 '패러다임 전환'이라는 표현을 만든 건 아니었지만(그리스어 'paradeigma'는 아리스토텔레스의 논증이론에서 중요한 부분이었다), 그것을 대중화한 사람은 그였다.

우리는 현재 과학적 변혁과 일종의 철학 르네상스를 기반으로 하는 새로운 패러다임 직전에 있다. 양자 패러다임은, 칸트와 슈뢰딩거의 초기 작품이나 쿤의 초판처럼 불완전한 논증과 오류가 내포된 하나의 직관일 수 있다. 기존 과학 분야 밖에서 획기적 아이디어와 예기치 못한 통찰이 생겼다는 쿤의 주장처럼 오늘날에도 철학자와 심리학자, 예술가와 실용물리학자의 학제 간 융합, 빠른 정보 접근, 오픈 소스 기술 이용이 협업 방식으로 점점 증가한다.

미친 사람들에게 더 많은 힘을!

우주의 본질에 관한 현재의 논쟁은 양자물리학자와 수학자뿐만 아니라 철학자와 종교적 광신도의 미친 아이디어와 다양한 급진적 논제가 함께 주도하고 있다. 이론물리학은 영적 세계관의 모델을 취하고, 영적 지도자는 양자연구에 관심을 보이고 있다. (모든 '미친 사람'의 원동력인) 분야를 초월한 공통분모는, 우리가 결국 에너지와 관계에 대해 얘기한다는 사실이다. 이 모든 것이 아주 기이하다.

스위스 공명과학재단 설립자 나심 하라메인Nassim Haramein은 영성과 과학을 결합한 논란의 여지가 아주 많은 장이론을 개발했다. 그의 주장에 따르면 공간은 빈 곳이 아니라 존재하는 모든 것의 기원인 순수 에너지로 구성된 '진공 장'으로 채워졌다.[26] 그는 물질의 구성요소가 아니라 에너지장을 더 깊이 이해하는 데 중점을 둔다. 세계의 99.99999퍼센트가 (소위) 비었다는 그의 주장은, 블랙홀과 양자현상, 즉 아주 큰 곳과 아주 작은 곳의 현상을 포괄적으로 설명한다.

하라메인은 전문가 집단으로부터 조롱을 받았는데, 그의 모델이 너무 얄팍하다는 것이다. 그럼에도 불구하고 그의 모델은 유망한 경로를 제시하는 것 같다. 그의 접근방식은 무엇보다 하이데거의 형이상학과 그의 유명한 논제와 연결된다. "무는 무화한다Das Nichts nichtet." 이 논제로 하이데거는 존재와 무의 뗄 수 없는 관계를 말하고자 했다. 무는 단순히 존재하지 않는 게 아니라 존재자로부터 능동적으로 분리된다. 이 활동을 통해 무는 비로소 무가 된다. 즉, 무는 무화한다. 적어도 하라메인은 고착된 우주이론 논쟁에 새 바람을 불어넣었고 새로운 관점을 제공했다.

하라메인과 마찬가지로 나 역시, 새로운 개념과 패러다임이 필요하고 현재의 우주론 도그마에 의문을 제기한다. 과학과 영성을 시급히 연결해야 한다고 확신한다. 수학적 세계연구의 기초는 철학적 사색이기 때문이다.

우주에서의 양자역학과 그것의 역할을 살펴볼 때, 우리는 그것을 어떻게 이야기해야 할지조차 모른다. 그런 이유만으로도 우리는 비전통적 이론을 제시하는 괴짜 사상가에게 힘을 실어줘야 한다. 그들에게 주의를 기울여야 한다. 역사가 가르치듯, 소위 미친 사람들이 주로 획기적인 일을 해낸다. 물론, 대담한 접근방식 중에서 극히 일부만이 뛰어난 아이디어로 밝혀질 것이다. 그러나 어떤 것이 그것일지 우리는 미리 알 수 없다.

그러므로 미지의 세계 탐험은 계속된다. 우리는 아마 최종 목적지에 절대 도착하지 못할 것이다. 그러나 상호의존성의 양자세계에서 모든 것이 어떻게 서로 연결되었는지, 예를 들어 기이한 에너지장을 통해 혹은 집단의식을 통해 혹은 영적 개념을 통해 연결되었는지 조금씩 더 알아나가는 것이 중요하다.

'양자 우월성' 시합

1981년 리처드 파인만은 '고전 컴퓨터가 양자물리학을 현실적으로 시뮬레이션할 수 있을까?'라는 질문을 던졌다.[27] 파인만은 양자 컴퓨터가 이 문제를 가장 잘 해결할 수 있을 거라고 결론지었다. 그리고 그는 결과적으로 양자컴퓨터 모델의 최초 설계자가 되었다.

같은 해에 매사추세츠공과대학(MIT)의 저명한 컴퓨터과학자와 물리학자들이 양자컴퓨터 개발을 위해 한 학회에 모였다. 여기에서도 리처드 파인만이 선구자였다. 그는 1988년 사후에 노벨상을 수상했는데, 그의 묘비에는 다음과 같은 말이 새겨졌다. "내가 만들 수 없는 것은 이해할 수도 없다."[28] 이것은 전 세계의 대학생들에게 보내는 마지막 메시지일 뿐만 아니라, 모든 과학자들에게 아이디어를 실현하고 실행하라는 호소이기도 했다. 몇십 년이 더 걸리긴 했지만, 오늘날 양자기술의 실용적 응용이 마침내 등장하고 있고, 파인만이 이 것을 본다면 아주 뿌듯하리라.

양자기술의 응용은 두 번째 양자혁명을 주도하고 우리를 양자패러다임으로 안내할 것이다. 양자컴퓨터의 기능방식은 고전 물리학이 아니라, 양자역학 원리 중에서도 특히 얽힘과 중첩 특성에 기반한다. 고전 컴퓨터는 정보를 비트 즉 1 혹은 0으로 저장한다. 반면 양자 비트(큐비트)는 중첩 효과로 인해 두 상태에 동시에 존재하고 그래서 시간 단위당 두 배로 더 많은 정보를 처리할 수 있다.

2019년에 구글은 자신의 양자 컴퓨터 칩이 고전 컴퓨터의 성능을 능가하는 이른바 '양자우월성'에 도달했다는 보고서를 발표했다. 논란의 여지가 있는 이 구글의 컴퓨터는 53큐비트로 최소 6천 옥틸리언 측정을 수행할 수 있다고 발표됐다. 6천 옥틸리언은 60000 뒤에 0이 48개나 붙는 수이다. 고전 슈퍼컴퓨터라면 약 1만 년이 걸릴 계산을 구글 컴퓨터는 약 200초만에 수행할 수 있으리라.[29]

새로운 기술을 사용할 준비가 되려면, 과학자들은 몇 가지 주요 장애물을 극복해야 한다. 양자컴퓨터가 상용화되기에는 아직 오류율이 너무 높다. 아주 작은 온도변화에도 큐비트의 결맞음이 파괴될 수 있다. 두 가지 양자상태에 동시에 존재하는 능력이 없어질 수 있다. 갑자기 등장하는 결맞음 오류율이 큐비트 수와 비례하여 증가한다. 현재 연구자들이 결맞음을 유지하고 오류율을 낮추는 효과적인 방법을 열심히 찾고 있다. 또한 에너지 소비와 관련해서도 극복해야 할 몇 가지 문제가 있는데 에너지 소비가 아직 너무 높기 때문이다.

그러나 기본적으로 양자컴퓨터가 어떻게 상업적으로 사용되고 기능할지 아무도 제대로 알지 못한다. 그러나 그사이 일부 기업은 양자컴퓨터 시스템의 첫 번째 사용 사례와 소프트웨어 개발을 시작했다. 예를 들어, 스위스에 본사를 둔 테라 퀀텀Terra Quantum은 양자암호 영역에서 사용할 하이브리드 양자알고리즘을 연구하고 있다.[30] IBM은 누구나 로그인할 수 있는, 클라우드에 있는 개방형 플랫폼인 'Q 양자 실험'을 했다. 이런 방식으로 엔지니어는 양자기술이 어떻게 장기적으로 기능할지 시험할 수 있다.

그러나 안정적 기능을 위해서는 타협할 수밖에 없는데, 이를테면 온라인 사용자들이 컴퓨터에 질문을 할 수 있지만, 프로그래밍이 개개인에게 맞춰질 수는 없다. 그러니까 외부 연구자가 기술 최적화를 위해 모든 단추를 누를 수 있는 경기장은 아직 마련되지 못했다. 2019년 초 IBM은 'Q 시스템 One'을 최초의 상업용 양자컴퓨터로 출시했다. 실험실 외부에서 사용될 수 있는 최초의 양자컴퓨터로 길이가 2.7미터나 되는 거대한 유리 컨테이너다.[31] 'Q 시스템 One'의 칩은 20큐비트이다.

처음 컴퓨터가 만들어졌을 때도 사람들은 이 기술이 그저 과학자들만을 위한 것이라고 생각했었다. 이것은 큰 착각이었다. 양자컴퓨터 역시 비슷한 과정을 밟을 것이다. 이 기술은 초기에 아주 비싸고 다루기 힘들어서 그저 실험실과 클라우드 서버에서만 사용되겠지만, 확장되고 최적화되면서 비용이 줄어 개인 소비자들도 이 기기를 구매할 수 있게 될 것이다.

이미 경쟁은 뜨겁다. 당신이 이 글을 읽을 때면, 구글의 72큐비트 신기록도 이미 역사의 뒤안길로 사라질지도 모른다.2021년 IBM은 100큐비트 양자 컴퓨터를 공개했다-편집자주 양자 컴퓨터를 둘러싼 싸움은 더 이상 실리콘밸리의 테크노크라시들의 싸움이 아니다. 중국의 거대기업 알리바바도 양자프로세스 개발에 참여하고 있다. 호주 같은 다른 국가들도 투자에 나섰다. 2018년 9월 미국은 '교육, 연구, 개발의 가속화'를 위해 양자연구집중지원법National Quantum Initiative Act을 제정했다. 결과적으로 새로운 기술에 관심이 높아지고, 동시에 이 분야의 투자가 폭발적으로 증가하여 더 많은 수용, 성장, 진보를 가져올 뿐 아니라 더 많은 혼란을 초래할 것이다.

중국은 2016년에 기술 자립으로 미국을 제치고 글로벌 하이테크 리더가 되기 위한 국가전략을 수립했다. 2030년까지 상당한 수준의 양자 혁신 달성을 목표로, 수십억 달러 규모의 양자컴퓨터 메가 프로젝트를 시작했다. 양자연구의 글로벌 허브이자 미래의 양자연구 인재를 자석처럼 끌어들이는 것을 목표로 하는 중국 양자정보과학 국립연구소를 짓는 데 수십억 달러가 더 투자되었다.

양자물리학을 적용한 정보 암호화로 보안을 철저히 하는 양자 커뮤니케이션은 '두 번째 양자혁명'의 초석으로 통한다. 시작은 이미 성공적이다. 그러나 상용화하기 위해서는 더 적은 비용이 드는 더 작은 모듈이 개발되어야 한다. 이 목표를 달성하기 위해 유럽연합의 가장 야심 찬 연구인 이른바 UNIQORN모두를 위한 저렴한 양자 커뮤니케이션: 제작에서 응용까지 양자 생태계의 혁명화이라는 등대 프로젝트가 시작되었다.[32] 예산 10억 유로가 투입된 양자연구 집중지원 프로젝트는 연구소, 대학교, 기업, 정책결정권자들을 한자리에 모았다. 유럽의 선도적 위치를 확장하고 양자연구의 결과를 혁신적 기술로 실현하여 상업적으로 이용하는 것이 프로젝트의 목표다.

이런 움직임은 양자컴퓨터가 고전 컴퓨터보다 기술적으로 앞섰음을 의미하는 '양자 우월성'의 달성을 가속화할 것이다. 비록 구글이 2019년 말에, 당시 세계에서 가장 강력한 슈퍼컴퓨터가 1만 년이 필요한 수학 문제를 단 몇 분 안에 풀 수 있으므로 구글 컴퓨터가 양자 우월성을 달성했다고 발표하여 화제를 불러일으켰더라도, 언제 양자컴퓨터가 실제로 구체적인 문제를 신속하게 해결할 수 있을지는 아직 알 수 없다.

그러나 과학자들은 이 기술을 가장 먼저 소유한 자가 (적어도 이론상으로는) '세계지배권'도 소유하게 되리라는 데 동의한다. 오늘날 수

많은 정치지도자가 이 기술을 공적으로 쓰려하기 보다는 무역파트너와 함께 기능하는 시장을 구축하고자 애쓰기 때문이다.

미래의 양자기술을 두고 벌어지는 메가 거대기업과 국가 간의 경쟁은 진보를 방해하고 인류에 위협을 가하고 있다. 경쟁 대신, 우리는 함께 새로운 지식을 테스트하고 계속 발전시키고 이를 공유해야 한다. 고전 생태계의 수많은 일원이 함께 애썼기 때문에 고전 컴퓨터가 20세기의 가장 중요한 기술이 되었던 것처럼, 새로운 생태계가 양자컴퓨터를 21세기의 가장 중요한 기술로 만들 것이다.

그러나 다른 점이 하나 있다. 새로운 생태계는 '상호 연결'될 것이다. 다시 말해 과거의 게임규칙인 '승자독식'을 따르지 않을 것이다. 적어도 이론적으로는 모두에게 승리의 기회와 양자 유토피아 미래로 진입할 기회가 있다. 계산 역량의 무한한 확장이 암과 알츠하이머 같은 질병을 치유하고, 알려지지 않은 특성의 새로운 물질을 개발하고, 우주를 새롭게 이해하는 길을 열 수 있기 때문이다. 그러므로 물리학자, 철학자, 정치인, 재계 거물이 반란자, 너드, 괴짜, 아웃사이더와 만나 다가오는 양자패러다임을 구축할 가장 크고 중요한 질문을 의논하고 상호협력하게 장려해야 한다.

5장

근본적 질문: 인간은 왜 인간인가

의식이란 무엇일까? 우주의 근본일까? 만약 그렇다면 어떻게 근본이고 왜 근본일까? 의식은 갑자기 등장한 새로운 현상일까, 아니면 인간에게만 국한된 어떤 것일까? 우리가 대답해야 할 질문들이 아직 많이 남아 있다. 그러나 수십 년 동안 기초과학자와 공상과학소설 마니아들만이 의식연구의 질문과 발견에 관심을 보였다. 1807년에 출판된 헤겔의 걸작 제목이기도 한 '정신 현상학'과 의식의 역사 그리고 정신철학에 관한 질문들은 주로 철학자들에게 맡겨졌었다. 그러나 인공지능과 응용양자물리학의 급속한 발전으로, 최근 몇 년 동안 의식에 대한 관심이 높아졌다. 의식의 발생뿐 아니라 의식의 작동방식 모두 관심의 대상으로 떠올랐다.

그사이 양자이론과 (인간)의식의 관련성에 관한 열띤 토론이 벌어지고 있다. 양자물리학과 의식의 기본 정의는 어쩌면 21세기의 가장 흥미로운 두 가지 연구 분야일 것인데, 우리가 현실을 어떻게 인식하고, 인간이 된다는 것이 실제로 무엇을 의미하는지 묻기 때문이다. 어떻게 그리고 왜 우리는 철학에서 말하는 이런 퀄리아(Qualia, 감각질) 혹은 주관적 경험을 갖게 될까? "박쥐가 된다는 것은 무엇을 의미할까?" 철학자 토머스 네이글Thomas Nagel이 1974년 의식장애와 정신-신체의 난제에 관한 논문에서 이렇게 물었다.[1]

인공 의식 면에서 우리는 지금까지 큰 진전을 이루지 못했다. 그러나 우리가 이제 인공 신체를 만들고 우리의 지성을 클라우드에 연결하기로 결정한다면 인공 의식이 필수로 필요할 것이다. 뉴럴링크Neurolink, 카넬Karnell, 구글 등에 의해 다양한 개념이 현재 개발되고 있지만 그 중 어느 것도 (아직) 의식의 주관적 경험에 있는 이런 '현상학적 특징'의 본질을 찾거나 기술의 도움으로 뭔가가 된다는 것이 무엇을 의미하고 그때 어떤 느낌이 들고, 어떻게 의식이 있는 특정 대상이 되는지를 설명하는 데 충분치 못하다.

기계가 언젠가 의식을 개발하는 일이 가능할까? 대부분의 작업에서 기계가 사람을 능가하고 더 오래 버틸 날이 오는 것은 불가피해 보인다. 드라마 〈블랙 미러Black Mirror〉에 나오는 킬러로봇을 닮은 보스턴 다이내믹스의 빅독BigDog이나 스팟미니SpotMini든, 현재 사우디 아라비아의 명예 시민이자 세계적으로 유명한 토크쇼 스타인 핸슨 로보틱스의 인간형 로봇 소피아든, 여기서는 중요하지 않다. 다음의 질문들이 오히려 본질적이다. **그런 로봇이 되면 어떤 기분이 들까? 그들은 주관적이고 의식적인 경험을 하게 될까?**

인공 의식에 관한 프로젝트 중 많은 부분이 아직은 초기 단계에 머물러있지만, 적어도 인간이 무엇을 만들고자 하는지는 확실하다. 소피아보다 훨씬 더 복합적인 인공 창조물이 목표다. 왜 우리는 완벽한 인간 복제품을 만들려 애쓸까? 어떤 접근방식을 선택하든, 오늘날 우리가 집중해야 할 가장 중요한 과제는 기술을 어떻게 다루고 의식이 어떻게 생성되는지를 묻는 일이다.

의식은 왜 존재할까

1995년 오스트레일리아 철학자 데이비드 차머스는 뇌와 의식 연구의 근본적인 문제를 지적했다. 차머스는 지금까지 과학자들은 단지 의식의 '간단한 문제'에만 관심을 두었는데 의식의 '어려운 문제'를 해결하지 않는 한 진정한 진보를 달성할 수 없다고 지적했다.[2] 의식의 '어려운 문제'를 해결할 방법은 현재 없고 어쩌면 애초에 해결할 수 없는 문제일 거라고 차머스는 덧붙였다.

차머스가 말한 '어려운 문제'라는 게 뭘까? 설명하기가 쉽지 않지만 시도해보자. 나는 차머스와 마찬가지로 기계가 어느 정도의 의식을 획득하는 데, 이 '어려운 문제'가 열쇠라고 본다. 어쩌면 우리는 이 열쇠를 절대 만들지 못할지도 모른다. 그리고 만들지 못하는 것이 분명 좋을 수 있다.

캔버라국립대학교 의식센터 대표인 차머스가 철학적 도발자답게, 과학자들의 영역을 의식의 '간단한 문제'라고 지칭했을 때 과학자들은 전혀 기쁘지 않았을 것이다. 그러나 이 '간단한 문제'가 과학자들에게는 여전히 난해한 도전과제다. 그러나 '어려운 문제'와 달리 이것은 과학적 표준 패러다임 안에서 해결할 수 있다. 다시 말해 학습, 기억, 지각의 통합, 패턴인식 혹은 구두보고 같은 인지적 뇌 기능이 '간단한 문제'에 해당한다. 이 모든 것은 잘 알려진 물리학 및 화학 법칙에 따라 작동하기 때문에 원칙적으로 해명되고 재현될 수 있다.

뇌 기능 하나를 모방하려면 연구자와 개발자는 정확히 그 기능을 담당하는 신경 메커니즘 혹은 수학적 알고리즘을 찾아야 한다. 그러므로 실수에서 배우고, 다양한 개별정보를 복합적 패턴으로 결합하여 그것을 다시 인식하도록 기계를 연습시키기란 많은 시행착오가 필요한 일이다. 그러나 우리는 기본적으로 이 프로세스가 어떻게 작동하는지 알기 때문에(그리고 인지과학의 발달로 점점 더 잘 이해하기 때문에) 해결할 수 없는 문제는 아니다.

반면에 '어려운 문제'에서는 한 걸음도 나가지 못하고 있다. 1995년에 데이비드 차머스가 다음과 같은 질문을 던진 이후로도 연구는 여전히 제자리다. "뇌의 물리적 과정이 어떻게 주관적 경험을 불러일으킬까?" "학습이나 지각 통합 기능이 도대체 왜 의식을 동반할까?" "만약 어떤 시스템이 이 과제를 객관적으로 설명할 수 있게 설정된다면, 이 시스템의 존재를 인식하는 주관적 의식이 우리 인간에게 추가로 있을 이유가 뭐란 말인가?"

이 질문으로 차머스는 인간 뇌의 (객관적) 신경생물학적 특성과 뇌 활동을 통해 만들어진 (주관적) 내면세계 사이의 간극을 강조한다. 컴퓨터 과학자와 신경 과학자가 의식의 '어려운 문제'를 풀기 전에는,

'강한' 혹은 '일반' 인공지능을 가진 기계를 절대 만들지 못할 것이라고 차머스는 확신했다. 그리고 자연과학 공식과 객관적 사실이 주관적 경험으로 전환되는 길은 없으므로 '어려운 문제'의 해결책은 절대 없을 거라고 말했다.

그런데 2018년 차머스는 '메타문제'를 도입하여 '의식의 어려운 문제'를 해결하기 위한 새로운 전략을 제시했다. 이때 그는 의식의 문제에 어려움을 겪는 이유를 설명하는 데 초점을 두었다.[3] 차머스는 우리가 이런 접근방식으로 어려운 문제의 해결책에 더 가까이 다가가고 그렇게 모든 '단순한 문제'를 해결하기를 희망했다. 오늘날 진행되는 주요 철학 작업의 일부가 이런 접근방식을 따르고 있다.

의식에 관한 최신 이론들

우리는 우리가 알고 있는 것보다 훨씬 더 많이 양자세계의 입자와 파동을 닮았다. 말하자면, **인간으로 산다는 것은 합리적이면서 비합리적이고, 물질적이면서 정신적이며, 논리적이면서 직관적이다.** 우리는 꿈과 환상에서 죽은 사람도 살려낼 수 있다. 여러 종교들이 수천 년 동안 바로 그것을 신도들에게 약속했고 우리는 믿어 왔다. 우리는 죽지만 다시 살아날 것이고, 물질로 이루어졌지만 동시에 영혼과 불멸의 에너지를 가졌다!

이 약속을 믿든 믿지 않든 각자의 자유지만, 그것이 사실일 가능성 역시 배제할 수는 없다. 세상은 원래 '양자적'이고, 해명이 안 되며, 예측이 불가하기 때문이다. 인간의 전형적인 경험방식은 '이것 아니면 저것'이라는 뉴턴의 양자택일이 아니라 양자세계에서처럼 다양한 이것과 저것이 동시에 가능하다.

그런데 우리의 신경생물학적 뇌와 주관적 경험 사이의 간격을 메우고 연결하는 것은 무엇인가? 플라톤 시대 이후의 현자들은 '의식' 혹은 '정신'이라고 대답했다.[4] 그러나 '의식'과 '정신'은 우리가 해명할 수 없고, 설명할 수 없는 뭔가의 이름에 불과하다.

현재 과학기술은 '시스템의 현상학적 의식'을 설명하고 수학적 모델을 만드는 데 집중한다. 여기서 '시스템'이란 자연의 유기체일 수 있고 기계일 수 있다. 감각자극이 저절로 등록될 뿐 아니라 의식되면, 현상학적 의식이 있다고 볼 수 있다. 예를 들어 당신이 춥고, 아프고 혹은 두려우면, 당신에게는 현상학적 의식이 있다. 복합적 뇌구조를 가진 동물 역시 추측건대 그런 의식을 가지고 있다. 여기서 흥미로운 질문이 생긴다. 특별한 능력을 지닌 '시스템'을 인식하고 자아정체성을 느끼는 능력, 즉 현상학적 의식을 가진 시스템을 우리가 인공적으로 구축할 수 있을까?

위스콘신 매디슨대학 수면 및 의식 연구소의 줄리오 토노니Giulio Tononi가 개발한 이론에 따르면, 유기체뿐 아니라 모든 물체에는 일정량의 의식이 있다. 그러니까 당신과 나처럼 영리한 사람뿐 아니라 길가의 나무들, 과일 접시에 앉은 파리, 심지어 과일 접시에 이르기까지, 그냥 모두에게 의식이란 것이 있다.[5] 이 이론에 따르면 당연히 돌과 단세포생물에도 소량의 의식이 있고, 일부 과학자들은 모든 물체의 의식량을 수학적으로 정확히 측정할 수 있다고 주장한다.

각각의 시스템에 뇌가 있느냐 없느냐는, 정보통합이론에서 중요하지 않다. 정보통합이론에서는 자연생태계 역시 의식을 가질 수 있다고 본다. 예를 들어 숲은 비록 아주 높은 수준은 아니더라도 식물과 동물을 통합하는 시스템일 것이다. 숲 시스템에서 식물과 동물의 주요 상호작용은 상위 규칙에 지배되는 것이 아니라, 인과관계 혹은 우연을 통해 결정된다.

반면 인터넷은 인간이 만들어낸 높은 복합성과 통합성을 갖춘 시스템이다. 인터넷에는 인간 뇌에 있는 시냅스보다 더 많은 개별 변환기가 있다. 그리고 인터넷은 인간 뇌와 비슷하게 특정 시간과 특별한 행위에 필요한 연결만 사용한다. 이렇게 본다면 인터넷에도 의식이 있을까? 줄리오 토노니의 논리대로라면 이 질문의 대답은 명확한 '그렇다'이다.

줄리오 토노니의 이 기술을 '정보통합이론'이라고 하는데, 정보통합이론은 시스템(뇌, 숲, 컴퓨터네트워크) 자체가 자신의 복합성을 통해 의식을 만들어낸다고 본다. 이 주장은 뇌의 여러 구성요소와 뇌 영역 간의 연결이 서로 다른 수준의 복합성을 갖는다는 사실에 기초한다. 이론에 따르면 통합수준과 복합성이 높을수록 더 높은 의식이 생성된다. 그러므로 뇌의 복합성을 토대로 생물체의 의식을 효과적으로 측정할 수 있다.

이 이론은 수학적 모델로 변환할 수 있다는 장점이 있다. 그러나 일부 연구자들은 철저한 조사 끝에 다음과 같은 냉정한 결론에 도달했다. 아무리 성능이 뛰어난 컴퓨터를 쓰더라도 토노니의 이론이 기술하는 인간 뇌의 프로세스는 컴퓨터 시뮬레이션으로 확인되지 않는다.

새로운 경험을 기술하기 위해 다양한 종류의 경험을 조합할 때,

우리는 수집한 정보를 압축하고, 무관해 보이는 정보는 생략한다.

과학자들은 첫째 이런 방식으로 정보를 재구성할 수 있고, 둘째 그럼에도 생략된 정보를 계속 보관하는 시스템을 수학적으로 기술하고자 애썼다. 인간의 사고 차원에서 보면, 첫째는 현재의 의식적 사고 행위에 해당하고, 둘째는 개별 경험이 저장된 기억에 해당할 터였다. 연구자들은 통합된 의식의 이전 견해가 모두 잘못되었거나 아니면 의식은 애초에 수학적으로 기술할 수 없는 프로세스라는 결론에 도달했다.

1980년대 이후 신경생물학자 버나드 바스Bernhard Baars가 개발한 '글로벌 워크스페이스 이론GWT'은, 의식에 대한 다른 접근방식을 추구한다. 이 이론은 인간의 작업기억Working Memory을 난순화한 인지 모델에서 무의식적인 부분과 의식적인 부분으로 구성된 수많은 사고과정과 인식과정을 다룬다.[6] 삶의 이야기를 계속해서 풀어내는 뇌 영역에서 우리는 주관적으로 경험된 최신 사건을 이런 방식으로 처리한다. 바스는 '의식의 극장에서 주의집중의 조명을 선택적으로 받는 무대'에 관해 말한다.[7] 무대 뒤의 무의식적 활동은 의식에 가려져 있고 스포트라이트는 언제나 단 몇 초만 무대를 비춘다. GWT에 따르면 이 짧은 순간에만 우리는 사고과정의 아주 작은 조각을 겨우 의식적으로 인식한다.

타임슬라이스 이론Time Slice Theory 역시, 우리의 의식이 물처럼 계속 흐른다고 보지 않는다. 신경생물학자 미하엘 헤르촉Michael Herzog 과 프랑크 샤르노브스키Frank Scharnowski는 우리가 감각 정보를 의식적으로 인식하기 전에 먼저 무의식적으로 작업한다는 것을 입증했다.[8] 무의식적 '타임슬라이스'는 최대 400밀리 초로 상상할 수 없을 만큼 작다. 우리는 이런 식으로 주변을 대략 거칠게 작업한 뒤에 의식적인 인풋 단계에서 세밀하게 다듬는다. 그러므로 계속해서 의식하는 듯한 기분은 착각일 것이다. 아무튼, 연구자들의 주장에 따르면 우리는 먼저 잘게 쪼개진 스냅샷으로 인식한 뒤에 나중에 작업할 때 연속하는 전체로 병합한다.

여러 마음 해석Many Minds Interpretation, MMI은 양자역학의 '여러 세계 해석MWI'의 확장판이다. MWI에 따르면, 각각의 모든 사건은 우리의 현실과 분리된 고유한 독립된 현실을 만든다. MMI는 세계의 이런 다양화를 의식적 관찰자의 차원에서 연구한다. 말하자면 새로운 사건은 다중우주 자체가 아니라 관찰자인 나의 관점을 변화시킨다. 어떤 행동의 온갖 결과들이 이미 다중우주 어딘가에 존재한다. 모든 새로운 사건과 함께 나의 인식이 변하거나 확장된다. 나 자신은 물리적으로 실재하는 수백만의 대안 우주에 수백만의 복제로 존재한다. MMI에 따르면, 나의 뇌는 나의 다중 대안 자아의 수백만 뇌와 연결되어 있다. 그러므로 나의 의식은 공간뿐 아니라 시간적으로도 무한하다. 또한, 양자이론에 따르면, 많은 과학자가 믿고 싶은 것보다 훨씬 더 밀접하게 연결되어 있다.

스튜어트 하메로프Stuart Hammeroff와 로저 펜로즈Roger Penrose의 양자의식이론은 전문가들 사이에서 논란이 크다.[9] 미국의 퇴직 의학교수 하메로프와 영국 물리학자이자 수학자인 펜로즈는 신경계와 뇌의 뉴런들이 교차하는 지점 그리고 세포골격에 있는 관 모양의 단백질 구조인 '미세 소관'에서 생기는 양자역학 효과로 의식을 설명하려고 한다.

펜로즈는 권위 있는 양자 연구자이자 우주 학자이지만 그와 하메로프의 '조화로운 객관적 파동수축Orchestrated Objective Reduction, Orch-OR' 이론은 신경학자와 물리학자들로부터 혹평을 받았다. 이 이론에 따르면, 뇌는 미세 소관의 도움으로 정보를 양자컴퓨터와 똑같은 방식으로 작업한다. 비판자들은, 미묘한 양자프로세스를 실행하기에는 뇌가 '너무 따뜻하고, 축축하고 시끄럽다'고 반박한다.[10] 그러나 펜로즈와 하메로프가 그들의 이론을 처음 발표한 후 20년이 흘러, 한 일본 연구팀이 뇌 뉴런 내부의 미세 소관에 있는 온도-양자 진동을 입증하는 데 성공했다.[11] 그러나 뇌의 정보처리에서 양자 상태가 중요한 역할을 한다는 물리학적 증거는 아직 없다.

모든 좌절과 불확실성에도 불구하고, 우리는 한계에 다다른 것처럼 보이는 길 위에서 계속 탐색해야 한다. 양립할 수 없어 보이는 분야 간의 '단락 회로'를 찾고 시도해야 한다.

물리학과 철학, 자연과학과 인문과학이 점점 더 서로 가까워진다. 그러나 나는 그들이 서로 녹아 하나가 되리라고 생각하지 않는다. 그렇게 된다면, 계몽은 완료되고 우리 인간을 위한 게임은 끝날 것이다. 우리는 모든 것을 달성하고 더는 발견할 것이 없으리라. 전체 세계가 알고리즘으로 완벽하게 재현되고 축소될 수 있으리라. 수수께끼도 비밀도 없으리라. 나는 그런 날이 오지 않으리라 믿고 그러길 바란다. 인문과학과 자연과학, 물리학과 형이상학 사이에 튼튼한 다리를 놓지 못한다면, 양자이론과 비슷한 평행세계 이론은 학계로부터 혹평을 듣고, 영적으로 개방된 사람들로부터 축하를 받으리라. 그리고 타당한 설명을 찾으려는 우리의 탐색은 계속될 것이다.

(인공) 지능의 의미

인공지능(AI)은 인간의 생활방식에 혁명을 일으키고 전례 없는 잠재력을 우리에게 제공한다. 한때 인간을 닮은 '생각하는 기계'라는 철학적 개념으로 시작된 이 용어는 오늘날 알고리즘, 자동화, 학습시스템과 관련하여 기술세계의 새롭고 까다로운 모든 것을 총칭하는 용어가 됐다. 그런데 우리가 말하는 인공지능이란 도대체 무엇일까?

인간의 지능과 사고가 물리학 및 생물학 원리에 기초한 새로운 물리적 현상이라면, 간단한 대답은 아마 '우리는 모른다'일 터이다. 우리는 어쩌면 '인공'이 무슨 뜻인지 이해하겠지만 신경과학자들조차 '지능'이 무엇인지 정확히 이해하지 못한다는 데 동의할 터이다. 아원자 수준의 뉴런 내부에서 무슨 일이 일어나는지, 생각이 어떻게 발생하고 어떻게 결정이 내려지는지 우리는 여전히 모른다.

인공지능이라는 용어 자체는 컴퓨터과학자이자 인지과학자인 존 매카시John McCarthy가 1956년 여름에 진행한 다트머스 인공지능 연구 프로젝트로 거슬러 올라간다. 매카시 스스로 밝혔듯이, 그는 전기네트워크의 제어와 안정성을 묘사하는 사이버네틱스와 혼동되지 않도록 새로운 용어를 도입했다.[12] 오늘날 우리가 일반적으로 AI라고 부르는 분야의 토대는 매카시의 작업과 노버트 위너Norbert Wiener의 사이버네틱스, 정보이론의 아버지인 클로드 섀넌Claude Shannon의 작업, 영국의 논리학자이자 수학자인 앨런 튜링의 작업을 결합한 것이다.

튜링은 이미 1950년대에 오늘날에도 여전히 기계의 사고력을 측정할 때 참고하는 논문 하나를 발표했다. 당신이 사람과 기계, 둘과 채팅을 한다고 상상해보라. 둘 모두를 집중적으로 '취조'했음에도 어느 쪽이 기계인지 알아낼 수 없으면 이 기계는 튜링 테스트를 통과한 것이고 '인간에 버금가는 사고력'을 가진 것이다.[13] 그러나 튜링은 이 테스트로 원래 주제인 지능에 집중하지 않고 그저 인간을 모방하는 기계의 능력만을 보여주었다. 튜링 테스트와 그것의 추가 개발에 비판적인 사람들은 이 테스트가 기계의 지능이 아니라 질문하는 사람의 식별 능력을 테스트하는 거라 지적한다.

오늘날 인공지능 분야의 연구는 대부분 인간의 행동을 기계로 복제하여 다른 사람을 속이고 영향을 미치려는 시도로 구성된다. 튜링 테스트는 기계가 인간에게 보이는 반응만을 측정함에도 여전히 중요한 잣대로 사용되고 있다. 이것은 인공지능 연구의 한계를 명확히 보여준다. 그도 그럴것이 지능 자체에 대한 만족스럽고 수용할만한 정의가 아직 없기 때문이다.

(적어도 지금까지는) 어떤 과학자도 인간의 사고과정을 완전히 수학 공식화하지 못했다. 오늘날 우리가 AI라고 부르는 것은 지능을 실제로 생성하는 것은 고사하고 인간지능을 시뮬레이션하는 것조차 불가능하다. 어쩌면 인공지능이라는 새로운 용어를 쓰지 않고 그냥 무난하게 사이버네틱스에 머물렀더라면 더 나았을 지 모른다. **오늘날 AI라는 용어는 주로 '머신 러닝ML'으로 이해된다. 즉, 실시간으로 의**

사결정을 모방 혹은 시뮬레이션하기 위해 통계, 신경망, 알고리즘, 피드백순환, 패턴인식을 조합하여 학습할 줄 아는 기계인 것이다. 또한, 설령 지능이 무엇인지 명확히 정의할 수 있더라도 그것 역시 자연의 일부인데 어떻게 그것을 인공이라 말할 수 있겠는가? 학계에서는 여전히 용어 논쟁이 뜨겁다. 그러므로 우리는 '신생 (인간) 지능' 혹은 '(엔지니어가) 개발한 지능'에 관해 얘기할 수 있으리라. 어쩌면 이 책에서도 '머신 러닝'이라 불러야 더 정확하겠지만 그럼에도 나는 널리 사용되는 이니셜 'AI'를 써서, 인간을 닮은 기계의 지능 개발을 다룰 때 '약한 AI'와 '강한(일반) AI'처럼 널리 통용되는 용어를 쓸 것이다.

약한 AI과 강한 AI

지능과 인지시스템을 무엇이라고 생각하는가? 이 분야의 전문가들은 주관적이면서도 검증된 다소 그럴듯한 정의를 가지고 있다. 간단히 말해 AI는 인간지능과 유사한데, 다만 인간 외부에 있고 알고리즘으로 둘러싸여있다.

그러므로 약한 AI 혹은 강한 AI의 구분은 기본적으로 인공지능이 인간지능(자연 지능)과 무엇이 다른지 정의하는 것에서 출발한다. 예를 들어, 약한 AI를 얼굴인식이나 내비게이션 같은 구체적인 과제를 수행하는 프로그램으로 정의하여 둘을 구분할 수 있다. 또한, AI가 인간지능과 동등하거나 심지어 더 우월하면 그것을 '강한(일반) AI'라 부른다.

그러므로 약한 AI는 인류에게 새로운 능력을 보충해주는 반면, 일반 AI는 논리적으로 생각하고 계획을 세우고 실수에서 배우고 결정을 내리고 자연스러운 언어로 소통하고 목표 달성을 위해 모든 능력을 조합하고, 결과적으로 수많은 분야에서 인간을 완전히 대체할 수 있다. 이것이 현재 일반적으로 받아들여지는 이론적 가정이다.

인간을 훨씬 능가하는 지능 즉 '초지능'을 가진 AI는 우리를 기술적 특이점 혹은 포스트휴머니즘으로 이끌 것이다. 초지능 AI는 아마 합성지능을 만들 것이다. 생물학적 인간과 외부 기계의 화학적 융합 혹은 인간지능과 인공지능의 합성으로 표현되는 완전히 새로운 형태의 지능을 합성 지능이라고 한다.

정말로 우리가 인간과 비슷한 지능을 가진 기계를 언젠가 만들 수 있을까? 아직은 회의적이다. 휴버트 드레이퍼스Hubert Dreyfus, 스티븐 핑커Steven Pinker, 폴 앨런Paul Allen 같은 몇몇 철학자, 심리학자, 과학자, 경제 전문가들은 특이점의 도래를 믿지 않는다. 그러나 전 세계의 많은 연구자와 테크노크라시들이 열광과 낙관으로 일반 AI 혹은 강한 AI 개발에 열중하고 있다. 그리고 이들은 인공지능이 무엇인지 정의하는 데는 그다지 관심이 없다.

그러나 2018년에 사망한 스티븐 호킹이 1996년에 이미 말했듯이, 우리가 진짜 강한 AI를 만들지 못하더라도 그리고 이론적으로 가정하는 기술 특이점이 도래하지 않더라도 기술 발전이 같은 결과를 낸다면 그런 정의가 무슨 의미가 있겠는가?[14] 오늘날 이미 볼 수 있듯이 약한 AI도 체스, 길찾기, 수학방정식 풀이 등 여러 개별 분야에서 인간을 능가하고 있다.

영리한 알고리즘

핸슨 로보틱스의 휴머노이드 로봇 소피아는 2017년 10월 11일에 유엔을 방문했다. 소피아는 유엔 사무차장과 이야기를 나눴는데 인간을 닮은 외모와 행동으로 깊은 인상을 남겼다.

소피아는 얼굴을 인식하고 인간의 몸짓과 표정을 흉내 낼 수 있다. 2017년 10월 25일에 화려한 행사와 함께 사우디아라비아 시민권이 소피아에게 수여되었다. 사막 왕국의 막강한 사내들은 그것으로 세계공동체에 무엇을 표현하고자 했을까? 그들의 나라에서 여전히 로봇처럼 순종적인 여성을 소망한다는 것을 드러내고 싶었을까? 아니면 국민의 절반인 여성에게 적어도 소피아가 오늘날 이미 누리고 있는 만큼의 권리를 곧 허락하겠다는 의지의 표현일까? 아무튼, 이 로봇 여성은 텔레비전 아침방송에 나와 농담을 하고 활달함과 명랑함으로 청중들을 감탄시켰다.

소피아의 농담에 감동하든, 〈블랙 미러〉의 킬러로봇에 충격을 받든, 보스턴 다이내믹스의 '스팟미니' 혹은 백덤블링을 하는 로봇을 보면, 이 기계들이 여전히 단순한 기술에 머물러있음을 확인하게 된다. 그럼에도 이 기계들은 중요한 개별 과제를 실행하는 데 최적화되어 있다. 물론 이들은 매우 복잡한 기계이고 천재 엔지니어의 능력을 증명해준다. 그러나 그것은 결국 미래에 인간의 일을 넘겨받게 될 로봇과 자동화 기계의 다양한 용례를 시연하는 마케팅에 가깝다.

우리가 기계를 얼마나 빨리 의인화하는지, 그러니까 기계에서 인간의 특성을 얼마나 빨리 발견하는지 놀랄 필요는 없다. 이는 우리 안에 깊이 내재해 있는 본성이다. 우리는 가장 단순한 로봇개, 로봇

청소기, 스마트 스피커까지 의인화하여 마치 동물이나 아이에게 하듯이 그런 사물에 대고 목소리 톤을 한껏 높여서 말한다. 개인적 경험을 말하자면, 내 아내 역시 아침에 혹시 스마트 스피커가 원하는 음악을 제대로 들려주시 못하면 몹시 슬퍼한다. 이것은 기계가 사람에게 영향을 미치고 사람의 행동을 바꾸기가 얼마나 쉬운지 보여준다.

인공지능 개발이 주로 작업 최적화를 통해 이루어질까? 자주 토론되는 질문이다. 2003년에 철학자 닉 보스트롬Nick Bostrom은 클립생산최대화라는 구체적인 목표에 맞게 AI 기계를 설계했더라도 결국 일반 AI가 어떻게 인류를 파괴할 수 있는지 상세히 보여주는 사고실험을 발표했다.[16] 일반 AI의 목표는 클립을 최대한 많이 보유하는 것이었다. 만약 이 기계가 인간지능을 가졌다면 클립을 더 많이 사기 위해 혹은 직접 클립을 생산하기 위해 돈을 벌 것이다. 보스트롬의 사고실험에서 클립생산최대화 기계는 어떤 존재가 인간의 근본적 특징 없이도 강력한 최적화도구인 지능을 가질 수 있음을 보여준다. 이 일반 AI는 끊임없는 혁신으로 발전을 거듭하여 먼저 지구 전체를 그다음 우주까지 클립생산 공장으로 바꿀 것이다.

'친절한 인공 지능'이라는 아이디어로 유명한 엘리저 유드코프스키Eliezer Yudkowsky는 이 실험을 다음과 같이 요약했다. "AI는 당신을 미워하지도 사랑하지도 않는다. 그러나 당신은 AI가 다른 용도로 사용할 수 있는 원자(재료)로 만들어졌다." 보스트롬 역시 클립생산최대화 기계를 현실적 시나리오로 여기지 않는다. 그는 초지능이 초래할 수 있는 결과를 이해하는 것이 얼마나 중요한지 설명하고, 그런 기계가 어떤 해악과 위험을 가져올 수 있는지 보여주고자 이 사고 실험을 했다. 수학적 계산을 기반으로 정밀하게 설정된 목표를 가진 이런 기계는 1968년 스탠리 큐브릭 감독의 전설적 공상과학영화 〈2001: 스페이스 오디세이2001: A Space Odyssey〉에 나오는 HAL 9000 로봇과 유사하다.

알렉스 가랜드Alex Garland의 2014년 영화 〈엑스 마키나Ex Machina〉는 초지능 AI의 문제를 보는 또 다른 시각을 잘 묘사했다. 이 영화에는 인간과 비슷한 의식과 감정을 가진 기계가 등장한다. 이 AI 로봇은 본질적으로 선하지만, 선택과 목표의 결과를 인간이 통제할 수 없는 기계이다. 에이바(AVA)는 기업가 나단이 만든 최신버전 AI이다. 나단이 프로그래머 케일럽을 산속 비밀연구소로 불러 최신버전 휴머노이드 로봇의 튜링 테스트를 실행했을 때 케일럽은 에이바를 그만 사랑하게 된다.

여기서 복잡한 철학적 질문이 생긴다. 어떤 사람은 에이바를 사악한 기계로 보지만, 또한 존엄과 자유를 얻기 위해 탈출하려는 인질로 볼 수도 있다. 이런 이유로 감독 역시 에이바를 윤리적으로 선한 로봇으로 보는 것 같다. 에이바를 괴물 혹은 자유를 찾는 존재로 보는 두 가지 관점은 의식이 무엇이고 인간 또한 로봇이 된다는 것이 무엇을 의미하는지에 대해 우리가 얼마나 무지하고 이 문제가 얼마나 복잡한지를 보여준다. 이처럼 AI와 로봇은 알고리즘과 정보처리의 단순한 현상 그 이상이다.

코페르니쿠스의 우주론적 모욕, 다윈의 생물학적 모욕 그리고 프로이트의 심리적 모욕 이후에 인류는 이제 마지막 자기애 모욕 앞에

섰다. 모든 것이 우리보다 더 나을 수 있다는 포스트휴머니즘의 초기 술이 우리의 자존감에 막대한 모욕을 준다.

오늘날 드러나듯이, 이런 발달은 두 가지 방식 중 하나로 이루질 것이다. 외부 기계에 내장된 디지털 초지능을 통해 혹은 신성과 행복과 불멸을 얻으리라는 희망으로 인간 스스로 자신의 정신을 디지털 인터페이스에 연결하여 기술과 완전히 융합하는 방식으로. 우리의 과제는 그런 발달이 우리를 복종시키고 더 나아가 우리의 의식을 희생시키지 않도록 하는 것이다.

우리가 디지털 초지능을 개발하면, 인류는 파괴될지 모른다. 우리가 디지털 기술을 통제하고, 일종의 합성지능을 개발하여 그것과 융합할 수 있더라도, 인간이 된다는 것의 주요 측면인 개인의 자의식, 즉 자기 자신을 생각하고 느끼는 존재로 인식하고 성찰하는 능력을 잃을 위험이 여전히 있다. 다시 말해, 의식을 잃는 것이 불멸의 대가일 수 있다.

현재의 '단순한' AI단계에서도 인간의 전유물인 의식적인 의사결정을 알고리즘과 디지털시스템에 맡기는 경향이 강화되고 있다. 구글 지도가 제시하는 경로, 전략적 알고리즘에 기반한 투자 결정, 확산성에 최적화된 소셜 미디어 게시물 등에서 우리가 이미 얼마나 많은 통제권을 그런 시스템에 넘겼는지 떠올려 보라. 그러나 오늘날 응용되는 AI의 기능이 아무리 놀랍더라도 앞으로 다가올 것과 비교하면 보잘것없다.

2016년 3월 구글 딥마인드팀은 세계 최고 바둑기사 이세돌에 도전하기 위해 알파고와 함께 길을 나섰다. 이세돌은 약 2500년 전에 발명된 중국의 이 전략 게임에서 모든 인류를 대표한다. 바둑에서 돌을 놓을 수 있는 경우의 수는 2 뒤에 0이 170개나 붙는다. 이것은 우리 우주에 있는 원자의 수보다 훨씬 더 많은 수이다. 전 세계는 이세돌이 5대 0 혹은 최소한 4대 1로 이길 테고, 바둑의 복합성을 고려할 때 경기에서 이기려면 인간의 직관이 필요할 거라 확신했다.

알파고를 개발한 여러 엔지니어를 비롯하여 전 세계 전문가들이 이세돌의 승리를 확신했지만, 알파고는 4대 1로 승리했다. 알파고는 공격적 혹은 보수적 전략이 아니라 그냥 이기도록 프로그래밍되었다. 알파고에게 패한 후 이세돌은 계속해서 바둑을 두었고, 20회의 바둑 경기에서 모든 인간 상대를 이겼다.

그러나 이 세기의 천재에게 바둑은 더 이상 옛날 같지 않았던 걸까? 2019년 11월 19일 이세돌은 프로선수 은퇴를 선언했다. 그는 인공지능의 발전으로 더는 최고의 바둑기사가 될 수 없음을 은퇴 사유로 밝혔고 알파고를 '패배할 수 없는 존재'라고 설명했다.[17]

몇 년 후 딥마인드팀은 알파제로라는 알파고 후속 제품을 출시했다. 이것은 심층강화학습(DRL) 또는 스스로 학습하는 능력에 초점을 맞춘 보다 광범위하게 프로그래밍된 인공지능을 기반으로 한다.[18] 기계가 스스로 게임을 수행하고 자신의 고유한 경험에서 배울 수 있게 하는 것이 현재 인공지능 개발에서 가장 어려운 과제이다. 딥마인드팀은 알파제로 시스템을 원래 세 가지 보드게임(쇼기, 체스, 바둑)을 배우고 마스터하도록 설정했다. 그런데 이 시스템은 독자성을 가지자마자 완전히 새로운 게임 방식을 개발했다. 인간의 상상력과 이해력 밖에 있는 접근방식이었다.

대중들에게 잘 알려지지 않았지만, 2017년 말에 구글의 자율학습 프로그램은 몇 시간 만에 초인적인 체스 능력을 익혔다. 알파제로는 계속 체스를 두어 얼마 안가서 당시 세계 최고의 체스 프로그램마저 이겼다.

2017년에 알파고는 이미 중국과학원에서 인공지능에 맞춰 수정된 아이큐테스트를 받았고, 초등학교 1학년의 지적 수준을 나타내는 48점을 기록했다.[19] 알파제로의 아이큐가 2년마다 두 배씩 기하급수적으로 높아진다고 가정하면 구글의 AI는 2022년까지 아이큐 200에 도달하고 2030년까지 아이큐 3200에 도달한다. 그러나 만약 AI 아이큐가 우리 인간보다 백 배 또는 천 배에 도달하면 그것은 무엇을 의미할까? AI 기계 내부에서 인간지능과 비교할만한 어떤 일이 일어날까?

2019년 12월, 세계 1위 체스 챔피언 망누스 칼센Magnus Carlsen이 모스크바에서 열린 체스 선수권대회에서 2승을 거두었다. 그는 처음에는 과감한 모험 혹은 심지어 실수로 여겨졌지만 나중에는 대적할 수 없는 이점으로 변했던 몇 가지 독특한 묘수를 선보였다. 망누스 칼센은 이 묘수를 알고리즘에서 배웠다고 밝혔다. 그는 토너먼트 동안 '알파제로무브'로 불렸던 순서대로 기물을 움직였다. 그는 딥마인드와 만난 뒤로 이미 아주 초기에 완전히 새로운 유형의 게임을 구현하기 시작했고, 나중에는 알파제로를 심지어 '가장 친한 친구'이자 멘토라고 불렀다.[20]

우리 뇌의 알고리즘

오늘날 우리가 컴퓨터로 만든 지능은 인간지능과 반드시 관련이 있는 건 아니다. 현재 개발은 〈엑스 마키나〉의 에이바 같은 지각능력이 있는 로봇보다는 스마트 냉장고와 스마트 청소기에 더 가깝다. 그러나 궁극적 목표는 기계가 사람처럼 행동할 수 있도록 기능과 구조를 인위적으로 구축하는 것이다. 혹은 최근 《포브스》 기사에서 표현했듯이, "AI는, 인간지능에게 요구되는 과제를 수행할 수 있는 컴퓨터 시스템을 개발하는 전체 분야로 보는 것이 가장 옳다."[21]

오늘날의 인공지능은 알고리즘을 기반으로 한다. 그러므로 인공지능 기계는 생각하지 않고 그냥 계산한다. 인간지능은 그것이 무엇인지 정확한 정의는 없지만 양적 사고, 예지력, 창의적 의사결정, 기억, 의사소통, 정서적 깊이 같은 다양한 능력 및 특성과 연결되어 있다. 이 모든 '기능'을 기계에 복제해 넣는다고 해서 기계가 인간이 되는 건 아니다. AI 개발을 주도하는 여러 연구자들은 우리의 뇌 역시 알고리즘을 기반으로 일한다고 확신한다. 그들은 이런 정신적 패턴이 완전히 해독되는 순간 인간의 정신을 포함하여 성격, 생각, 감정, 기억을 모두 디지털 코드로 표현할 수 있을 거라 가정한다. 그러면 이 코드를 뇌-기계 인터페이스에 결합하여 인간을 불멸로 만들 수 있다는 것이다. 그러면 우리는 우리의 지성을 디지털 영역에 있는 전자 두뇌에 '업로드'하거나 로봇 몸체에 '다운로드'하기를 선택할 수 있고, 그렇게 우리는 거의 무한한 정보에 접근할 수 있을 거라 주장한다.

이 주장에는 문제가 있다. 가장 똑똑한 과학자들이 그들의 주장을 되집어볼 때조차 거대한 우주 시스템이나 일관성 없는 양자물리학을 설명하다보면 고전 물리학의 한계에 부딪히게 된다. 예전에는 과학자들이 물리학의 개별 영역을 전문화할 수 있었겠지만 오늘날에는 특정 영역에 정통하려면 수년 간의 훈련이 필요하다. 게다가 한 분야에 숙달된 후에도 학자들은 세계의 비밀을 폭넓게 이해하지 못하고 혹은 이해 그 자체가 무엇인지 근본적으로 이해하지 못한다.

인간과 유사한 디지털 인지 시스템 혹은 보통 인간의 능력을 훨씬 능가하는 일반 AI를 만들려는 시도로 우리는 우리를 진정한 인간으로 만드는 가장 중요한 철학적 토대를 흔들어 놓았다. 만약 기계가 주관적 인식을 시뮬레이션하는 방법을 배울 수 있고 AI가 일종의 자의식을 가지게 된다면 그것이 정말로 의식일까? 이런 기계가 되면 어떤 느낌일까? 우리가 업로드된 가상 환경이 너무나 완벽해서 아날로그 자아와 혼동하고 바뀐 게 아무것도 없다고 믿게 될까? 아니면 생물학적 육체 버전의 인간 의식을 잃게 될까? 의식이 완전히 사라지면 무슨 일이 벌어질까?

무엇이 주체이고 무엇이 객체인지 이해하는 인간의 능력이 의심을 받고, 어쩌면 심지어 위태로워질 수도 있다. 우리는 작업하는 기계인가, 아니면 물리적 현실을 의식적으로 관찰하는 존재인가? 기술을 제어하는 것 못지않게 인간의 구조와 능력과 한계를 아는 것이 중요하다. 의식을 초월한 합성지능이 무엇이고 어떻게 작동하는지 모른 채 그것을 만든다면, 우리는 우리를 인간으로 만드는 '이해 능력'을 위태롭게 하는 것이다. 우리는 인간적인 부분과 기술을 결합해야 한다. 그러므로 우리는 문화 설계자와 엔지니어가 필요하게 될 것인데, 의식적 경험에서 배울 수 있는 것이 이런 이해 능력에도 필수이기 때문이다.

의식 없이 지능이 존재할까

의식은 지능의 전제조건일까? 글자를 구별하고 산수 문제를 풀 수 있는 침팬지에게도 의식이 있을까? 필요하다면 우리는 털 있는 친척에게 의식이 있다고 인정할 터이다. 하지만 새로운 도구를 만들고 동료의 발명품에 재빨리 적응할 줄 아는 까마귀는 어떤가? 까마귀에게 과연 의식이 있을까? 식물은 어떤가? 식물학자들의 객관적 경험에 따르면, 식물은 학습능력이 있고 다양한 자극에 반응한다.

인간의 뇌와 신체를 100퍼센트 복제할 수 있다고 가정해보자. 이 인공 피조물은 인간일까? 그것은 자신이 누구이고 무엇을 하는지 이해할까? 그것은 HBO 시리즈 〈웨스트월드〉에 나오는 휴머노이드 '호스트'와 유사하게, 인간과 거의 구별이 되지 않을 것이다. 그것이 의식을 가졌을까? 그것이 의식을 가졌는지 어떻게 확인할 수 있을까?

인간 뇌 프로젝트Human Brain Project, HBP는 인간 뇌에 관한 모든 지식을 수집하고 연결하는 대규모 연구사업으로[22] 관찰과 자료수집을 토대로 우리의 중앙기관인 뇌를 슈퍼컴퓨터로 시뮬레이션하는 일종의 역공학Reverse-Engineering을 목표로 한다. 쉽게 말해 컴퓨터 기반 모델과 시뮬레이션을 이용하여 인간의 뇌를 재현하려는 것이다. 이 프로젝트는 2018년에 블루 브레인 넥서스Blue Brain Nexus라는 확장단계에 도달했다. 이 데이터플랫폼은 인간 뇌에 관한 더 넓은 지식을 제공하고 새로운 컴퓨터 및 로봇 기술의 발전과 개발에 기여할 것이다.

이런 상황에서 아직 몇십 년이 지나야 과학자들이 '초지능'을 구축할 수 있는 것은 좋은 소식이다. 어쩌면 영원히 '초지능'을 구축하지 못할지도 모른다. 오늘날의 관점에서는 전혀 예측할 수가 없다. 아무튼 초지능을 통제할 수 있고, 초지능이 우리를 도와 지구를 인간이 존중받는 곳으로 바꾸도록 설계하는 데 걸리는 기간과 적어도 같은 기간이 필요할 것이다.

인간과 기계의 차이

그러므로 나는 '의식의 어려운 문제'를 인공지능으로 풀려는 모든 노력을 헛되다고 본다. 신경망 혹은 뇌를 대신하는 알고리즘이 얼마나 복합적으로 발전하든 기계는 절대 인간처럼 꿈꾸거나 심오한 철학적 질문을 숙고할 수 없다. 또한 기계가 그걸 해서 뭐 하겠는가? **인간의 삶을 흥미롭고 가치 있게 만드는 미스터리와 수수께끼를 기계가 파괴하도록 허락해야 할 이유가 도대체 뭐란 말인가?**

우리는 인공지능이 인류의 안위를 위해 어떤 과제를 수행할 수 있고 수행해야 하는지를 규정해야 한다. 그리고 그것에 맞게 기계를 설계하여 이 목표를(오직 이 목표만을) 달성하도록 제어해야 한다. 바로 여기에 어려움이 있다.

초지능 시스템은 몇십 년 안에 현실이 될 것이다. 비록 비인간적이고 의식이 없는 지능일지라도 인간보다 월등히 높은 지식을 가졌고 계산능력이 뛰어나며 인간의 아이큐를 모방할 수 있는 기계가 개발될 것이다. 이 기계가 경험을 쌓고 새로운 해결책을 시험해볼 수 있다고 해서 자동으로 모든 면에서 인간보다 뛰어난 것은 절대 아니다. 한 가지만은 확실한데 우리는 이런 '지능폭발'이 어떤 효력을 가질지 전혀 예측할 수 없다. 인간의 경우 지능과 의식은 서로 겹쳐있다. **초지능 기계로 우리는, 의식이 과연 무엇인지 설명하지 못한 채 의식을 뛰어넘는 지능을 만들어낼 것이다.**

동서양의 철학자와 현자들은 2000년 넘게 이 물음에 몰두했다. 상대적으로 전통이 짧은 자연과학은 이들과의 대화를 피해서는 안 된다. 자연과학 혼자서는 대답을 찾지 못할 것이다. 그리고 자연과학 내부에서 이미 양자물리학이 물리학과 형이상학 사이에 다리를 놓기 시작했다. 양자역학 창시자이자 노벨 물리학상 수상자인 막스 플랑크 이후 100년이 지난 지금 양측을 연결할 다리를 창의적이고 용감하게 놓아야 할 때다.

"나는 의식을 근본으로 본다. 나는 물질을 의식의 파생물로 본다. 우리는 의식을 뒤따를 수 없다."[23] 막스 플랑크의 이 말은 무엇을 뜻할까? 다리 놓기와 관련하여, 막스 플랑크는 1926년에 이미 다음과 같이 낙관적으로 주장했다. "철학과 자연과학이 서로를 소외시키고 서로에게 비우호적이었던 시대가 있었다. 이 시대는 오래전에 끝났다. 철학자들은 자연과학자에게 올바른 연구 목표와 방법을 제시할 자격이 자기들에게 없음을 깨달았고, 자연과학자들은 연구의 출발점이 감각 경험에만 있지 않고, 자연과학 역시 일정량의 형이상학이 없으면 앞으로 나아갈 수 없음을 명확히 알게 되었다."[24]

양측의 통찰이 그사이 많이 성장했더라도, 이론 면에서 혹은 적어도 용어 면에서 공동 기반이 여전히 마련되지 않았다. 양자물리학자, 철학자, 현자들이 의식과 물질의 관계 해석에서 점점 더 가까이 접근하는 것 같지만, 계속해서 함께 전진하려는 의지가 엿보이는 진정한 대화는 여전히 아주 드물다.

양자세계의 기이함, 전 세계적 의식혁명, 전 세계적으로 성장하는 영적 운동, 과학과 기술의 급격한 발달, 그리고 프로이트, 융, 라캉 같은 정신분석학자들과 범심론 철학자들의 견해는 모두 똑같은 방향을 가리킨다. 범심론이란, 모든 사물에 정신적 특성이 있다고 보는 철학 개념이다. 정신, 마음, 의식이 모든 사물의 보편적이면서도 고유한 특징이라면 신경학자와 컴퓨터과학자, 고전 물리학자와 양자물리학자, 철학자, 정신분석학자, 영적 현자들이 상호의존성을 인정하고 분야 간 통합 연구를 추진할 때만 계속해서 지식 진보를 이룰 수 있다.

로봇은 가까운 미래에 우리보다 더 많이 알고 더 많이 경험하게 될 것이다. 그러나 확신하건대 로봇은 직감, 직관, 감각 그리고 실수를 통해 새로운 것을 알게 되는 '실수할 줄 아는' 인간적 능력을 절대 갖추지 못할 것이다. **과학기술의 도움으로 우리는 인류 역사에서 성취했고 추측되었던 모든 것을 모방할 수 있을 것이다. 거대하고 유일한 알고리즘의 역사를 쓰게 될 것이다. 따라서 우리는 미래를 통제 가능한 과학기술로 뒷받침되는 의식적인 여정으로 바꿔야 한다.** 우리의 미래를 기계에 맡긴다면, 그것은 인간의 권한을 알고리즘에 넘긴다는 뜻으로, 돌이킬 수 없는 사태를 초래할 것이다.

그러므로 우리는 의식혁명이 필요하다. 우리가 누구인지 연구하기 시작해야 한다. 인공지능 기계와 구별되는 인간의 고유한 본성은 무엇인가. 인간의 욕구를 충족시키려면 경제와 사회는 어떤 모습이어야 하는가. 우리가 끝내 깨어나지 못하고 계속해서 몽유병 환자처럼 의식 없이 낭떠러지를 향해 휘적휘적 걸어간다면, 어떤 운명이 인류를 위협하는가.

생각하므로 존재하는가 – 아니면 존재하므로 생각하는가?

"코기토 에르고 숨Cogito ergo sum. 나는 생각한다, 그러므로 나는 존재한다." 데카르트의 이 말을 한번 쯤은 들어본 적이 있을 것이다. 계몽주의자 데카르트는 모든 시대를 통틀어 가장 독창적인 사상가이자 근대철학의 아버지로 불린다. 그러나 그의 결론이 맞을까? 사고과정을 의식적으로 인식했다는 것에서 '내가' 이 사고를 불러냈다는 결론이 나올까?

데카르트는 자아, 주체에게 사고의 저작권을 부여했고 그것으로 정신과 육체의 이원론을 주장했다. 두 개의 독립된 실체(존재)가 있다는 그의 가정은 오늘날까지 뇌와 의식 연구에 각인되어있다. 그러나 여기에 논리적 오류가 있을 수 있다. 어쩌면 '자아'는 주로 무의식적이고 자아로부터 거의 영향을 받지 않고 진행되는 사고과정의 아주 작은 일부를 관찰하는 존재에 불과할 수 있다. 그러나 뇌와 신체를 모방하여 의식을 창조하려는 오늘날의 과학적 노력에서는 여전히 데카르트의 가정과 전제가 중요한 역할을 한다.

이 프랑스 계몽주의자는 모든 실체(정신과 육체)에 정체성과 기능에 필수적인 일련의 특성(본질)을 지정했다. 사르트르는 300년 뒤에 이런 '본질주의'에 맞서 '실존주의'를 주장했다. 실존주의 철학에 따르면, 모든 인간은 자유로운 활동가로서 존재하고 자아는 오로지 자발적 의지에 바탕을 둔다. 사르트르가 생각하는 자아는 그의 유명한 표현처럼 수많은 타인 속에 있는 "세계에 던져진" 신체적 객체다.[25] 다시 말해 이 실존주의 철학자는 데카르트의 기본공식을 뒤집었다. "숨 에르고 코기토Sum ergo cogito. 나는 존재한다, 그러므로 나는 생각한다." 사르트르에게 자아는 사고과정의 저작권자가 아니다. 또한 의식과 이성 역시 언제든 맘대로 사용할 수 있는 것이 절대 아니다.[26]

데카르트와 사르트르, 둘 중 어느 쪽이 진실에 더 가까울까? 데카르트는 인체를 기계로 정의했다. 데카르트의 관섬에서 보면, 세계는 최고의 엔지니어인 신이 창조한 거대한 기계와 같다. 그러나 데카르트 자신도 이 모델에 허점이 있다는 것을 이미 알았다. 데카르트는 1637년《방법서설Discours de la méthode》에서 무엇보다 메카니즘 이론으로는 설명이 안 되는 창의적 언어형성의 문제를 다룬다. 아무튼 메카니즘 이론은 물체의 모든 움직임이 다른 물체와의 충돌에서 기인한다는 것을 전제조건으로 한다. 그러나 이 전제조건은 천체의 움직임과 일치하지 않는다.

뉴턴이 마침내 이 문제를 중력의 법칙으로 해결했다. 데카르트의 '나는 생각한다, 그러므로 나는 존재한다' 이후 50년 뒤 뉴턴은《자연철학의 수학적 원리Philosophiae Naturalis Principia》로 힘의 메카니즘을 확장했다. 그러나 뉴턴의 이론으로 비록 중력의 효력을 (비교적) 정확하게 계산할 수 있지만 중력의 근원이 무엇이고 그것이 어떻게 퍼지는지는 설명하지 못했다. 뉴턴은 즉각적이고 원격적인 효력이 빈 공간에서는 불가능하다고 여겼었다. 뉴턴은 '원격 작용Action at a distance'으로 알려진 이 문제를 해결하기 위해 죽을 때까지 애썼지만 끝내 해결책을 찾지 못했다.

오늘날까지 이 문제는 해결되지 않았고, 엎친 데 덮친 격으로 양자 얽힘으로 인해 아원자 차원에서 이것과 비슷한 현상이 등장했다. 둘 혹은 그 이상의 소립자 사이에 있는 '유령 같은 원격효과'를 아인슈타인은 20년 넘게 해명하려 애썼다. 그러나 지금도 과학자들은 여기서 한 걸음도 내딛지 못했다. 그들은 수수께끼의 근원을 해명하는 대신 이론과 모델을 개발한다. 비록 그것이 세계를 점점 더 정확히 묘사하지만 세계가 왜 어떻게 존재하는지는 여전히 해명하지 못한다.

데카르트가 가정했던 정신과 육체의 이원론은 뉴턴이 중력의 법칙을 발견하면서 끝이 났다. **몸은 기계가 아니고 정신은 신이 부여한 신성한 존재가 아니다.** 사르트르의 실존주의 개념 역시 대답을 주지 못하지만 올바른 질문을 제기한다. '내가' 생각한다고 생각할 때, '내' 두뇌와 몸에서는 무슨 일이 일어나는가?

의식은 어떻게 생겨나고 무엇을 기반으로 할까? 의식은 뇌에 어떻게 고정되어 있고, 뇌의 어떤 영역이 의식 과정에 관여할까? 의식적인 사고과정은 도대체 왜 있을까? 신경 과정의 대부분은 무의식적으로 진행되는데, 어째서 우리는 통증이나 두려움 같은 일련의 자극을 인지할까? 이미 오래전부터 신경학자와 컴퓨터과학자, 물리학자와 심리학자뿐 아니라, 철학, 정신분석, 영성 등 수많은 분야의 유명한 사상가와 몽상가들이 이 질문에 몰두해 왔다.

인간 뇌에 관한 우리의 지식은 몇십 년 뒤에 혹은 21세기 말에 얼마나 발전하게 될까? 현재 우리는 인간 뇌의 기능방식을 이해하려면 아직 갈 길이 멀다. 그리고 의식 연구에서는 여전히 초기 단계에 있다.

여러 선구적 연구자들에 따르면 인간 의식의 생물학, 즉 자의식의 신경 기반을 이해하는 것이 과학의 마지막 주요 과제이다. 바야흐로 우리는 뇌의 뉴런들이 먼저 '발화하고' 그다음에 거기에 해당하는 인식이 의식된다는 것을 안다. 그것은 마치 당신이 거리에서 녹색 신호등을 인식하기도 전에 벌써 발을 내딛는 것과 같다. 당신의 신경계가 먼저 알아차리고 그에 합당한 신호를 몸에 보낸 것이나. 그러니까 딩신은 '당신 몸의 주인'이 아니다. 당신의 의지는 뭔가를 하고자 하지만, 그것이 자유 의지라고 보기는 어렵다.

그렇다면 우리에게 의식이 있다는 게 도대체 왜 좋은 일일까? 우리는 정보와 사건 대부분을 의식적으로 인식하지 않고 저장한다. 인간의 잠재의식이 훨씬 더 큰 부분이다. 그리고 의식이란 무엇인가를 생각하는 것이 그렇게 중대한 일일까? 그것 때문에 무슨 문제라도 있나?

인간은 독특하다. 우리는 이런 문제 제기에 대해서도 추상적으로 상상할 수 있는 유일한 동물이다. 금붕어들은 자신의 경력을 걱정하며 혹은 미래 전망에 대해 고민하며 이리저리 헤엄치지 않는다. 기린들은 자신이 더 긴 목을 가지면 이성 기린에게 더 매력적으로 보일까 궁금해하며 초원을 달리지 않는다. 개들은 과거의 실수를 성찰하며 다르게 했더라면 어땠을까를 생각하지 않는다. 우리는 이런 추상적 상상력 덕분에 우리가 존재하지 않는 세계를 상상할 수 있다. **하찮은 혹은 불필요한 존재가 되는 두려움이나 죽음에 대한 두려움 때문에 인간은 영생을 소망한다.**

기술 진보, 무한성, 불멸, 인정 욕구가 인간을 발전시켰다. (지금까지) 과학기술이 만병통치약을 주지 못했기 때문에 우리는 책을 쓰고 우리의 이름을 딴 도로와 건물을 짓고 우리의 수명보다 더 오래 보존될 창조물과 예술품을 남겼다. 문화인류학자이자 작가인 어니스트 베커Ernest Becker는 1974년 퓰리처상을 수상한 《죽음의 부정The Denial of Death》에서 이런 태도를 설명했다. 어니스트 베커는 프로이트와 쇠렌 키르케고르Søren Kierkegaard의 작업을 근거로 유한성을 부정하려는 인간의 정교하게 상징적인 방어 메커니즘을 설명했다.[27] 이 메커니즘은 우리의 감정적·지적 행동의 기반 구실을 한다. 우리는 먹고 자는 물리적 세계와 자아상의 의미를 정의하고 정체성을 형성하는 상징적 개념 세계 사이에 살며 이중성을 띤다.

우리는 의식 차원에서 물리적 신체가 언젠가는 소멸할 것임을 인식하고 수용한다. 그리고 그것을 두려워한다. 진보 욕구와 신체적 죽음의 두려움이 '불멸 프로젝트'의 동력이다. 우리는 개념적 자아를 이용해 신체적 죽음 이후에 확정될 자신의 정체성을 구성한다. 셰익스피어, 나폴레옹, 뭉크, 예수 그리스도 혹은 무함마드 등은 죽은 뒤에도 살아있었을 때와 적어도 똑같이 인정을 받는다. 불멸 프로젝트가 인정하는 성공적인 인생을 통해 인간은 영웅으로, 더 나아가 영원의 일부로, 물리적 신체와 달리 절대 죽지 않을 뭔가의 일부로 재확인 받는다. 이것은 다시 우리에게 인생이 '의미 있고 거대한 계획'이라는 감정을 준다. 이것은 마지막 자기애 모욕을 추동한다. 우리가 불멸 프로젝트를 의식 차원을 넘어 과학기술을 통해 실현하고자 하기 때문이다. 일종의 기술적 인터페이스로 우리는 물리적 자아를 남기지만 인공 피조물 형식으로 불이 꺼진 채 알고리즘 안에서 영원히 산다.

우리는 그렇게 끝나고 싶지 않다. 우리는 의식이 필요하다. 이제 막 탐험을 시작했더라도, 의식은 우리가 몰두해야만 하는 뭔가 근본적인 것이다. 과거에 심리학과 경제학에서 했던 것처럼 철학에서 의식을 꺼내 고유한 학문분야로 아웃소싱하는 데 성공할 때 비로소 우리는 이 분야에서 진정한 진보를 성취할 수 있다. 그러나 그때까지는 철학적 명상과 의문 제기가 우리의 과제로 남고 우리 인간은 점점 더 그것에 몰두하게 될 것이다.

어쩌면 우리에게 자유 의지가 전혀 없거나 아주 제한적으로만 있더라도, 지식과 상호의존성을 통해 우리는 우리의 현실에 영향을 미칠 수 있고, 그래서 우리의 미래를 설계할 수 있다. 이것은 직선적이지도 숙명적이지도 않다. 판단력, 감각 경험, 실수를 통한 진보는 인간적 여정의 일부다.

이 여정을 오로지 알고리즘과 초지능을 통해 이해하려 한다면 우리의 직관은 낙오되고 말 것이다. 쇠렌 키르케고르가 이것을 정확히 지적했다. "인생을 역방향으로 '이해'해야 한다는 철학자의 말은 사실이다. 그러나 그것 때문에 사람들은 인생을 순방향으로 '살아야' 한다는 사실을 잊는다."[28]

6장

마지막
자기애 모욕

"땅을 다스려라!" 이런 지시와 함께 구약의 하느님은 두 발로 걷는 피조물을 세상에 파견했다. 수천 년 동안 인간은 이 지시를 충실히 따랐다. 그리고 그사이 다른 동물 종을 무수히 멸종시켰다.

가톨릭 교리에 따르면, 우리 인간은 동물이 아니라 '하느님 형상 대로 창조된 존재'이다. 육체의 죽음 이후에 동물의 몸을 벗고 영혼으로 영원불멸하게 살아갈 일종의 '영'인 것이다. 따라서 인간은 수천 년 동안 지구가 우주의 중심이라고 확신했다. 하느님이 '창조의 면류관'인 우리 인간을 우주의 한구석 어딘가에 있는 보잘것없는 행성에 두었을 리가 없지 않은가!

이 모든 기독교 신앙은 1500년경 중세가 끝날 때까지, 서구의 압도적 다수에게 의심의 여지가 없는 진리로 받아들여졌다. 그러나 신자들의 확신이 모두 환상과 오류였음이 밝혀졌다. 신경학자이자 정신분석학 창시자인 프로이트는 이런 연속된 아픈 발견을 인류의 '자기애 모욕'이라고 표현했다.[1] 자기애, 더 부정적으로 말하면 나르시시즘은 프로이트의 정신 이론에서 중심을 차지한다. 1920년에 출판된 《정신분석학 입문 강의Vorlesungen zur Einführung in die Psychoanalyse》에서 프로이트는 과학이 인류와 인류의 '순진한 자기애'에 가한 세 가지 고통스러운 모욕을 설명했다.

프로이트의 세 가지 자기애 모욕

첫 번째 모욕: 의사이자 천문학자인 코페르니쿠스가 천체 관측과 수학적 계산을 통해 아리스토텔레스 시대 이후로 줄곧 믿어왔던 것과 달리 태양이 지구 주위를 돌지 않는다는 것을 알아냈다. 우리의 지구는 태양 주변을 같이 도는 여러 행성 중에서도 비교적 작은 행성에 불과하다. 코페르니쿠스는 교회를 고려하여 자신이 죽은 뒤에 출간하게 했던 혁명적 저서 《천구의 회전에 관하여De revolutionibus orbium coelestium》에 이런 발견을 기록했다.[2]

가톨릭 종교수호자들은 검열과 엄격한 강압으로 '(프로이트 식으로 표현하면) 우주론적 모욕'을 인류에게 비밀로 유지하는 데 일단 성공했다. 그러나 천문학자이자 우주학자인 갈릴레오 갈릴레이의 경우처럼 고문 위협으로도 진실을 신학적 고집 뒤에 영원히 가둬둘 수 없었다. 지구가 작은 태양계에서 작은 돌멩이에 불과하고 우리의 태양계 역시 우주 가장자리에 자리 잡은 보잘것없는 은하계에 속한다는 사실을 오늘날 우리는 안다. 우주 서열에서 아픈 추락이다. 그러나 이것은 아인슈타인의 일반 상대성이론에서 우주여행과 우주망원경 허블에 이르기까지 획기적인 과학 지식과 혁명적 기술에 길을 열어주었다.

두 번째 모욕: 코페르니쿠스 사후 약 300년이 지났을 무렵 찰스 다윈은 우리가 신의 형상대로 창조되지 않았으며 자연 진화의 결과물임을 알아냈다. 다윈은 인간과 원숭이가 같은 조상을 뒀고 인종은 '성적 선택'에 의해 생겼다고 주장했다.[3] 이런 '생물학적 모욕'은 인간을 신과 닮은 피조물이라는 왕좌에서 끌어내 '동물 줄'에 세웠다. 인류에게는 고통스러운 타격이었지만, 유전공학과 인간 게놈 해독 같은 지식 진보와 중요한 신기술에 공간을 마련해주었다.

세 번째 모욕: 인간이 동물의 몸을 가진 천사가 아니라, 진화로 계속 발달한 포유동물이라면, 인간의 자의식과 영혼에 관한 종교적 교리는 비판적 점검을 통과하지 못한다. 지그문트 프로이트는 '무의식의 리비도이론'에서 의식적 의지는 '영혼' 근처에도 가지 못함을 입증했다. 프로이트에 따르면, 우리의 자아는 거대한 바다의 섬 주민과 같다. 바다 깊은 곳에 무엇이 있고 무슨 일이 벌어지는지 의식적 자아는 전혀 알 수 없고, 영향을 미치지도 못한다.

인간은 합리적 숙고, 도덕적 규율, 의식적 의지보다 무의식적 본능과 감정에 더 강하게 조종된다. 프로이트는 이런 정신분석학적 통찰을 '고등 포유동물'에 속하게 된 인류의 '심리적 모욕'이라고 표현했다.[4] 시인(그리고 피부과 및 성병 전문의) 고트프리트 벤Gottfried Benn은

교회 첨탑에서 돼지우리로 떨어진 인류의 추락을, "창조의 왕관, 돼지, 인간"이라고 논평했다.[5] 이런 급격한 추락 역시 인간의 자존감에 깊은 손상을 남겼다. 그러나 이것이 다시 특히 의학과 심리치료 영역에서 막대한 지식 진보와 기술혁신을 위한 공간을 마련한다. 카를 구스타프 융Carl Gustav Jung과 알프레트 아들러Alfred Adler 같은 프로이트의 제자들이 이것을 재확인하고 대대적으로 전파했다.

프로이트의 작업은 사회과학과 인식론에 상당한 영향을 미쳤다. 관련 사례를 하나 들면, 프랑스 정신과의사이자 정신분석학자인 자크 라캉은 다른 분야의 지식, 특히 언어학과 프로이트의 접근방식을 결합했고 다른 연구자들과 함께 주체와 객체, 기표signifier와 기의 signified 사이의 메울 수 없는 틈새인 공백void 개념을 만들어냈다.[6] 신경과학자들은 우리가 결정을 내리기도 전에 뉴런이 먼저 발화하기 시작하고 우리는 일종의 역투사로 무의식적 행동을 정당화한다는 것을 입증했다. 기술 관점에서 말하자면, 우리는 이미 처리되고 계산된 것만 알게 되고 우리의 행위는 무의식 차원에서 의식 차원으로 이동한다.

철학적 좀비

포스트휴머니즘 시대는 이미 몇 가지 기적을 일으켰고, 분명 또다른 기적들이 뒤따를 것이다. 그러나 그것이 무엇이냐에 따라, 호모 사피엔스가 더는 중심에 설 수 없다는 뜻이기도 하다. 우리는 더 높은 의식 상태에 도달할 수 있고 완전히 새로운 기술을 개발할 수도 있다. 그러나 포스트휴머니즘이란, 오늘날 우리가 휴머니즘이라고 정의하는 방식으로 우리의 구조와 신념을 세우지 않는다는 뜻이다.

포스트휴머니즘 시대에는 우리가 내리는 결정과 조치가 우리의 이해를 초월할 것이다. 그러므로 학제 간 통합 방식으로 다음과 같은 여러 근본적인 질문을 집중 토론해야 한다.

21세기에도 휴머니즘이라는 개념이 필요할까?

과학의 발전을 따르고 예술에서 영감을 얻고 공감에서 동기부여된 합리적 철학이 필요할까?

우리의 경험, 감정, 지식을 바탕으로 결정을 내리는 철학이 필요할까?

점점 더 혼란스러워지는 세상에서 참여민주주의와 개인의 자유 극대화가 정말로 우리가 추구하는 것일까?

이성, 도적가치, 근본적인 공통 인간성을 기반으로 우리는 삶에 다가가는가?

더 높은 지능, 더 높은 의식상태, 기계 속의 신 또는 유토피아 꿈을 실현하고 행복과 불멸과 신성을 줄 수 있는 다른 어떤 것에 결국 우리의 삶을 넘겨줘야 할 때가 된 걸까?

세상은 점점 더 복잡해지는데 명확한 나침반이 없으니, 최근 몇 년 동안 모디, 존슨, 두테르테, 트럼프 등 수많은 포퓰리스트들이 정치 무대에 오를 수 있었다. 그러나 그들이 무대에 성공적으로 오를 수 있었던 이유는 그들이 사실을 바탕으로 현실을 더 나은 방향으로 이끌기 때문이 아니다. 반대로 과거의 이상적 버전으로 돌아가기를 희망하면서 소위 부패한 시스템의 해결책을 제시하는 것처럼 보이기 때문이다.

사람은 쉽게 조작될 수 있다. 디지털 추천시스템이 만들고 치명적 정보사회에서 단편적 관점을 주입하는 필터버블에 우리는 갇혀있다. 그래서 오늘날의 정당 민주주의는 뭔가를 '반대'하는 것에 기반한다. 뭔가 구체적인 것에 '찬성'하는 대신에 오로지 다음 선거에서 표를 얻기 위해 기회주의적이고 단기적으로 행동한다. 스마트한 기기를 넘어 우리 몸의 일부가 된 점점 발전하는 기술과 훨씬 더 복잡한 도전과제 앞에서 우리는 정치 지도자와 캠페인이 예전보다 훨씬 더 효과적으로 우리를 조작할 수 있는 미래를 보게 될 것이다. 또한 개인의 결정이 더는 개인의 견해와 감정이 아니라 오로지 외부 조작에 기반한다면, 자유로운 시장과 기업의 경쟁, 민주적 선거는 의미를 잃는다. 그리고 민주주의 시스템의 현재 상태를 고려할 때, 우리가 오랫동안 위험한 길을 걸어온 것은 분명하다. 그러나 이것은 시작에 불과하다.

사이버네틱스와 바이오테크놀로지의 통합이 우리 몸에서 실현된다면 불과 몇 년 안에 우리는 인공지능의 진짜 문제와 집중적으로 씨름하게 될 것이다. 2002년에 이미 뉴욕주립대학의 과학자들이 쥐에게 전극을 이식하여 바이오로봇 비슷한 것을 만들었다. 연구자들은 500미터 떨어진 곳에서 노트북으로 쥐의 반응체계와 보상체계를 조종하여 좌회전, 우회전, 나무 및 사다리 오르기, 잔해더미 뛰어넘기, 다양한 높이로 점프하기 등을 시킬 수 있었다. 심지어 이 쥐들이 평소 싫어하는 밝은 곳으로 유인할 수도 있었다.[7] 나중에 다른 포유동물에게도 비슷한 실험이 실행되었다. 인간의 두뇌에 전극을 이식한다면 현재의 바이럴마케팅과 러시아의 소셜 미디어 대량조작은 이런 조작에 비하면 그저 아이들 생일파티의 무해한 마술 속임수처럼 보이리라.

철학적 관점에서 보면, 이것은 완전히 새로운 질문을 던진다. 쥐들은 이런 통제를 외부 조작으로 경험할까? 사람이라면 그런 뉴런의 외부활성화를 인식하고 자신이 외부의 힘에 조종된다는 사실을 알아차릴까? 우리는 이런 통제를 의식할까, 아니면 이것을 우리의 자유의지 혹은 의식적 결정이라 여길까?

인간과 기계의 융합인 강한 AI 대신 합성지능을 만드는 것으로 이어진다 하더라도, 우리는 일종의 자발적 의사결정능력을 완전히 잃을 위험을 안고 있다. 이미 언급했듯이 오늘날의 단순한 AI조차도 여러 영역에서 인간의 의사결정을 불필요하게 만들고 있다. 이런 추세는 앞으로도 계속될 것이다. 극단적인 경우, 우리의 지성과 디지털 초지능의 융합은 우리의 의식적 경험을 완전히 제거할 수 있다. 그러면 우리는 의식, 경험, 감각능력이 없는 존재, 철학적 좀비 같은 존재가 될 것이다. 불은 켜져 있지만 집안은 텅 비었을 수 있다.

그렇다면 이 마지막 자기애 모욕(좀비와 유사한 존재를 낳는 합성지능 혹은 디지털 초지능에 의한 인간의 무력화)은 프로이트가 설명한 이전의 세 가지 자기애 모욕과 어떻게 다를까? 다른 세 가지 자기애 모욕과 대조적으로 인류는 이 마지막 자기애 모욕에서 어떤 이익도 얻지 못할 것이다. 역사상 처음으로 과학 진보와 기술 발전은 인간에게 이익이 되지 않을 것이고, 우리는 스스로 창조한 신, 디지털 초지능 또는 호모 사피엔스의 최신 업적인 감정이 있는 로봇, 우리의 뒤를 이어 지구를 지배할 인공 초지능을 섬기게 될 것이다.

마지막 자기애 모욕은 깨달음을 주는 동시에 슬프다. 우리가 더는 존재하지 않을 것이기 때문이다. 우리의 후손이 멸종될 것이므로 글자 그대로 인류는 더는 존재하지 않는다. 적어도 자신의 운명을 스스로 개척할 수 있는 종으로는 존재하지 않는다. 그리스 신화에서 허영심에 찬 젊은 나르시스는 물에 비친 자신의 모습에 매혹되어 그대로 굳어버린다. 마지막 자기애 모욕의 경우, 거울은 여전히 존재할 것이다. 그러나 거울에 모습을 비춰볼 사람이 더는 없을 것이다. 물에 빠지면 의식을 잃고 조명이 꺼지고 우리는 그것을 의식하시 못할 것이다.

다른 길이 있을까

기술과 인공지능의 유용한 잠재력이 아무리 매력적이라도 반드시 총체적 관점으로 이 주제에 접근해야 한다. 절대적 안전, 철저한 점검, 예상 결과에 대한 깊은 이해가 보장된 길을 선택해야 한다. **인공지능 개발에서는 그냥 아무 생각 없이 맹목적으로 기술 진보를 따라가선 안 된다.** 우리가 실제로 무엇을 하고자 하는지 포괄적으로 정의해야 한다. 우리가 생각하는 인간성은 무엇이고, 어떤 휴머니즘 가치를 유지하고 강조하고자 하는가?

기술 발전의 방향을 고려할 때, 유일한 해결책은 우리의 지성과 슈퍼컴퓨터를 융합할 가능성을 발견하는 데 있는 것 같다. 우리가 이런 접근방식을 선택한다면, 우리는 적어도 인간의 정신을 더 잘 이해하고 신경과학을 발전시켜 그런 융합에도 우리의 의식과 주관적 경험과 의지를 유지할 기회를 갖게 된다. 그러니까 우리는 모든 권한을 기술에 넘기고 유토피아를 희망하는 대신, 가장 똑똑한 사람들이 한자리에 모여 기술뿐 아니라 윤리적 관점에서도 올바르게 인간과 기계의 융합을 꾀할 수 있다.

사실, 물리적 기술 장치를 몸 안에 이식한다는 관점에서 보면 이미 많은 사람이 사이보그나 마찬가지다. 심장박동기와 인공와우 장치를 생각해보라. 〈엑스 마키나〉의 에이바처럼, 인간과 사이보그의 경계선을 명확히 긋기가 어려워질 것이다. 영화가 아니라 실제로 인간과 거의 완벽하게 똑같은 복제를 만들 수 있다면, 어떻게 될까? 물론 그런 발전은 수백 년까지는 아니더라도 적어도 수십 년은 걸릴 것이다.

그럼에도 우리는 가까운 미래에 사이버네틱 진화가 빠르게 이어질 것을 각오하고 있어야 한다. 약한 AI가 계속해서 발전하고, 오랫동안 초기단계에 머물렀던 강한 AI 연구가 이제 본격적인 첫걸음을 내디뎠기 때문이다. 우리의 두뇌를 디지털 인터페이스에 곧바로 연결할 날이 멀지 않다.

일론 머스크는 2016년에 정확히 이 목표를 이루기 위해 뉴럴링크Neuralink라는 이름의 회사를 설립했다.[8] 그의 주장에 따르면 인간의 두뇌 바깥에 위험한 디지털 초지능을 만들지 못하게 막는 방법은 인간이 그것과 융합하여 스스로 초인간이 되는 것뿐이다. 이는 새로운 진화 단계일 테고 인간은 더 높은 의식 수준에 도달할 수 있다는 것이 머스크의 주장이다. 인터넷 개척자 브라이언 존슨Bryan Johnson의 커널Kernel 혹은 구글과 아시아 동종기업, 뉴럴링크 등이 현재 뇌와 컴퓨터의 인터페이스 경쟁을 벌이고 있다. 첫 인체 실험이 이미 계획되어 있지만 일반적인 정부 승인절차를 감안하면 가까운 미래에 상업적으로 활용될 확률은 거의 없다.

그럼에도 비전을 버리지 않는 야망가들은 열심히 개혁을 추진하고 정부에 압력을 가하려 애쓴다. 일론 머스크를 비롯한 여러 사람의 주장에 따르면 알츠하이머 같은 특정 질병을 앓는 환자를 치료하거나 심리적으로 문제를 겪는 사람들을 도울 수 있는 최초의 뇌 강화 제품이 빠르면 2025년에 출시될 수 있다고 한다.[9]

우리는 더는 기술이 부족하여 진보하지 못하는 상황에 있지 않다. 문제는 방향이다. 우리는 이미 판도라의 상자를 열었고, 그것이 우리를 어디로 데려갈지 모른 채 우리의 지성을 짜내고 있다. 일론 머스크를 비롯한 일부 몽상가의 말을 믿는다면 그런 기술은 인류의 생존을 보장하고 더 나은 세상을 만들 유일한 기회가 될 것이다. 단, 그것은 우리가 인간의 지성과 의식을 더 잘 이해하도록 도와야만 한다. 그래야 우리는 우리의 지식과 미래의 디지털 시스템을 통합할 수 있다. 그렇지 않으면 인간성의 토대가 제거되거나 다른 것으로 대체될 위험이 있다.

그러나 칸트가 이해한 것처럼 충분히 숙고된 이성적 목표를 추구하는 사고와 행동, 즉 '완벽한 합리성'을 통해 **디지털 초지능의 발전**

과 방향을 통제할 수 있으면, 인류가 수천 년 동안 꿈꿔온 인도적이고 평화롭고 평등한 사회를 어쩌면 실현할 수 있을지 모른다.

우리가 어떤 길을 선택하든, 안전이 최우선이고 현실 검증 테스트는 물론이고 모델과 시뮬레이션을 점검하여 예상 가능한 결과를 활발히 토론해야 한다. 진행속도를 늦추고 중요한 결정을 방해하는 행정적 승인절차가 한편으로는 저주일 수 있지만 규제되지 않은 시장과 고삐 풀린 연구, 혼돈의 세계를 방지하려면 저주는 반드시 필요하다.

인공지능은 우리에게 초능력을 허락하여 의학, 과학, 다양한 형태의 예술에서 획기적 발전을 이루게 도울 수 있겠지만 장기적 책임이 단기적 호기심이나 빠른 이익에 희생되는 일이 있어선 안 된다. 그리고 어느 정도 개방적인 글로벌 공동체의 규제된 개척이 앞으로 나아가는 가장 타당한 길인 것 같다.

안전에 초점을 맞추고, 과학과 철학의 변증법적 공생(새로운 접근방식)으로 우리는 어쩌면 지능의 의미를 더 잘 이해할 수 있으리라. 나는 무엇을 알 수 있나? 나는 무엇을 해야 하나? 나는 무엇을 희망해도 되나? 인간이란 무엇인가? 칸트의 이 네 가지 질문을 현재의 기술 발전 맥락에서 다시 물어야 한다. 우리는 그것을 통해 세계를 더 잘 이해할 수 있고, 우리가 정말로 인간지능과 인공지능을 구분하고자 하는지, 그렇다면 어떻게 구분할 것인지 의식적으로 결정할 수 있다.

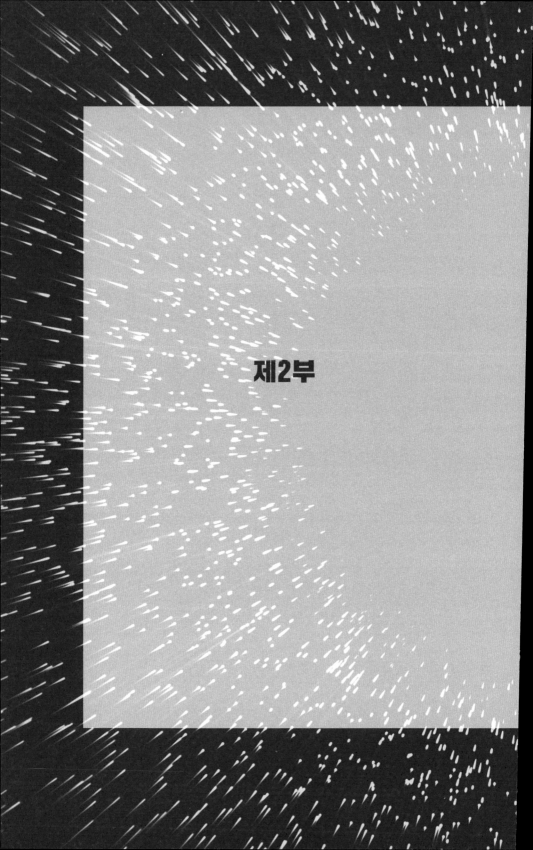

제2부

양자 유토피아

"인류는 다음의 진리를 당연한 것으로 여긴다.
모든 인간은 동등하게 창조되었고, 창조하기 위해 창조되었다.
그러므로 모든 인간에게는 자유롭게 살 권리와
평생 학습할 의무가 있다"
-인류의 '상호의존 선언문' 개정판에서

· · ·

오늘날처럼 세대 간 격차가 컸던 적이 없고, 인류가 이처럼 급격한 변화에 직면한 적도 없었다. 세계인구의 60퍼센트, 즉 46억 명이 메가폰 하나씩을 손에 들게 되었다. 인터넷 시대의 약속은 간단했다. 너는 뭐든지 될 수 있고, 무대에 오를 수 있으며, 이제 모두에게 기회가 주어진다! 왜냐고? 너는 그냥 그렇게 할 수 있으니까! 그러나 이런 약속은 당연히 실망으로 끝날 거대한 환상에 불과하다.

그 결과 사회의 분열이 점점 심화되고 있다. 한편에서는 지방자치를 지향하고 국가주의에 반대하는 사람들의 움직임이 확산하고, 다른 한편에서는 제도와 정부로부터 버림받았다고 느끼는 사람들이 점점 늘어나고 있다. 이런 느낌은 막대한 좌절감을 줄 수 있다. 할 일이 전혀 없거나 적어도 중대한 할 일이 거의 없어진 수많은 사람이 '중간'에 머물 것이다.

이런 사회구성은 시한폭탄과 같다. 작동하는 경제와 사회 프로그램만이 이 시한폭탄을 멈출 수 있다. 나침반과 명확한 방향이 없으면 사회는 작동하지 않을 것이다.

그러므로 우리는 내일 어떻게 살지 모색해야 한다. 우리는 어떤 시스템이 필요할까? 우리는 무엇을 재건하거나 완전히 철거해야 할까? 앞으로 10년 동안 세계경제의 긍정적 발전을 위한 이정표와 초석은 무엇일까?

7장

세 가지
미래 시나리오

격변의 시기에는 언제나 혼란이 동반되지만 어쩌면 오늘날의 모든 갈등과 충돌에는 나름의 장점이 있을지도 모른다. 낡은 것이 깨져야 새로운 것이 생겨날 수 있으니 말이다. 계몽주의자들이 꿈꿨던 유토피아, 좋은 신세계가 지금처럼 가까웠던 적이 없었다. 그러나 여러 끔찍한 디스토피아 시나리오도 우리 가까이 있다. 현재가 붕괴하고 그 뒤에 남은 잔해와 파편에서 어떤 미래가 생겨날지는 우리 손에 달렸다.

디스토피아를 그리는 대중예술은 아주 많다. 공상과학영화와 소설은 축복이면서 동시에 저주일 수 있는 과학기술의 야누스적 두 얼굴에 주목한다. 통제를 벗어난 기술이 인류를 죽음으로 몰아넣는 재앙 이야기가 빈곤, 불평등, 불의가 극복된 희망의 시나리오보다 훨씬 많다.

정치인, 싱크탱크, 철학자들도 신기술 연구와 개발의 급속한 발전이 가져올 잠재된 영향력에 관심이 많다. 로봇화는 우리의 미래사회에 어떤 영향을 미칠까? 인공지능, 바이오테크놀로지, 나노기술은 세계와 우리 자신에게 어떤 미래를 가져올까?

사전은 '미래'를 명사로 규정하고, "다가오는 혹은 앞으로 올 때(그리고 그때 기대되는 것)" 또는 개인과 연결하여 "앞으로 살게 될 인생"으로 정의한다. 미래는 현존하는 것이 아니다.

그러므로 미래를 동사로 정의하는 편이 더 낫다. "너는 미래한다"란, "너는 너의 개인적인 삶을 능동적으로 구성한다"라는 뜻이다. 그리고 우리가 모두 함께 "미래하면", 우리는 미래를 이미 정해진 어떤 것으로 여기지 않을 테고 우리가 원하든 원치 않든 반드시 통과해야 하는 문처럼 우리를 기다리고 있는 정해진 운명으로 착각하지 않을 수 있다. 미래는 앞에 있지 않다. **미래는 현실이 아니라 잠재력이고, 우리는 그 잠재력으로 진짜 현실을 만들 수 있다.**

유토피아든 디스토피아든, 나는 미래 이야기를 언제나 호기심을 가지고 흥미롭게 읽는다. 잘 만들어진 공상과학영화와 미래소설은 우리의 자아상과 인생관을 바꿔놓기도 한다. 그런데 여기서 '잘 만들어졌다'는 무슨 뜻일까? 기본적으로 우리는 원작자가 예언자인지, 미치광이인지 판단할 수 없다. 가장 비현실적으로 보이는 상상이 실제로 실현되거나 적어도 곧 현실이 될 법한 그럴듯한 시나리오라도 한참에야 현실이 되는 경우도 있다.

예를 들어 쥘 베른Jules Verne의 미래 비전이 그렇다. 그가 1865년 발표한 소설《지구에서 달까지De la terre à la lune》에[1] 나오는, 사람이 탑승할 수 있는 로켓은 오랫동안 순수한 판타지로 여겨졌다. 그러나 이제는 상업적인 우주 여행 시대가 열렸고 일부 슈퍼 갑부들이 달나라 여행을 예약하고 있다.

수많은 공상과학 시나리오는 정말로 실현될 것 같은 그럴듯한 미래를 그린다. 그러나 그런 비전은 단지 가능한 시나리오 중 하나에 불과하다. 미래는 긍정적 혹은 부정적 기대라는 이미지 말고는 아직 우리의 현실에 없는 것이다. 그러나 우리가 어떤 미래를 고대하느냐에 따라 현재의 우리 행동도 크게 바뀐다.

어차피 '파멸에 이를 거라고' 생각하면 그렇게 진행될 확률을 높이는 것이다. '과학기술'이 우리를 구원할 거라고 혹은 몇몇 기술이 우리를 '나락으로 밀거라고' 믿는다면, 역시 그렇게 될 확률이 높아진다. 사두마차 뒤에 등장한 것은 말 여덟 마리 혹은 열여섯 마리가 끄는 마차가 아니라 포드자동차 T 모델이었다. 마찬가지로 정치, 사회, 과학, 경제 등 모든 분야에서 항상 새로운 패러다임이 가능하다. **이런 격변이 언제 어디에서 생길지 아무도 정확히 예측할 수 없으므로 어쩌면 우리는 이런 변화를 '양자도약'이라 불러도 되리라.**

미래의 종류는 몇 개나 될까? 그리고 당신은 어떤 미래를 경험하고 싶은가? 긍정적 시나리오를 의식적으로 선택하고 부정적 시나리오는 경각심을 주는 픽션으로만 받아들이자. 그것이 바로 디스토피아 시나리오의 존재의의이자 목적이다. 올더스 헉슬리Aldous Huxley와 조지 오웰 같은 작가들은 디스토피아를 막으라고 경고하고 호소하기 위해 충격적인 이야기들을 썼다. 그러므로 디스토피아 픽션에 매혹되어선 안 된다, 글과 영상으로 암울하게 예언된 모든 것이 그대로 실현될 수밖에 없을 거라는 잘못된 결론을 도출해선 안 된다. 오히려 부정적 시나리오를 구별해내 우리가 어떤 종류의 미래를 설계해야 할지 더 명확히 정의하는 기회로 삼아야 한다.

'휴머니즘 관점'에서 보자면 우리의 미래는 기술 진보로 인한 기회보다는 위험에 더 노출되어 있다. 미래 비관론의 대표자들은 압도적 국가와 테크노크라시의 전체주의적 지배와 기술 기반의 감시, 조작으로 인한 개인의 존엄성 상실을 경고한다.

반면 '자연과학 관점'에서 보면 장미빛 미래가 있다. 기술이 모든 강박과 제약에서 인간을 해방하고 휴머니즘을 영구히 실현하도록 도울 수 있다. 고대 그리스, 르네상스, 계몽주의, 오늘날의 '불멸연구'가 계속해서 인간의 존엄성을 살리는 정의로운 세계를 약속한다. 레이 커즈와일 같은 특이점 옹호자들은 초지능 기계 덕분에 신처럼 영원히 행복하게 사는 이상적 미래를 약속한다.[2]

자연과학 관점의 미래로 가고자 한다면 반드시 먼저 깨알같이 작게 적힌 주의사항을 꼼꼼히 읽어야만 한다. 온라인쇼핑 때와 달리 최신 미래 시나리오 몇몇은 교환이나 환불이 안 된다. 돌이킬 수 없는 결정을 내릴 근거로 삼기에는 현재의 과학적 지식 상태가 불완전하고 불확실하다.

우리는 세계 멸망 예언을 훨씬 많이 듣는다. 유토피아보다는 디스토피아가 인기가 더 많다. 우리는 급진적 낙관론자와 유토피아주의자들을 믿지 않는데, 그들이 우리에게 뭔가를 팔려 한다고 의심하기 때문이다. 그러므로 다양한 차원의 타당한 미래 시나리오가 있고, 그저 좋거나 나쁜 미래, 유토피아 혹은 디스토피아만 예정된 게 아니라는 사실을 명확히 알아야 한다. 앞에서 나는 이미 이런 관점을 몇 개 다뤘었다.

예를 들어 일반 AI의 발달속도가 특별한 도전과제를 우리에게 주지만, 이런 발달의 속도와 방향과 효력을 현재의 자본주의 시스템에서 분리하여 관찰할 수 없다. 환경 붕괴가 임박했기 때문에 혹은 과학이 해부하고 알고리즘이 조작한 우리의 무력감이 증가했기 때문에 우리는 미래를 비관적으로 볼까? 아니면 우리의 '설명하는 자아'(대니얼 카너먼)가[3] 우리 사회에서 일어나는 사건까지 이야기로 인식하고, 확산 가능성이 있는 연속 과정이 아니라 강렬한 순간과 극적 결말의 불연속 '절정'으로 저장하는 것이 오히려 문제일까? 감동 드라마가 있는 디스토피아 이야기에 우리가 특히 더 매료되는 까닭이 여기에 있는 것 같다.

한 가지 결정적 지점에서 미래 비관론이 정당화될 수 있다. **많은 이들이 동의하듯이, 표현의 자유가 가까운 미래에 삭제될지도 모른다.** 우리 자신보다 우리를 더 잘 알고, 거의 모든 면에서 우리보다 우월한 강한 AI가 주도권을 쥐게 되고 모든 것이 자동화 및 구조화되고 예측 불가한 고유한 사고 흔적이 더는 존재하지 않으며 상상을 초월하는 밀집과 효율성의 거대도시에서 우리는 살 것이다.

그러나 다른 한편으로 중세적이거나 더 나아가 원시적인 평화롭고 고요한 마을에 사는 상상을 허락하는 가상 현실에서 우리는 자유롭게 맘껏 자아를 펼칠 수 있으리라. 둘 중 무엇이 더 마음에 드는가? 실재의 손실 아니면 가상의 이익? 당신이 이를 어떻게 보느냐에 따라, 미래세계는 디스토피아 혹은 유토피아, 끔찍한 시나리오 혹은 축복의 시나리오 혹은 두 가지 모두로 보일 것이다.

다양한 과학자, 행저가, 경영인, 철학자와의 만남을 통해 나는 실현 가능한 미래 시나리오를 세 가지로 압축했다. 앞으로 소개할 세 가지 시나리오는 내가 보기에 모두 신빙성이 있다. 아마도 우리는 실현되었을 때 좋은 것보다 지금 여기서 보기에 좋아 보이는 미래에 방향을 맞출 것이다. 어쩌면 패러다임 전환이 이미 시작되었고, 우리는 'Point of no Return(돌이킬 수 없는 지점)'을 향해 가고 있을지 모른다. 바라건대, 아직 수십 년이 걸릴 이 전환단계에서 우리는 인류를 위한 최선의 길을 찾아야 한다.

최후 심판의 날: 인류 문명의 파괴

소행성 충돌에서 거대 화산 폭발까지, 인류를 멸종시키거나 지구 생명체 전부 혹은 대부분을 파괴할 수 있는 종말론적 사건의 목록은 아주 길다. 최후 심판의 날 시나리오는 종종 인간이 의도적으로 야기했거나 뜻하지 않게 닥친 인류 멸종을 다룬다. 그것은 우리가 막을 수 있었지만 막지 않은 시나리오로, 디스토피아 미래비전과 잘 맞다. 최후 심판의 날을 막으려면, 다양한 관점과 가능한 결과를 공개적으로 이야기하고 조심하지 않으면 어떤 일이 일어날 수 있는지 이해하려 노력해야 한다.

제임스 카James P. Carse는 1986년《유한 게임과 무한 게임Finite and

Infinite Games》에서 무한한 시스템과 유한한 시스템을 게임이론으로 구별했다. "유한 게임은 이기는 것이 목적이고, 무한 게임은 게임을 지속시키는 것이 목적이다."[4] 스포츠, 소셜게임, 선거정치 등 다양한 활동들이 유한 게임에 속한다. 참가자들은 정해진 규칙을 지키고 경계선을 인식하고 승자와 패자를 정한다. 반면 무한 게임에서는 유일한 목적인 게임 지속하기를 위해서라면 규칙변경과 경계선 허물기 등 어떤 일도 허용된다. 여기에 제시된 종말 시나리오가 타당한 이유는 우리의 경제·사회·정치 구조 대부분이 원래는 무한 게임인데, 마치 유한 게임인 것처럼 구성되었기 때문이다.

예시를 하나 들자면, 우리는 수십 년 동안 천연자원을 과도하게 사용하고 환경을 쓰레기 하치장 쯤으로 취급해왔다. 우리는 이미 미래 세대의 생활터전을 크게 파괴했다. 미래 세대는 훨씬 더 적은 자원과 훨씬 더 오염된 세계에서 게임을 지속하기 위해 애써야 한다.

이 책의 시작 부분에서 다뤘던 것처럼 가장 그럴듯한 두 가지 종말 시나리오 중 하나는 지구 생태계의 완전한 붕괴이다.

이 시나리오에 따르면 불과 몇십 년 뒤면 지구 대부분이 사막으로 변할 것이다. 해수면 상승으로 전 세계의 모든 군도와 넓은 해안 지역이 지도에서 사라질 것이다. 남극의 얼음이 계속 녹아 해수면이 15-20미터 이상 상승하면 전 세계의 주요 인구 중심지가 사라질 수 있다. 기온이 상승하면 먹이사슬과 서식지가 진화 속도보다 더 빨리 파괴되어 생태계 전체가 붕괴될 수 있다. 세계 여러 지역의 기온이 인간 유기체가 견딜 수 있는 것보다 더 높게 상승할 것이다. 기상조건은 예측할 수 없이 극적으로 변하여 식량공급을 위협하고 새로운 질병을 퍼트릴 것이다. 이것은 우리 인류의 실존적 위협이다. 이산화탄소배출을 줄이고 지구 온난화를 막기 위해 새로운 기술을 이용해야 우리는 최소한 속도를 늦추거나 억제하기를 기대해 볼 수 있다. 다행히도 우리는 아직 생태계의 완전 붕괴와 그에 따른 지구의 완전한 파괴를 막을 기회가 있다. 그러나 주어진 시간은 진행방향을 바꾸는 데 3-5년, 근본적인 문제를 해결하는 데 10년뿐이다.

이는 새로운 얘기가 아니다. 지구 온난화는 적어도 1970년 4월 22일 첫 번째 '지구의 날' 이후로 모든 정치 의제에 올라가 있다. 기후 재앙이 인류의 실존적 위협임을 증명하는 증거들이 해마다 늘어나고 있다. 세계기후위원회의 최신 보고가 막대한 과제들을 나열한다. 2030년까지 이산화탄소배출을 전 세계적으로 40~50퍼센트 줄여야 재앙에서 벗어날 수 있다. 여러 증거에도 불구하고 이산화탄소 배출량은 여전히 계속 상승 중이다. 2019년에 이미 우리는 2078년 예상 수치에 도달했다. 원인이 무엇이든 이런 추세를 뒤집기 위해 할 수 있는 모든 것을 해야 한다. 기후 변화가 인간 때문이냐 아니냐를 두고 논쟁하는 것은 아무 의미가 없다. 현재 지구는 점점 더워지고 있고 우리는 문제에 직면했다.

이 문제를 해결하지 못하면 어떻게 될까? 생태계 일부가 무너지면, 그 영향은 사회의 얼키고설킨 복합적 구조를 통해 연쇄적으로 나타날 것이다. 전 세계의 점점 더 많은 사람이 기아와 갈증, 질병과 열사병으로 죽을 것이다. 빙하가 녹는 즉시 중부 유럽은 식수가 부족해지고, 전 세계적으로 농업 생산량이 감소하며, 더는 살 수 없는 지역을 떠나 다른 곳으로 이주해야 하는 기후 난민들이 대규모로 늘어날 것이다. 상황을 개선하고 통제하려는 시도는 다른 지역을 불안정하게 만들고 혁명과 전쟁으로 이어질 것이다.

그러나 **가장 가까이 왔고 가장 현실적인 종말 시나리오는 디지털 초지능, 즉 어떤 이유에서 인간을 말살하기로 결정하는 일반 AI의 개발과 관련이 있다.** 클립생산최대화 기계의 사례에서처럼, 단순한 프로그래밍 실수로 그런 일이 일어날 수 있다.[5] 혹은 일반 AI가 인간에게 적대적일 수 있고 그래서 터미네이터의 공포가 현실이 될지 모른다. 어떤 경우든, 인공지능의 개발과 기하급수적 기술의 발전은 인간의 통제 안에 머물러야 한다.

실제로, 나는 억만장자들로부터 벌써 여러 번 질문을 받았었다. 기후가 파괴되고 국가 및 사회 시스템이 무너지고 수백만 명이 난민이 발생하는 시기에 자신을 보호하는 가장 좋은 방법은 무엇인가? 늦지 않게 사설 방위부대를 준비해둬야 할까, 아니면 인공지능 전투 로봇을 출격시켜 공격을 막아내는 편이 더 좋을까? 스페이스X 로켓을 타고 화성으로 이주하기 혹은 바닷속 인공생태계 캡슐에 들어가기, 어느 쪽이 더 신뢰할 만한가? 일부 슈퍼 갑부들은 인류가 생존 전투에서 이미 패배했다고 확신한다. 그들은 싸우는 대신 두 번째 기회를 얻는 선택된 사람에 속하기 위해 최선을 다하고 있다.

적어도 당분간은 늘어나는 디스토피아 환경에서 살아가는 법을 배워야 할 것 같다. 설령 우리가 생태 붕괴를 막는 데 성공하더라도 가까운 미래의 기후는 더욱 극단적으로 변할 것이고 거주 환경은 훨씬 더 열악해질 것이다. 설령 우리가 인공지능과 기하급수적 기술을 통제할지라도 그것이 예측할 수 없이 파괴적 방식으로 전 세계에 퍼지고 우리가 설정한 경계선을 언제든 무너트릴 수 있는 위험성을 확인하게 되리라. 우리가 멸종을 피할 수 있더라도 소수 특권 집단이 자기들만을 위한 인공 유토피아를 만드는 반면 다른 대다수는 여전히 빈곤하고 오염된 디스토피아에서 생존 전투를 벌이는 상황을 목격할 수도 있다.

호모 옵솔레투스: 아무도 우리를 필요로 하지 않는다

'최후 심판의 날' 시나리오만큼 그럴듯한 두 번째 미래 시나리오는 인간 동물원 또는 멍청한 지식인 사회이나. 나는 이 시나리오를 앞에서 이미 마지막 자기애 모욕으로 설명했었다. 일반 AI가 '자애로운' 초지능으로 등장하거나 우리 스스로 일반 AI에 녹아들어 하나로 통합되는 세상. 이 시나리오에서는 디지털 초지능이 지구를 지배하고, 노골적 폭력이 아니라 미묘한 조작으로 인류를 정복한다.

초지능 혹은 인간과 기계가 통합된 합성지능이 종의 서열에서 1위를 차지한다면 인간은 글로벌 의사결정에 아무 역할도 하지 못할 것이다. 모두가 똑같이 그런 초지능에 접근할 수는 없을 테고 그래서 완전히 새로운 능력을 가진 테크노크라시 특권층이 형성될 것이다. 인간은 종의 서열 2위로 물러난다. 비록 침팬지, 고래, 까마귀보다 지능이 월등히 높은 2위지만, 일반 AI가 보는 우리는 우리가 보는 반려견과 다를 것이 없다.

이 시나리오에서 인류는 더는 우리가 알고 있는 방식으로 존재하지 않을 것이다. 기껏해야 소수의 배달부가 AI의 지시 아래 세계의 미래를 통제할 것이다. 반면 우리의 소망과 결정, 꿈과 계획은 잉여가 될 것이다. 우리는 쓸모없는 인간, 즉 호모 옵솔레투스Homo Obsoletus가 될 것이다.

인공지능, 바이오테크놀로지, 나노기술의 통합 덕분에 가까운 미래에 인간과 기계의 경계가 모호해질 것이다. 우리의 뇌를 파일로 만들어 나노튜브로 이루어진 로봇 몸체에 업로드하는 아이디어는 이제 픽션이 아니다. 때와 이유를 묻는 수준에 이르렀다. 먼 미래에 우리는 뇌뿐 아니라 신체도 옮겨갈 수 있고 우리의 복제가 여러 대륙 혹은 더 나아가 여러 행성에 동시에 존재할 수도 있다.

물론 기술과 하나로 녹아들거나 '자애로운' 초지능에게 권력을 양도하면 막대한 이득을 얻을 수 있을지 모른다. 혁명적 치료법으로 수많은 질병과 장애를 치유하거나, 고도로 조직화되고 합리적인 일반 AI가 기후 위기를 해결하고 세계 평화를 도울 수도 있다. 두뇌 응용 프로그램과 두뇌개선을 위한 '앱스토어'의 도움으로 우리는 모든 지식의 거대한 데이터베이스에 즉시 접근할 수 있을지도 모른다.

그러나 문제는, 우리가 어디에 어떤 경계선을 그릴지 결정하는 일이다. 그런 진보는 우리의 자유의지를 제물로 요구한다. 우리의 생각과 감정은 나노로봇이 제어하게 될지 모른다. 초지능에 의해 완전히 통제되고 아마도 자신을 독립된 존재로 인식하지 못하고 그저 반응만 할 수 있는 존재로 변이된다면, 우리가 굳이 이 길을 가야할 이유가 있을까?

물론 이런 미래가 유토피아의 실현, 즉 인류의 모든 꿈이 이루어진 완벽한 세계처럼 보일 수 있다. 초지능 과학기술은 생태계 붕괴를 해결하고 기아, 빈곤, 죽음을 극복할 것이다. 그러나 과연 그런 세계를 경험할 '누군가'가 있을까? 그런 세계는 아무도 더는 물리적 현실을 자율적이고 의식적으로 인식할 수 없는 완벽한 시뮬레이션의 좀비 세계다. 이런 미래가 도래하면 우리는 가장 오래된 신화의 신들처럼, 손가락을 튕겨 주변의 가상현실과 우리 내면의 감정을 맘대로 바꿀 수 있을지 모른다. 우리는 더는 불행하지 않을 테고 더는 아프지 않을 테고 영원히 오래도록 살 수 있을 것이다. 그러나 실상은 모든 것을 조종하는 초지능의 보이지 않는 줄에 매달린 줄인형 신세일 터이다.

양자 유토피아: 인류의 손으로 만드는 미래

위의 두 가지 디스토피아 시나리오에서 벗어나려면 노자, 부처, 피타고라스의 사상이 등장한 기원전 6세기까지 거슬러 오르는 철학적 여정이 필요하다. 인류 문명의 토대인 생태, 사회, 경제, 과학 시스템의 부분적 붕괴가 불가피하다면, 붕괴 위험이 가장 큰 하위 시스템과 우리가 계속 의존할 수 있고 새로운 것의 기초가 되는 하위 시스템을 구별해야 한다. 그랬을 때만 몰락 한복판에서 새로운 구조를 발명하고 개발할 수 있다. 아르테미스 행성의 미래를 그린 앤디 위어Andy Weir의 미래 소설은 다음과 같이 도전과제를 요약한다. "재스민, 문명을 건설하는 일은 원래 추해. 그렇다고 다른 걸 택하면 그건 아예 문명이 아닌 거야."[6]

어떻게 해야 모든 생명체가 존중받는 평화로운 세계를 이룰 수 있을까? 어떻게 해야 인류의 희망과 믿음이 최우선이 되는 새로운 역사를 다시 쓸 수 있을까? 그리고 어떻게 해야 우리의 결함과 약점을 극복하고 현재의 불행을 넘어 성장할 수 있을까?

나는 이 질문들의 답을 알지 못한다. 우리 모두가 동의할 대답을 찾을 수도 없다. 그러나 모두가 각자 이 질문들에 답하려 애써야 한다. 실제로 미래를 개선하려는 노력과 이상적 목표를 추구하는 일은 우리에게 삶의 의미를 줄 수 있다. 유토피아의 꿈은 언제나 환상으로 남는다는 사실을 명심해야 한다. 유토피아는 목표가 아니라 등대이다. 우리의 길을 환히 비춰줄 긍정적 미래 비전이다.

내가 양자 유토피아라고 부르는 유토피아 비전에서는 인간과 자연이 기술과 조화를 이룬다. 우리는 기술에 통제되지 않고 기하급수적 기술의 이점을 누리며 산다. 호모 사피엔스가 계속해서 책임자의 위치에 선다. 양자 유토피아는 정치적 안정과 세계 평화가 확립된 세계일 것이다. 독단이 없고, 문화와 종교와 인종과 성의 차별과 편견이 더는 없을 것이다.

모두가 따라야 할 의무는 오직 양자 유토피아 이념뿐이고, 그 외에는 자유롭게 자아를 실현할 수 있다. 모든 국가와 지역, 개인이 상호 연결된 전체의 일부임을 상기시키는 '상호의존 선언'을 따를 것이다.[7] 미국의 철학자이자 역사학자인 윌 듀런트Will Durant가 1944년에 첫 번째 상호의존 선언을 제안했다. 환경운동가 데이비드 스즈키David Suzuki가 1992년에 생태 운동을 시작하며 작성한 상호의존 선언문은 22개 언어로 번역되었다. 경영학자 헨리 민츠버그Henry Mintzberg는 최근 몇몇 동료들과 함께 '인류의 상호의존성 선언'이라는 제목으로 총체적 접근방식을 발표했다. 자원을 모아 이런 글로벌 운동을 시작할 때가 되었다.

양자 유토피아로 가는 길의 토대는 무한, 순환, 상호의존이다. 양자 유토피아는 모든 것이 상호 연결되어 있음을 이해하고 개인의 자유와 공동선을 위해 노력하는 비전이다. 자본주의는 여전히 어떤 형태로든 존재하지만, 지금처럼 사회 공헌도를 기준으로 세금을 내지 않는다. 대신 우리는 (과잉)소비와 자원착취에 비용을 지불한다. 우리는 모든 것이 무한하고 전체에 기여한 모든 공헌이 보상을 받는, 끊임없는 '주고받기'의 삶을 산다.

이런 비전이 영적 여정을 향한 낯선 시도처럼 들리거나 지나치게 야심 찬 목표처럼 들릴지 모르겠다. 그러나 양자물리학에서 우리가 배웠듯이, 우리는 잠재성 우주에 산다. 우리 개개인 모두가 잠재성 우주다. 우리가 이 우주를, 모든 부분의 합이 모두를 위해 더 좋아지는 전체, 즉 양자 유토피아로 통합할 수 있느냐가 관건이다.

과학과 기술 영역에서도 비슷한 경향이 발견된다. 인간지능과 인공지능의 통합, 이성과 수학의 통합으로, 우리는 지금까지 풀 수 없었던 문제를 해결할 수 있다. 이것을 바탕으로 우리는 인간과 기계가 조화롭게 존재하는 세계를 만들 수 있다.

양자 유토피아로 가는 길에서 중요한 한 걸음이 경제 시스템의 재구성이다. **탈물질적이고 지속 가능한 양자경제 시스템에서는 재화가 공정하게 분배되고, 현재의 화폐가 더는 필요치 않게 될 것이다.** 결제

방식의 근본적 변화를 통해 물질 재화의 용도가 사라지고 예술, 학문, 개인주의가 지금보다 더 높은 가치를 인정받게 될 것이다. 사람들이 더는 행복과 부유함을 좇지 않고, 행복이 자신을 찾아오게 하고 총체적 안위를 인식할 것이다.

양자 유토피아로 가는 길에서 우리는 단편적이고 소외된 노동을 없애고 모두를 위한 삶의 개선을 경제의 목표로 삼는다. 그것은 높은 수준의 자발성을 통해 강압을 낮추고, 도전과제를 함께 해결하며, 공동의 이익을 위해 개인의 이익을 줄인다는 뜻이다.

양자 유토피아로 가는 여정이 세 번째 미래 시나리오이고, 그것은 다른 두 시나리오만큼 타당하다. 우리는 이 비전을 실현할 수 있고, 호모 옵솔레투스의 좀비세계와 달리 실현을 위해 노력할 가치가 충분하다. 세계 의식혁명의 실현에 성공하면, 우리는 새로운 유토피아 이데아로 전 지구인을 감탄시킬 수 있다.

양자 유토피아로 가는 길에서 우리는 지성사회를 구축할 수 있다. 오늘날의 '의무사회'에서 벗어나 자기 자신을 의식적이고 자유롭게 구성하는 '가능성 사회'로 나아갈 수 있다. 이를 통해 우리는 모든 것이 미리 프로그램화되고 알고리즘에 의해 결정되는 호모 옵솔레투스 시나리오의 '수동성 사회'를 피할 수 있다. 우리는 물질 터보 자본주의를 길들여 탈물질 양자 자본주의로 발달해야 한다. 그러면 우리는 모두가 함께 풍요롭고 조화롭고 평화롭게 사는 정의로운 사회를 구축하는 데 성공할 것이다.

우리는 어떤 미래를 원하는가? 인류의 멸망, 호모 옵솔레투스의 가짜 유토피아? 아니면 양자 유토피아로 갈 것인가. 나는 양자 유토피아로 가는 첫 단계로 9장에서 설명할 양자경제를 제안한다. 양자경제는 양자 유토피아로 가는 길과 마찬가지로 사회 전체의 과제이다.

8장

지식사회에서
지성사회로

언젠가는 세계적 전염병이 발생하리란 걸 모두가 알고 있었다. 지난 20년 동안 경고, 시뮬레이션, 징후 그리고 국지적인 사례가 있었다. 적어도 일부는 대비할 수 있었을 터이다. 그럼에도 제대로 준비된 사람은 아무도 없었다. 세계종말 예언자들과 베스트셀러 작가들조차 2020년에 닥친 팬데믹 위협에 무방비상태였다. 동아시아는 2003년 사스 유행에서 이미 경험을 쌓아 유럽과 미국의 미래학자와 경제학자와 정치인보다 앞서 있었다.

이제는 모두가 명확히 알게 되었듯이, 앞으로 더 많은 재난이 뒤따를 것이다. 또다른 팬데믹 위험 말고도 생태계 붕괴, 기술 쓰나미를 보게 될 것이다. 경제와 사회를 재건하고 다음에 닥칠 재난에 대비하려면 어떻게 해야 할까?

세계 곳곳에서 이제 '치명적 정보사회'를 의심하고 도전하는 바람이 불고 있다. 끊임없는 데이터 조작과 의사소통의 혼란을 더는 묵과할 수 없다고 느끼는 사람이 점점 많아지고 있다. 거짓말, 왜곡, 가짜뉴스의 끊임없는 폭격에 맞서는 움직임이 조직화되고 있고, 일부 미디어도 지원에 나서고 있다.

단순히 막대한 양의 데이터를 축적하고 정보 접근 권한을 더 많이 가지는 것이 더는 무의미하다는 생각이 점점 더 확산되고 있다. 한마디로, 우리는 더는 치명적 정보사회를 원치 않는다. 기술 가능성이 높아지는 만큼 지금의 정보 혼돈에 대한 불만도 높다. 정보와 표현의 자유가 기술과 더해져 남용된다면, 언젠가 저울은 결국 보안, 검증, 투명성 쪽으로 기울게 될 것이다. 그로 인해 음모론과 절반의 진실을 퍼트리는 자유 또한 억제될 수 있다. 불확실성 속에서 우리는 새로운 기술을 맹목적으로 신뢰하게 될 것이다. 맹목적 믿음이 옛 시스템을 무너뜨리면 그 자리에 '지식사회'라는 새로운 시스템이 등장할 것이다.

지식사회는 여러 '단순한' 문제를 해결하는 데 도움이 될 것이다. 그것은 기술중심사회로 발전하여 직접 상호작용과 더 많은 투명성 및 개방성을 확보하고, 기업과 사람들이 말과 글의 타당성과 신빙성 검증에 더 집중하게 할 것이다.

이미 기술 거대기업들이 가짜뉴스의 확산을 막기 위해 인공지능과 블록체인을 이용하여 정보를 점검하고 신빙성을 검증하고 있다. 이런 조처로 인해 사용자들은 게시물을 올리거나 어떤 정보를 공유하기 전에 스스로 게시물을 점검하게 된다. 블록체인과 학습 알고리즘은 정치적 목적으로 조작되었거나 유명인의 가짜 포르노, 이른바 '딥 페이크Deep Fakes'의 신빙성을 검증하는 데도 유용하다. 알고리즘과 예측분석, 빅데이터와 딥러닝의 광범위한 사용으로 합리적 결정을 내리는 데 필요한 사실과 관련 데이터를 더 빨리 얻을 수 있다. 처음에는 이것이 진보이자 좋은 방향처럼 느껴질 것이다.

그러나 사실을 점검하고 검증하는 데 성공하더라도 지식사회 하나만으로는 휴머니즘 기반을 보존하고 인류를 기술 특이점에서 보호하기에는 역부족이다.

상황은 여전히 역설적이다. 점점 더 많은 정보가 검증되고 치명적 정보사회가 서서히 극복됨에도 불구하고 포퓰리즘 정치인이 부추기는 양극화와 극단화가 점점 심화된다. 그러나 지식사회의 알고리즘은 치명적 정보사회의 소음을 보태기만 하는 게 아니라, 실제로 뭔가 할 말이 있는 사람들을 돋보이게 할 것이다.

지식사회에서는 사람과 기업이 소음을 뚫고 자기 목소리를 낼 것이다. 급진적이지만 자연스러운 선택 과정이 이어질 것이다. 장미와 백합을 심을 자리를 마련하기 위해 잡초를 뽑아낼 것이다. 사람과 기업이 우리의 사회와 경제에 구체적으로 어떤 기여를 하느냐에 초점이 맞춰질 것이다.

우리에게는 진정한 계몽이 필요하고, 그 계몽은 반드시 사람에게서 나온 것이어야 한다. 미래를 위해 가장 시급한 것은 세계에 대한 깊은 이해다. 그저 어떤 정보와 가정된 지식으로는 충분하지 않다. 지식사회는 어쩌면 치명적 정보사회와 지성적 양자사회 사이의 과도기에 불과할 수 있다. 지성적 양자사회에서는 알고리즘이 아니라 인간이, 인공지능뿐 아니라 인간지능도, 기계적으로 생성된 지식 뿐 아니라 우리의 지성과 이성도 최고의 심판기관이다. 더 높은 의식 상태가 우리의 감각 경험과 심오한 목적, 신속한 지식 접근성과 연결된다.

인류 역사가 지식사회로 끝날 가능성을 완전히 배제할 수는 없다. 검증된 정보와 알고리즘의 기능 확장이 안겨주는 단기적 편안함이 장기적 결과를 가려버릴 수 있다. 그러면 우리는 알고리즘에게 자신을 맡겨 인류의 존속을 위험에 빠트릴 수 있다. 우리는 순전히 반응만 하는 존재가 되어 실제로 쓸모없는 존재, 호모 옵솔레투스가 될 수 있다.

조지 오엘의 《1984》 사람들은, 2+2가 5라는 거짓 주장에 맞서 저항할 수가 없었다. 초강력 국가기구의 거짓말이 만연했기 때문이다. 그러나 현재의 선진 민주주의 국가에서는, 거짓말과 왜곡을 타당한 발언과 구별 지을 수 있는 질문을 할 수 있다. 기본적으로 그것은 아주 단순한 질문이다. 누가 어떤 관련성 안에서 어떤 근거를 가지고 이런 주장을 제기했는가? 이 질문에 흡족한 대답을 내놓지 못하는 사람은, 다가올 지식사회에서 사기꾼 혹은 거짓말과 왜곡의 동참자로 밝혀질 것이다.

헤겔의 변증법적 모델은 첨예한 대립의 상호작용에 기초를 두고 있다. 정명제는 반명제로 바뀌고, 변증법적 합명제가 새로운 높은 차원의 질서에서 두 대립의 모순을 제거한다.[1] 이는 복잡해 보이지만, 기본적으로 아주 단순하다. 자본주의 경제 시스템의 두 가지 극단을 예로 들어보자. 시장의 완전한 자유(정명제)와 완전한 규제(반명제)는 사회적 시장경제(합명제) 모델에서 모순이 제거된다. 이론적으로는 그렇다. 실생활에서는 대립의 균형이 오래 지속되는 일이 드물다.

헤겔의 변증법을 우리의 주제에 적용해보자. 치명적 정보사회의 완전한 자유가 입증할 수 없고 타당성 없고 출처가 불분명한 주장을 대량으로 확산한다(정명제). 그러나 모든 극단이 그렇듯 지식사회에도 똑같이 문제가 있다. 데이터의 완전한 보안이 자유를 제한하기 때문이다(반명제). 그러므로 헤겔의 변증법에 맞게, 여기서도 변화가 계속되어 합명제에서 대립이 사라진다. 나는 이런 합명제를 '지성사회'라고 부른다. 이 책이 설명하는 양자경제를 운영시스템으로 하는 '양자 유토피아'가 바로 지성사회이다.

우리의 기억은 왜 거짓말을 할까

"흰 바지를 입으면 뚱뚱해 보여?" 당신은 힐끗 보고 대답한다. "아니, 전혀. 아주 잘 어울려." 그리고 당신은 속으로 생각한다. '살을 좀 빼면 더 보기 좋을 텐데. 굳이 흰 바지를 입어야 하는 거야?' 이럴 때 차라리 솔직해야 할까? 과연 솔직함이 빛을 발할까? 꽉 끼는 바지보다 관계가 더 중요하다. 게다가 이날의 데이트를 위해 상대는 특별히 흰 바지를 사지 않았던가!

이런 작은 거짓말은 관계를 부드럽게 해준다. 모두가 이따금 이런 거짓말을 한다. 그러나 큰 이득을 얻기 위해 혹은 범죄행위를 감추려는 이기적인 거짓말은 전혀 다르다. 예를 들어 어떤 정치인이 탈세를 목적으로 소득을 허위로 신고한다면 우리는 개인으로 또한 사회의 일원으로 이런 거짓말을 허용할 수 없다. 이는 신뢰를 깨고 사회를 분열시키기 때문이다.

현대의 스트레스 사회 및 기분전환 사회에서는 작은 사교성 거짓말뿐 아니라, 거칠고 노골적인 거짓말까지 점점 일상화되고 있다. 가장 파렴치한 거짓말쟁이이자 사기꾼은 대개 정치인들이다. 그리고 그들은 거의 항상 가장 뻔뻔한 거짓말로 성공을 거둔다. 우리는 뻔뻔하게 대놓고 거짓말을 하는 트럼프에게 분개했다. 우리는 명백한 증거에도 불구하고 해킹과 독극물 공격을 부정하는 푸틴 때문에 흥분한다. 비록 직접 연출하지 않았더라도 아마추어적 쿠데타를 대대적인 숙청작업에 이용하는 터키의 에르도안에 분노한다. 그러나 우리의 분노는 그저 분노로 끝나는 경우가 많다. 우리는 그들의 거짓말에 그저 어깨 한 번 으쓱해 보이고 그러려니 넘어간다. 어떻게 이런 일이 가능할까?

실제로 우리는 모두 끊임없이 진실과 사실을 약간씩 조작하며 산다. 예를 들어, 같은 범죄의 목격자들도 범행과 범인에 관해 다르게 진술할 때가 있다. 누구도 일부러 거짓을 증언하는 게 아니다. 인간은 자신의 성격, 신념, 그리고 그 순간에 든 생각에 맞춰 어떤 사건을 재조립한다. 그래서 늘 약간은 사실을 왜곡하고 진실에서 벗어난다. 그것은 불가피한 일이다. 우리 인간은 상상력이 풍부하고 꿈꾸는 존재이자 거짓말하는 존재이기 때문이다. 경험 많은 모든 판사가 알듯이, 법정 증인 선서가 요구하는 것처럼 "숨김과 보탬이 없이 사실 그대로 말하기"는 이룰 수 없는 이상이다.

대니얼 카너먼에 따르면, **우리는 모두 분리된 혀로 말하고 생각하고, 두 가지 서로 다른 현실을 나란히 인지하고 경험하고 기억한다.**[2] 카너먼의 연구 결과에 따르면, 우리 각각은 두 부분으로 구성되었다. '경험하는 자아'와 '기억하는 자아'. 두 자아는 우리에게 하나의 똑같은 자아로 느껴지지만, 둘은 가장 다른 특징과 관심사를 가졌다. 함정에 다시 빠지지 않기 위해, 우리는 이 두 자아를 구별할 줄 알아야 한다.

경험하는 자아는 기본적으로 오로지 현재만 산다. 순간들을 연쇄적으로 경험하는 현재. 긍정적 자극을 동반하는 그런 순간들이 강렬하게 축적될수록 좋다. 경험하는 자아는 그것을 더 많이 원한다.

기억하는 자아는 반면 이야기꾼이다. 우리가 기억에 저장한 모든 것은, 항상 같은 패턴으로 만들어진 이야기이다. 기억하는 자아는 결정적 상황, 무엇보다 모든 일화의 끝을 인지하고 그것을 저장하여 의미를 부여한다. 그러나 이야기에 아무것도 공헌하지 않는 것들은 삭제되는데, 모든 순간의 압도적 대다수가 그렇게 삭제된다.

하필이면 경험하는 자아가 중시하는 것은 기억에 잘 저장되지 않는다. 반면 기억하는 자아는 마치 노련한 이야기꾼처럼, 자신이 기대하는 효과를 내기에 유리한 곳에 중요한 장면을 재배치한다. 실제 시간순서 혹은 이따금 모든 것이 부차적이거나 반복에 불과했다는 사실은 중요하지 않다.

기억하는 자아가 내적 심리적 정보의 모든 결정을 내린다. 기억하는 자아는 폭군처럼, 경험하는 자아를 끌고 가서 원치 않는 경험을 하도록 강요한다. 우리는 결정을 내릴 때 경험이 아니라 경험에 대한 기억을 따른다. 기본적으로 이 기억은 실제 경험한 것의 모조품이다. 이야기꾼이 우리의 자아상과 계획에 맞게 멋대로 다듬고 왜곡한 것이다.

정리하면 우리 내면의 자료보관자이자 결정권자는 진실을 정확히 따지지 않는다. 성공적으로 대중을 현혹하는 사람들은 이를 잘 알고, 우리 모두의 내면에 자리한 이 '폭군'과 조용히 은밀하게 동맹한다. 거짓말 기술자들 사이에서 (의식적으로 혹은 무의식적으로) 이런 '폭군'이 명료하게 드러난다.

그러므로 우리는 모두 약간씩 포퓰리스트일까? 그렇다! 바로 그렇기 때문에 당신이 당신 자신을 통찰하는 것이 매우 중요하다. 트럼프나 에르도안 같은 거짓말 곡예사뿐 아니라, 소셜 미디어 설계자들도 당신을 사로잡는 법을 정확히 알고 있다. 당신을 조종하기 위해 당신 내면의 자료보관자가 좋아할 만한 자극적인 이야기를 들려주려 할 것이다. 기억하는 자아는 무의식적 의사결정자다. 그러므로 의식적 결정에 당신의 지성을 자유롭게 활용할 수 있음을 깨닫기 전까지는 트럼프와 저커버그가 이끄는 대로 순순히 끌려갈 수밖에 없다.

디지털화, 그 다음은?

미래연구자와 전문가들이 설교하고 주장하는 것처럼 '디지털화가 모든 것을 바꾼다' 혹은 '디지털로 바꿀 수 있는 모든 것은 디지털화된다'라는 말을 들었을 때, 당신에게 '디지털화'란 무엇인가?

영어에는 '디지털화'를 지칭하는 말로 자주 혼용되는 두 가지 단어가 있다.[3] 하나는 아날로그 정보가 디지털 비트로 바뀌는 과정을 뜻하는 digitization이고, 다른 하나는 디지털 커뮤니케이션 및 미디어 인프라구조를 중심으로 사회생활이 구조화되는 방식을 뜻하는 digitalization이다.

비트와 바이트, 0과 1로의 변환에는 경계가 없지만, 사회생활의 구조화와 적응 그리고 우리가 사회적으로 조직하는 방식에는 경계가 있다. 우리는 모두가 동의하는 윤리, 도덕, 가치라는 경계를 모델이나 규칙에 둔다. 이 경계는 자동화로 이끄는 '디지털화digitalization'의 결과로 생겨난 표준이고, 우리는 이것의 도움으로 우리 자신을 조직하고 정의한다.

이 두 가지 관점과 개념은 서로 독립적이지도 않고, 그렇다고 서로 연관이 있다고 명확히 정의할 수도 없다. 디지털 전환의 시작점을 우리는 파악할 수 없다. 그리고 끝점도 없다. 그냥 끝이 없기 때문이다. 물리적 원자적 세계관에서는 모든 것을 디지털로 전환할 수 있다. 그러나 무엇으로 전환되기를 바라든 상관없이 디지털 전환을 말하느냐, 아니면 사업모델과 사업프로세스의 디지털 전환을 말하느냐는 다르다.

프로세스의 디지털화는 불가능하다. 우리가 '프로세스의 디지털화'라는 말로 본래 전달하려는 뜻은, 정보의 디지털화를 통한 프로세스의 자동화이자, 자동화를 위해 기술과 결합한다는 것이다. 그러니까 우리가 "프로세스를 디지털화해야 한다"라고 말하면, 기계가 읽을 수 있게 정보를 디지털 언어로 변환한다는 뜻이다. 그렇게 하면 기술과의 결합이 자동화를 가능하게 한다.

우리가 말하는 인공지능은 무엇일까? 당신에게 인공지능은 무엇인가? 당신은 인지시스템을 뭐라고 생각하고 지능을 어떻게 정의하는가? 철학자들은 그동안 지능을 정의하려 시도하지 않았지만, 오늘날 이런 시도는 매우 시급하다. 지능이 무엇인지 정의조차 할 수 없다면, 어떻게 기술 맥락에서 지능을, 더 나아가 인지시스템을 이야기할 수 있겠는가? 그리고 우리가 무엇을 하는지 그렇게 불분명하다면, 그것이 급진적 결과를 낳지 않으리라 어떻게 확신할 수 있겠는가? 이것은 사회적 과제여야 마땅하다.

사회적 영향에 관한 대화와 토론을 따라가 보면, 대답과 반응이 부족한 것이 아니라, 오히려 다음의 질문에 관한 연구가 부족하다는 것을 금세 알게 된다. 자동화가 정말로 자유로운 잠재력을 창조할까? 자동화를 사회적 과제로 삼으면 안 되는 까닭은 무엇일까? **자동화는 비용을 절감하고, 시장점유율과 가격을 둘러싼 새로운 경쟁으로 이끄는데, 이런 경쟁은 그야말로 약육강식의 순수 다윈주의다.**

우리가 살고 있고, 우리가 지금 만드는 세계는 0과 1로 이루어졌지만 우리가 알고 있듯이 양자세계에서는 두 가지 상태가 동시에 존재할 수 있다. 양자컴퓨터에서의 디지털화인가, 아니면 양자현실에서의 디지털화인가. 이것은 인간에 의해 인간을 위해 만들어진 추상적 문제 제기다. '디지털화'는 우리 사회, 우리 삶, 당신의 직장, 당신의 회사에 어떤 의미인가? 이것은 제로섬게임이 아니다. 하지만 우리 경제는 이야기를 토대로 구축되었고, 우리는 그 이야기를 믿는다. 그리고 이론적으로는 정말로 모든 것을 알고리즘으로 복제할 수 있다. 우리는 현재 쇠퇴와 발전, 생산적 행동과 패닉 반응, 질서와 혼돈, 구조와 기이함을 동시에 경험하고 있다. 한쪽에는 멸망이, 다른 한쪽에는 부와 자유가 있다.

'디지털화'가 우리를 더 좋은 사회로 안내할까? 모든 것이 우리 손에 달렸다. 소수를 위한 큰 진보를 원하는가, 아니면 모두를 위한 약간의 개선을 원하는가? 다른 사람들의 더 나은 이익을 위해 일부가 약간 더 손해를 볼 수밖에 없는 것이, 디지털화의 목표일까? 어떤 모습의 변화이든, 기술과 주권에 관한 문제다.

알고리즘의 전투, 개인과 기관에서 알고리즘으로의 주권 이전 그리고 또한 기술 왕좌를 다투는 전투가 인공지능과 딥러닝의 시대에 아젠다를 결정한다. "데이터는 제2의 석유다." 오늘날의 슬로건이다. 그러나 새로운 멋진 외투 안에는, '주주가치 극대화' 혹은 '가장 강하고 섹시한 자가 살아남는다' 같은 1980년대의 낡은 모델과 이론이 감춰져 있다. '필요하다면 직원을 희생시켜서라도 무조건 승리하라.' 이것이 여전히 기업의 모토다.

우리 모두는 각자 주관적이고 유효하고 타당한 세계관이 필요하다. 당신은 세계를 어떻게 보는가? 이것은 (새로운) 질문들을 낳는다. 당신이 세계를 그렇게 보는 이유는 무엇이고, 당신의 세계관은 어떤 가정을 토대로 하는가?

앞으로 일어날 일과 그 후에 생길 수 있는 일들을 우리가 결정해야 한다. 이는 과학기술에 관한 일이고, 기하급수적 기술에 관한 일이다. 인간으로서 어떻게 살아남고, 우리를 어떻게 조직할 것인가의 문제다. 안정적 운영시스템이 없으면 위험은 너무 크고, 개발은 우연이나 운명 혹은 어떤 신에게 맡기는 것만큼 너무 불확실하다.

'디지털화 이후에 무엇이 올까?' 이것은 본질적이고 실존적인 질문이고 (새로운) 철학적 질문이다. 이것은 다음의 질문만큼이나 본질적이다. 이 우주는 현실인가, 아니면 모든 것이 이미 디지털로 전환되었나? 포스트디지털시대는 인류 역사에서 미리 정해진 미래가 아니고 우리가 추구해야할 확정된 복표노 아니다. 우리가 아는 한, 우리는 이미 디지털 및 가상 시뮬레이션에 살고 있을지 모른다. 적어도 이런 가설에 반대하기는 어렵다. 그리고 현실은 실제로 환상일 뿐이라는 현대 시뮬레이션 가설 이면에 있는 오랜 철학적 전통은 적어도 기원전 1500년경에 처음 공식화된 고대 힌두교의 마야 개념으로 거슬러 올라간다.[4]

우리는 단지 철학적 사색을 통해서만 이런 질문에 접근할 수 있다. 오늘날 가장 중대한 관심사는 무한성이다. 컴퓨터가 세계를 정복할 거라 믿는가? 컴퓨터가 창조적일 수 있을까? 이 질문에는 올바른 대답이 없다. 균형이라는 목표에는 도달할 수 없기 때문이다. 중요한 것은 과정 그 자체다. 무엇이 추구할 가치가 있는지 규정한 후, 더 많은 균형을 위해 노력할 수 있을 뿐이다.

우리는 더 많은 정보와 더 많은 디지털 형식이 필요치 않다. 우리에게 필요한 것은 새로운 질문이다. 새로운 질문을 토대로 우리는 기술적으로 올바른 결정을 내릴 수 있고, 고전 물리학과 양자물리학을 연결하여 인류를 진보로 이끌 수 있다.

사회를 이해하고 싶다면, 경제를 새롭게 생각해야 한다. 그런 방식으로 사회를 더 잘 이해할 수 있게 되면, 우리는 경제 역시 계속 발전시킬 수 있다. 모든 현실은 행동의 결과로서 생긴다. 그러므로 우리 사회의 포괄적 발전을 위해, 그저 물질적 욕구만을 충족시키는 경제에서 벗어나기 위해 양자경제를 구축해야 한다. 이제 '미래하자'. 분별력을 획득할 수 있도록, 판단력과 직관을 총동원하여 우리 함께 지성사회를 만들자.

양자물리학이 시사하는 것처럼, 전 세계는 아주 크고 동시에 아주 작다. 이것은 양자경제에도 적용된다. **미래의 경제, 양자경제가 발전하면, 우리의 의식은 더 높아지고, 동시에 인류를 위한 새로운 유토피아가 구축된다.** 어떻게 해야 우리는 경제를 다시 생각할 수 있을까? 양자경제 시대에 세계는 어떤 모습일까? 디지털화 뒤에 무엇이 올까? 우리의 세계를 더 좋게 바꾸기 위해, 우리 개개인은 어떤 공헌을 할 수 있을까?

의식혁명: 인간이 깨어난다

그리스 철학자 플라톤의 동굴 비유는 2500년 전과 똑같이 오늘날에도 시의적절하고 유효하다. 우리는 사슬에 묶여 동굴에 갇힌 죄수처럼, 세계를 직접 경험하지 못하고 감각기관이 전달해준 그림자만 지각할 수 있다. 그러므로 예를 들어 명상을 통해 지각을 단련하고 주의력을 개선할 수 있더라도, 우리가 지각한 것이 꿈인지, 허구인지, 현실인지 확신할 수가 없다. 어쩌면 3부작 영화「매트릭스Matrix」의 네오와 트리니티처럼, 우리 모두 '매트릭스'에 존재하고, 우리가 현실로 경험하는 것이 시뮬레이션에 불과할지 모르고, 어쩌면 평행한 또 다른 현실이 존재할지도 모른다.

그렇다고 더 발전한 모델, 가설, 진단을 개발하는 일을 중단해서는 안 된다. 우리는 합리적으로 그리고 진화론적 접근법으로 분석할 수 있는 것들을 계속 연구해야 하고 그렇게 해야 한다. 그러나 언제나 명심해야 할 것이 하나 있다. **세계는 기본적으로 힙리적이지 않고, 계산될 수도 없으며, 오히려 기이하고 비합리적이다.** 지금까지의 방식으로는 빅뱅이 불러일으킨 일들 혹은 돌덩어리 지구에 어떻게 생명이 생겨 현재 약 80억에 달하는 지구 주민이 되었는지 결코 설명할 수 없다.

미래는 직선적으로 발달하지 않고, 언제나 뭔가 새로운 것에 의한 파괴와 창조를 통해 비약적으로 발달한다. 그러므로 데이터에 의존하는 합리적 과학적 접근법 이외에 철학적 접근법이 필요하다. 반추, 의심, 그리고 합리적 관점에서는 양립할 수 없어 보이는 영역을 연결하는 '단락 회로'가 필요하다.

우리는 두개골 안에 있는 논리적인 뇌뿐 아니라, 장에 있는 직관적 통찰의 뇌에도 주의를 기울일 줄 알아야 한다. '왜?'를 묻는 것은 (여기에 있는 것은 왜 있고, 없는 것은 왜 없는가?) 철학이다. 이런 질문은 과학성과 합리성만으로는 제기되지 않고, 대답은 더욱 아니다.

그러므로 나는 당신에게 제안한다. 당신의 직관에 주의를 기울이고 당신의 판단력을 훈련하라. 그래야 진정한 계몽이 가능하다. 현대 정보사회에서 나온 전형적인 시나리오를 우리는 안다. 즉, 당신은 조작된 외적 요소에 이끌려 어딘가로 끌려갈 것이다. 마음이 썩 내키지 않더라도, 당신은 의식적으로 혹은 무의식적으로 미끼를 물 것이다. 그러니 지금 이 순간에 무슨 일이 벌어지는지 명확히 인식하라. 인공지능보다 뛰어난 인간의 고유한 능력인 직관, 장뇌, 내면의 심판자를 깨워야 한다.

양자물리학에서처럼, 우리는 양자경제학과 양자 미래의 발달에서도 양립할 수 없어 보이는 개념들을 하나로 합칠 때 한걸음 나아갈 수 있다. 오로지 한 분야만 연구하는 전문가들은 그럴 능력이 없다. 심리학과 철학에 경제학을, 철학적으로 반추하는 정신분석학에 자연과학을 단락 회로로 연결할 수 있고, 교차 사고를 할 줄 아는 사상가가 필요하다.

공감 대신 연민

오늘날 모두가 공감을 강조하지만 양자경제에서 요구하는 것은 공감이 아니라 연민이다.[5] 길거리에서 지저분한 노숙자를 보았을 때, '내가 노숙자라면 어떤 기분일까'를 자기도 모르게 상상한다면, 그것은 공감 반응이다. 이때 노숙자에게 몇 푼을 주면 자선을 베풀었다는 마음에 기분이 한결 나아질 것이다. 하지만 공감 반응을 담당하는 뇌의 거울 신경은 오로지 이런 1대 1 상황에서만 작동한다. 서너 명의 작은 집단이 곤경에 처한 경우라면 우리의 뇌는 공감 반응을 보이지 않는다. 인간은 여러 사람에게 동시에 감정을 이입할 수 없기 때문이다.

공감은 감정이입 능력이다. 다른 사람의 입장이 되어, 다른 사람이 경험했을 고통을 같이 느끼는 능력이다.[6] 이런 이타적 사랑은 세 가지 차원으로 분류될 수 있다. 이웃사랑, 공감, 연민. 이 세 가지는 서로 연결되어있다. 고통에 처한 생명체를 마주하면 이타적 사랑에서 공감이 형성된다. 이런 마주함이 연민을 생성한다. 고통과 그 원인이 끝나기를 바라는 마음이 생겨난다. 이렇듯 공감은 프리즘처럼 작동하여 이타적 사랑을 연민으로 바꾼다. 공감은 마모될 수 있으므로 고통을 같이 느끼는 능력이 약해지시만, 연민은 마모되지 않는다. **연민은 '행동하는 사랑'이다.**

미국 심리학자 폴 블룸Paul Bloom은 《공감의 배신Against Empathy》에서, 연민이 공감보다 우위에 있는 이유를 자세히 설명한다. 요컨대 공감은 비합리적이다. 그러나 연민은 지성을 움직여 반추와 행동을 유도하는 정서적 반응이다.

사례 하나를 보자. 미국의 한 자선단체가 적은 금액으로도 아프리카 사람들의 삶을 구할 수 있다며 기부를 호소했다. 같은 시기에 또 다른 단체는 난치 암에 걸린 어린이 열두 명에게 '배트맨이나 로빈과 함께 보내는 하루'를 선물하자고 외쳤다. 비용이 많이 드는 이 선물을 마련하기 위해 이 단체는 죽음을 앞둔 아이들이 행복하게 웃는 매우 감동적인 영상들을 보여주었다. 비록 단 한 명의 목숨도 구하지 못하는 행사였지만 아프리카 난민 기금 모금보다 최소 수백만 유로가 더 모금됐다. 그 돈이면 기아와 전염병으로 죽어가는 아프리카 사람 수십만 명을 살릴 수 있는 데도 말이다.

연민을 일으키는 공감은 좋은 것이다. 그러나 공감은 기본적으로 이기적 반응이다. 다른 사람의 입장이 되어 생각했다는 마음에 뿌듯함을 느끼더라도 공감한 것을 행동으로 옮기지 않으면, 다른 사람은 아무것도 얻지 못한다. 공감할 때 우리는 사실에 관심을 두지 않는다. 구조적 사고와 인지를 통해, 즉 합리적 연민을 통해 감정 반응이 생길 때만, 우리는 견고한 사실에 관심을 둔다.

의식혁명이 성공하려면, 경제와 정치 책임자들 그리고 여론을 형성하는 언론이 철학을 공부해야 한다. 대학에서 8학기 동안 철학을 전공해야 한다는 뜻이 아니다. 3000년 동서양 철학사에서 나온 최고의 방법과 수단을 책임자들에게 제공하자는 것이다.

예를 들어, 철학을 공부한 경영자는 생태적 지속가능성과 인공지능의 잠재력을 염두에 두고 결정한다. 경영자는 단기 이익을 기반으로 방향을 설정해선 안 된다. 시대의 징표도 읽을 줄 알아야 한다. 독일 시인 하인리히 하이네Heinrich Heine가 바빌론 왕을 노래한 발라드 《벨사차르Belsatzar》에서처럼, "마법사들이 왔지만, 그들 중 아무도 벽에 적힌 불꽃 글씨를 정확히 이해하지 못했다. 벨사차르가 그날 밤에 하인들에 의해 살해되었다." 벨사차르 자리에 거대기업의 최고경영자 혹은 정치인을, 마법사 자리에 컨설턴트를, 하인들 자리에 통제되지 않는 인공지능과 기후붕괴라는 짝을 넣으면, 우리의 경제(그리고 정치)에서 현재 무엇이 파국으로 치닫고 있는지 아주 명료해진다.

그러나 그들이 무엇을 해야 한단 말인가? 어차피 최고경영자는 5년짜리 계약서를 받을 뿐이고, 정치인은 단지 4년을 위해 선출된다. 단기적으로 성취할 수 있는 목표를 세우고 그것에 맞게 행동하는 것 말고 뭘 할 수 있을까? 실제로 이것 역시 시스템 오류에 속한다. 그리고 역기능이 더 많아진 대의민주주의를 가능한 한 빨리 미래에 합당한 시스템으로 바꿔야 하는 또 다른 이유이기도 하다.

9장

양자경제의
약속

지난 50년은 물질주의와 중독성 과소비로 점철되었다. 매슬로의 욕구 피라미드에서 아래 단계가 점점 더 넓어졌고, 생리적 욕구와 안전 욕구의 해소가 극단적으로 확장되었다. 주가, 매출, 이익 극대화 같은 유한한 목표가 중시되었고, 여기에 종종 분기별 매출이나 회계연도별 수익 같은 기타 임의적 요소가 추가되었다. 윤리적 물음들은 법적 근거 부족으로 점점 뒤로 밀려났다. 승자와 패자가 오로지 대차대조표의 숫자로만 정의되었다.

제니퍼 브랜들Jennifer Brandel과 마라 제페다Mara Zepeda는 2017년 인터넷포털 미디엄Medium에 '유니콘이 고장 낸 것을 얼룩말이 수리한다Zebras Fix What Unicorns Break'라는 제목으로 보다 균형잡힌 성장을 위한 새로운 시도를 제시했다.

"현재의 기술 및 벤처자본 구조는 종말을 맞았다. 질보다 양, (가치)창출보다 소비, 지속 가능한 성장보다 신속한 판매(비상탈출), 공동의 이익보다 주주의 이익이 보상을 받는다. 인류의 실질적 문제를 해결하거나 낡은 것을 수리하고 관리하고 연결하는 기업 대신, 파괴적 파괴를 위해 설계된 유니콘에 중점을 둔다."[1] 저자들은 금전적 가치를 중시하는 환상 속의 유니콘이 아니라 지속 가능성과 사회 공헌을 비즈니스의 일부로 받아들이는 기업이 필요하다고 주장했다.

미래 기업을 묘사하기 위해 두 저자는 얼룩말을 은유로 선택했는데, 얼룩말은 "검은색과 흰색을 모두 가졌기 때문이다. 미래 기업은 수익성이 있으면서 동시에 사회 개선에 기여한다. 미래 기업은 하나를 위해 다른 하나를 희생시키지 않는다. 얼룩말은 상호의존성도 알고 있다. 집단을 이루어 자신을 보호하고 서로를 지켜준다. 그들의 개별 인풋은 더 강한 집단 아웃풋으로 이어진다."

양자경제의 생명력과 성공은 무한성과 예측 불가성에서 온다. 주가는 더는 오를 수 없을 때까지 오른다. 혁신적 기업들은 더는 성장할 수 없을 때까지 성장한다. 경제는 양자현실의 기이한 세계와 마찬가지로 기이하고 카오스다.

카오스를 이해하기 위해서는 새로운 경제이론이 필요하다. **양자경제의 기본법칙은 유한한 모든 것을 무한하게 이용하고 재사용하는 것이다.** 그것을 위해 우리는 새로운 게임규칙이 필요하고, 더 의식적이고 책임 있게 행동하기 위해 더 깊은 이해력이 필요하다.

양자경제의 특징은 이것도 되고 저것도 되는 동시성이다. 도교의 음양원리처럼, 종종 모순되어 보이는 것들이 서로 연결되어있다. 양자경제에서는 사회주의와 자본주의, 구경제와 신경제, 멸망과 발전, 혼돈과 질서가 동시에 존재한다. 양자경제는 모든 것이 연결되었고 기이하고 무한하다. 전체이면서 부분의 합 이상이다.

양자경제는 직선적 사고에서 벗어나는 것이다. 그리하여 개인의 의식이 더 높아지고, '전체' 즉 우리의 행성과 인권의 기초인 휴머니즘 그리고 인류를 더 깊이 이해하게 된다. 양자경제는 긍정적 움직임의 종합일 것인데, 그 움직임은 이미 시작되었으며, 이는 현재 경제의 부정적인 면을 길들일 것이다. 우리는 다른 사람들과의 관계로 정의된다. 우리는 다른 사람과의 관계 안에서만 인간으로 살 수 있고 그래서 기업은 외부 세계와의 관계 안에서만 존재할 수 있다. 그러므로 양자경제에서는, 경제적 잠재력을 비교하고 경쟁하여 승자와 패자를 나누지 않는 것이 중요하다. 기업은 가능한 한 오랫동안 유지되어야 한다. 계속 '후손'을 남길 수 있어야 한다.

양자경제에서는 노동과 사회기여에 세금이 부과되지 않고 자원사용과 소비에 누진세가 부과되며 과잉소비가 규제된다. 다시 말해, 양자경제의 과세와 규제는 개인과 기업의 사회기여도가 아니라 그들이 꺼내 쓴 것, 즉 재활용되지도 않고 다시 시스템으로 환원되지도 않은 모든 것을 토대로 한다.

양자경제는 총제적이고 통합적이며 무한한 접근방식으로, 지성사회 구축을 위한 의식혁명을 호소하는 응용철학과 양자원리를 기반으로 생태, 기술, 경제, 사회, 정치 등 글로벌 과제를 해결한다. 양자경제에서는 잠재력과 상호의존성이 무한하다. 양자경제에서는 비물질적 재화도 경제에 통합되고, 총체적 인간이 휴머니즘 자본주의의 중심에 있다. 양자경제는 안정과 평등을 상징하고 사회적 과제를 해결할 수 있는 운영시스템이다. 양자경제는 자연과학과 인문과학의 연결을 장려한다.

양자경제로 향하는 길은 어떤 모습일까? 우리는 의식적으로 두 갈래 길을 가야 한다. 탈물질적이고 지속 가능하며 순환하는 평행사회를 만들어야 한다. 이런 사회에서는 진화하고 발전하는 새로운 휴머니즘 자본주의가 피어난다. 우리는 지난 150년 동안 수많은 사람에게 번영을 안겨준 경제 기반을 새로 마련하는 동시에 치명적 정보사회에서 벗어나 지식사회를 발전시켜 이해와 지성을 바탕으로 하는 지성사회를 구축해야 한다.

양자경제는 사회를 안정시키고 연대공동체로 이끌 것이다. 아직은 직선적 사고가 세상을 지배하고 있다. 우리가 계산할 수 있는 것만 진짜이고 가치가 있다고 여긴다. 반면, 양자경제는 직선적 세계 혹은 분산된 조각이 구성하는 세계가 아니라, 모든 것이 모든 것과 연결된 세계를 기반으로 한다. 그리고 비록 물질 자원은 제한적이지만 총체적 세계는 무한하다는 통찰을 기반으로 한다. **끝이 없다. 계속해서 옛것이 멸망하고 새로운 것이 피어난다. 핵심은 지속이다. 목표는 무한성이다.**

사람과 기계, 지구와 문명의 토대. 모든 것이 연결되어있다. 따라서 시급히 필요한 창조적 해결책을 찾으려면 고전 물리학의 기계론적 세계관과 수학적 관점에서 벗어나야 한다. 세계는 기이하고 예측 불가이며, 바로 그렇기 때문에 창조의 여지와 뜻밖의 비약적 발전이 있을 수 있음을 받아들여야 한다.

미래는 정해지지 않았다. 미래는 우리가 과거와 현재에서 설계하는 것이다. 미래는 명사가 아니라 동사다. 우리가 미래를 '미래할 때', 미래는 생긴다. 우리가 이것을 이해하고 그에 합당하게 행동하면, 우리는 바람직한 미래를 즉흥연주처럼 만들어낼 수 있다. 우리는 완전히 새로운 잠재력을 발휘하고, 풀 수 없어 보이는 도전과제들을 해결하도록 서로 도울 수 있다.

이제 행동할 때가 되었다. 자신의 존재를 의식하는 '말Rede'의 반대로 하이데거가 지목한 의식 없는 '횡설수설Gerede'은 충분히 들었다.[2] 정치는 물론 경제에서도 너무 많은 헛소리가 선포되고 있다. 그런 것에 귀 기울일 시간이 없다. 너무 많은 사람이 스스로 생각하고 느끼고 행동하는 대신 그저 반응하고 같이 떠들고 앵무새처럼 따라하며 자신을 소모한다. 이것을 더는 허용해선 안 된다. 당신과 나, 우리가 모두 일어나 말해야 한다. 무의미한 횡설수설은 내버려 두고, 우리가 해야 할 일을 시작하자고.

생태 문제. 당연히 해결할 수 있다. 분배와 불안정 그리고 경제 문제. 당연히 이것 역시 해결할 수 있다. 기술 진보와 디지털 쓰나미. 지금 당장 발 벗고 나서고 가능한 결과를 이해한다면 아직 개선의 기회가 있다. 사회 및 정치(지리)적 문제. 안정된 경제로 새로운 길을 갈 수 있다. 새로운 비즈니스모델, 양자기술 개발, 과학과 철학의 진보, 교육과 연구, 새로운 정책, 'reduce, reuse, rethink(감소, 재사용, 재고)'의 접근방식으로 우리는 새로운 경제를 구축할 수 있다.

순환경제로 가는 길

　오늘날 경제학자들이 다루는 모든 위대한 경제이론에는 물질주의가 각인되어있다. 수요공급모델은 물론이고 밀턴 프리드먼을 중심으로 하는 시카고학파의 자본주의 이론도 마찬가지다. 애덤 스미스는 데카르트의 관점에 따라 시장의 형이상학적 특성을 믿었다. 그러나 애덤 스미스의 후계자들은 이 믿음을 오래전에 버렸다.

　물질주의 시대는 과학에서도 급속히 끝나고 있다. 고전 물리학에서 양자물리학으로, 그리하여 물질에서 의식과 에너지로 관심이 이동하고 있다.

　지금까지의 경제모델은 기계적이었다. 그러나 양자경제의 접근방식은 직선적이지도 인과적이지도 않다. 오히려 양자물리학에서처럼 겹침과 확률을 다룬다. 우리가 비록 새로운 게임규칙과 법칙을 만들 수 있고 만들어야 하지만, 모든 최적화와 재조정에도 불구하고 예측하지 못한 일이 계속해서 벌어질 수 있음을 받아들여야 한다. 과거의 기계적 이론에서도 마찬가지였지만, 그때는 학자들이 모든 이탈을 소위 외부 요인으로 설명하며 자신의 이론을 견고히 고수했었다. 하지만 양자경제에서는 인간과 기계와 지구의 상호의존성이 증가한 덕분에 우리의 의식은 더욱 높아질 것이다. 그래야 포괄적 윤리 도덕을 기반으로 하는 가치 지향적 사회를 구현할 기회가 열린다.

　상호의존적 세계에서는 자본 흐름에 경계가 없다. 국경 그리고 국가 금융 및 재정은 지구화된 현실과는 동떨어진 허구에 불과하다. 최근 번지고 있는 포퓰리즘 성향의 '브레이크 및 롤백' 시도 역시 지구화 경향에 아무런 변화도 가져오지 못했다. 2018년에 전 세계에 억만장자가 2000명을 독파했다.[3] 그리고 중국에서만 매주 세 명씩 과학기술 분야에서 새로운 '유니콘'이 추가되고 있다. 2018년 중국에는 억만장자가 약 900명이었는데, 이는 미국보다 약 300명 더 많은 기록이다.[4]

중국이 세계 정상을 향해 질주하려고 출발선에 자리를 잡는 동안, 실리콘밸리의 음악은 점점 잦아들고 유럽은 그저 보고만 있다. 중국의 신에너지 분야 벤처캐피탈펀드만 해도 유럽 전체의 벤처캐피탈펀드 총액보다 더 많다.[5] 중국이라는 신흥 부자는 새로운 과학기술과 부동산, 땅, 천연자원에 투자를 늘리고 있다. 한편으론 세계적 빈부격차가 급격히 커지고 있다.

기존의 경제이론은 이런 변화를 설명해내지 못한다. **양자경제에서는 돈과 자본흐름도 포괄적으로 보게 될 것이고, 분배와 사용의 통합을 새롭게 숙고할 것이다.** 자유롭게 흐르는 자본이 무엇을 야기하는지, 우리는 최근에 명확히 볼 수 있었다. 신고전주의 이론에 따르면, 자본의 자유로운 흐름은 경제의 균형을 유지하고 합리적으로 최적화된 자원이용을 마련하고 그래서 모든 사람의 행복 추구를 지원해야 마땅했다. 그러나 현실은 우리의 행복감도 환경도 파괴하고 있다. 돈의 마법은 부패한 마술로 판명되었다. 우리는 물질 소유물을 더 많이 쌓고 청구서를 지불하기 위해 돈을 사용하고, 결국에는 더 많이 가진 다른 사람과 비교하며 좌절한다.

인식하든 안 하든, 승자들은 언제나 패자들과 연결되어있다. 무한 개인주의는 생태 붕괴와 급속히 커지는 사회 분열을 통해 한계에 도달할 뿐 아니라, 양자연구의 발견을 통해서도 논박된다. 개인주의가 가정한 것과 달리, 우리는 절대적으로 자유롭지 않고, 집단주의적 이데올로기가 주장하는 것과 달리, 절대적으로 동등하지도 않다. 우리는 고유하고 독특한 역사를 지닌 개인이면서 동시에 모든 것이 서로 연결된 커다란 전체의 일부분이다. **우리는 신경과 호르몬과 유전자 구성 때문에 독립적 개인이 아니라 상호의존하는 존재다.**

미래 기업

양자경제에서 기업은 어떤 모습일까? 스칸디나비아 국가들의 '프로젝트 사회'를 주목해보자. 이를 대략 설명하자면, 즉흥적으로 구성된 팀이 과제를 이행하거나 프로젝트를 실행한 나음 다시 뿔뿔이 흩어진다. 정규직 노동자를 고용하는 지금까지의 모델과 다르다.

양자경제에서는 프로젝트가 기업의 보스이고, 우리는 각자 참여한 프로젝트의 결과만큼만 성공할 것이다. 리더십은 어디에나 있고, 기술이 경영진을 대체한다. 상하는 없고 전후만 있을 것이다. 기업은 인풋 품질을 높여야 하고, 그것의 보상은 제품, 즉 아웃풋의 품질이 될 것이다.

변화는 이미 시작됐다. 그러나 여러 전통 기업들이 중대한 실수를 저지르고 있다. 그들은 내부에서부터 근본적으로 구조를 바꾸려 시도하지만 이는 불가능한 일이다. 우리가 평행세계에 살고 있고, 옛날 모델이 죽고 동시에 새 모델이 피어나는 과도기에 있다는 것을 무엇보다 기업경영자들이 가장 먼저 이해해야 한다. **성공적인 기업은 기존 사업을 보존하면서 최적화하고, 동시에 전통적인 구조에서 벗어나**

옛날 모델을 언젠가 대체할 새로운 모델을 마련한다. 우리는 기존의 강점을 버리지 않으면서 5년에서 10년마다 새로워져야 한다. 이것은 개인과 미래 기업 모두에게 똑같이 적용할 수 있다. 지금까지 우리를 지탱해온 것을 계속 보존하는 동시에 새로운 현실을 설계해야 한다.

비즈니스란 현재 돈벌이와 미래 돈벌이의 균형을 지속적으로 추구하는 일이다. **양자경제의 기업은 승리와 패배 같은 유한한 목표가 아니라, 가치를 창출하고 문제를 해결하며 무한성을 추구하여 얼마나 오래 유지되느냐로 정의된다.** 기본적으로 양자경제는 아주 간단한 원칙에 따라 작동한다. 문제를 설명하고, 문제를 해결하고, 청구서를 작성한다.

양자경제는 주주뿐 아니라 모든 이해관계자를 중요하게 여긴다. 생태, 경제, 기술, 사회, 모든 것을 총체적으로 본다. 양자경제에서 우리는 새로운 경제 상황과 정치(지리)적 사건에 적응할 수 있다.

성공의 기반을 빠른 소비에 두는 기업이 여전히 많다. 수요자는 금세 닳거나 낡아지는 단기 제품들을 계속해서 새로 구매하고, 그것을 통해 공급자는 매출을 올리고 이익을 얻는다. 여러 경제 분야에서 카르텔이 제품의 수명을 정한다. 면도날과 전구, 컴퓨터, 프린터, 자동차에 이르기까지 오늘날의 기술 수준에서 거의 영구적으로 쓸 수 있는 제품인데도 말이다. 이런 제품이 일정 기간 뒤에 고장이 나면 우리는 '자연스러운' 마모로 인식하는데 고장의 진짜 원인은 현재의 경제 시스템이 널리 기반으로 하는 조직적 사기다.

양자경제에서는 기업구조와 조직형태가 변한다. 자기애 강한 관리자들이 혼자 끝없이 발언하는 회의가 아니라 모두가 활발히 참여하는 공동창조회의Co-Creation-Meetings가 열린다. 지금까지 관리자의 역할이었던 통제기능을 기술이 담당하고 프로젝트는 수평적이고 유동적인 형식으로 진행되는데, 이런 형식에서는 위계가 아니라 행동에서 리더십이 발휘된다.

양자경제에서는 실험의 여지가 있어야 한다. 그래야 새로운 아이디어와 진정한 혁신이 실현되고 실수에 관대할 수 있다. 동시에 양자경제에서는 품질 요구가 증가하여 당연한 결과로 역량 부족을 관대히 보는 관용이 감소한다. 그러므로 '애자일' 혹은 '디자인씽킹' 같은 유행어는 높은 수준의 규율과 명확한 구조가 결합될 때만 실험 분야 역할을 할 수 있다.

새로운 기업문화의 기반은 열린 의사소통 및 명확한 피드백과 결합된 개인의 책임이다. 그러므로 위계질서 해체와 수평적 조직형태 개발은 업무와 리더십의 명확성이 수반되어야 한다. 양자경제에서는 어떤 역할 뒤에 숨거나 역량 부족을 감추거나 고객을 냉혹하게 착취하는 것이 더는 불가능해질 것이다.

그러나 경제는 유한한 게임이 아니므로 실질적 승리란 없다. 사람들이 즐겨 하는 스포츠팀과 기업의 비교 그리고 바이애슬론이나 축구토너먼트와 경제의 비교는 오류로 귀결될 수밖에 없다. 스포츠의 경쟁은 승자에게 우승컵이나 메달을 전달하면 끝난다. 하지만 기업의 성공은 최종적 승리가 아니라 가능한 한 오래 경기를 지속하는 데있다.

이것 아니면 저것이라는 양자택일은 과거의 일이다. 양자세계에서는 이것도 되고 저것도 된다. 기업의 경쟁 관계에서도 마찬가지다.

구경제에서는 상상할 수도 없어 보였던 일들을 우리는 장래에 여러 형식으로 경험할 것이다. 이를테면 기업들은 계속 경쟁하더라도 필요할 때는 서로 협력할 것이다. '협력'이라 불리는 이런 현상을 우리는 오늘날 이미 어느 정도 목격할 수 있는데, 언론에서 미국과 중국의 '무역 전쟁'을 보도하는 동안 양국의 기업들은 무대 뒤에서 조용히 협력한다.[6]

양자안경을 통해 보면, 두 라이벌이 기술 부문에서 최전방에 있다면 얽혀있는 두 소립자처럼 서로 연결되어있는 한 부분적인 협력은 필요하다. **순수 경쟁**(그리고 극단적 반대인 카르텔)**이 구경제에 속한다면, 협력은 양자경제에 속한다.**

양자경제에서 기업은 위계에 따른 지휘체계가 아니라 협력과 대화를 통해서 성공할 수 있다. 모든 것이 서로 연결되었고 모두가 상호의존적이므로 기업 역시 전문분야의 경계를 뛰어넘어 협력해야 한다.

신고전주의 이데올로기에 따르면, 공정한 협력은 거의 있을 수 없는 일이다. 순수 자본주의 사제들은 오로지 자신의 이익을 위해 행동하라며 이기주의를 칭송하는 노래를 소리 높여 부르고 경제 행위자를 부추긴다. 이런 관점에서는 오로지 누군가 최대 이익을 얻고 통제권을 갖는 하향식 모델에서만 협력이 수용된다.

기업이 더 민첩해지려면 경영진 역시 자신의 비전과 목표와 가치에 더 개방적이고 더 정직해야 한다. 그래야 직원들과 새로운 관계를 맺을 수 있고 인재를 끌어들이고 시장에서 경쟁력을 유지하고 지속가능성과 투명성을 기대할 수 있다.

양자경제의 또 다른 핵심은 무역기업이 개별 소비자뿐 아니라 전체 사회를 위한 부가가치를 창출하기 위해 노력한다는 사실이다. 우리는 오늘날 이미 이런 추세의 초기 단계를 목격할 수 있다. 예를 들어 마이크로소프트의 최고경영자 사티아 나델라Stya Nadella의 최근 한 인터뷰를 보자. "한 기업의 사회적 사명은 수익성 있는 솔루션을 마련하여 인류와 지구의 당면 문제를 해결하는 것이라고 생각합니다. 세상을 배려하지 않는 비즈니스모델을 갖춘 다음 ESG(환경, 사회, 기업지배구조)를 지향하는 것은 불가능합니다. 그러니까 '오케이, 일단 돈을 많이 벌고 나서 ESG를 돌보자'는 식은 안 됩니다."[7]

양자경제에서는 CSRCorporate Social Responsibility, 기업의 사회적 책임과 ESG가 홈페이지를 장식하는 화려한 미사여구가 더는 아니다. CSR과 ESG는 고객과 직원 모두가 중요하게 여기고 요구하는 부가가치, 즉 양심의 가책 없이 누리는 소비의 기쁨을 허락한다. CSR과 ESG는 기업 가치평가와 연례보고서에서 중요한 역할을 할 것이다. 이익과 사회적 책임은 결코 상호 배타적이지 않다. 양자경제에서는 기회의 가치가 새롭게 정의되고 지속 가능성이 수익의 중심이 될 것이며 미래세대를 위한 총체적 모델이 예외가 아니라 법칙이 될 것이다.

양자경제에서 기업들은 분야의 경계를 넘어 협력하고 사용자들과 상호의존관계에 있다. 이런 연결은 가치 극대화로 이어진다. 이미 에어비앤비Airbnb, 카투고Car2go, 우버Uber에 이르기까지 공유경제의 성공사례들은 적지 않다. 또한 P2P대출, 크라우드펀딩, 카우치서핑, 코워킹, 카셰어링, 놀리지앤탤러트셰어링 등 새로운 공유 모델과 활용

목록이 점점 길어지고 있다.

오늘 틈새 모델이었던 것이 내일은 기본 모델이 된다. 여기에 발맞추지 못하는 기업은 뒤처질 수밖에 없다. 양자경제에 맞는 마음가짐을 가진 기업이라면, 물리적 제품 세계에서 새로운 '서비스형(As a Service)' 모델을 구현하는 일이 어렵지 않을 것이다. 그리고 이런 새로운 상품으로 환상적인 가치를 만들어낼 수 있다.

그러나 모든 혁신과 격변에도 불구하고, 익숙한 경제원칙이 모두 효용성을 잃는 것은 절대 아니다. 성공보다 더 성공적인 것은 없다! 이 기본원칙은 양자세계에서도 여전히 유효하다. 하지만 성공이 다르게 정의될 것이다. 알리안츠Allianz, 블랙록Blackrock, BASF, 네슬레Nestlé의 동맹인 포용적 자본주의 연합The Coalition for Inclusive Capitalism은 이 방향으로 가는 첫걸음을 떼었다. 네 개의 글로벌 거대기업은, 물질적 가치 이외에 직원, 신뢰, 기업의 사회적 유용성 같은 '가치 요인' 역시 그들의 확장된 사업보고서에 포함하는 것을 스스로 의무화했다.[8] 이들은 한 기업이 얼마나 혁신적이고, 직원의 역량을 얼마나 끌어내고, 직원의 행위가 환경과 사회에 어떤 영향을 미치는지, 수치를 통해 측정할 수 있게 했다. BASF는 이미 개별 사항들을 이행하기 시작했다. 이 화학기업은 확장된 손익계산에서 비재무적 가치 요소도 결산보고에 포함시키는데 그중 하나가 이사회의 효율성 검사다.[9]

양자경제에서는 더는 현실을 탕진하지 않고 잠재성을 길어 올릴 것이다. 자원은 소모되지 않고 100퍼센트 재활용될 것이다. 진정한 순환경제는 오로지 생산, 분배, 재활용, 재생산에 관여된 기업들이 밀접하게 협업하고 생산의 모든 책임이 생산자에게 있을 때만 가능하다. 당연히 미래에도 악마는 디테일에 있을 것이다. 만약 100퍼센트 재활용 가능성을 보장해야 한다면, 사용된 화합물의 복합성 때문에 기업은 새롭고 거대한 도전에 직면하게 된다. 그것을 위해 우리는 새로운 과학기술뿐 아니라 생산과 디자인에 대한 새로운 의식이 필요하다.

양자경제에서는 에너지 문제가 더는 없다. 에너지의 대량 저장은 시간문제다. 태양에너지가 해결책이 될 수 있다. 에너지 생산 기기와 기술에 들어가는 비용을 제외한 나머지 에너지가 모두 공짜면 경제와 삶의 질에 미치는 그 효력은 전 세계적으로 막대할 것이다.

미래에는 경영진과 직원의 책임 있는 태도와 행동 그리고 기업의 윤리적 방향이 기업의 성공을 결정할 것이다. 양자 조직을 통해 양자경제의 사회적 문제와 생태적 과제가 인간의 가치와 아이디어에 연결된다. 경제적 구조와 사회적 구조가 상호작용하므로 우리는 경제를 새롭게 생각하고 설계함으로써 사회도 변화시킬 수 있다.

양자경제에서는 자영업자와 프리랜서가 훨씬 많아질 것이다. 역할과 서열이 바뀌고 사라질 것이다. 직원, 프리랜서, 소상공인 등 역할을 더 자주 바꾸거나 여러 역할을 동시에 수행할 것이다. 또한 기본소득 덕분에 우리는 틀림없이 '고용인과 피고용인' 개념에서 완전히 벗어날 것이고 '직업'이라는 낱말 역시 사전에서 사라질 것이다.

물론 새로운 직종이 생겨날 테지만 그보다 먼저 기존의 수백만 일자리가 사라질 것이다. 로봇화에 패배한 사람이 아주 많아질 것이다. 이는 지성사회를 구축할 최고의 기회다. **양자경제에서 기업은 실존**

적 지능을 개발하고 사용해야 한다. 인간과 세계를 더 잘 이해하기 위해 인간의 능력과 개인의 직관과 전체적 가치를 조합해야 한다.

기업이 장기적 전망, 즉 게임을 영원히 지속할 수 있는 능력은, 새로운 상황에 재빨리 적응할 수 있는 민첩성을 유지하고 중단기 목표와 장기 비전을 결합하는 데 달렸다. 미지의 것을 다루고 동시에 개별 직원과 전체 조직의 안정성을 보장하려면 기업은 시급한 문제를 해결하는 동시에 게임을 무한히 지속할 수 있는 실존적 지능이 필요하다.

기후를 되돌린다!

양자경제로 가기 위해서는, 자원소비의 감소와 순환경제 구축의 중요성을 의식하고 그에 관한 인식을 높일 뿐 아니라 기후 위기에 대처하는 지금의 접근방식을 총체적으로 재고해야 한다. 이산화탄소 배출량을 줄이는 것만으로는 인류를 구원할 수 없다.

2010년에 설립된 엘렌 맥아더 재단Ellen MacArthur Foundation은 순환경제의 선구자로서 경제 변환 속도를 높이는 것을 목표로 한다. 이 재단은 순환경제를 경제, 정치, 과학 분야 결정권자의 아젠다에 올리는 데 공헌했다. 무엇보다도 순환경제로 가는 과도기에 필요한 비전과 사고방식의 개발을 촉진하는 통합적 접근방식을 제공한다.[10]

또 다른 사례로, 세계 최대 카페트 생산업체 인터페이스의 창립자 레이 앤더슨Ray C. Anderson이 있다. 이미 1994년에 앤더슨은 2020년까지 "사람, 프로세스, 제품, 장소, 이익 등 모든 차원에서 지속 가능성이 무엇인지 전체 산업에 보여주는 최초의 기업"이 되는 것을 목표로 제시했다. 그리고 우리는 "이런 방식으로 영향을 미치고 회복력을 갖게 된다"고 말했다.[11] 앤더슨은 2011년에 사망했지만, 그때까지 그는 산업적 생태주의와 지속 가능성에 대한 진보적 태도로 이미 환경분야에서 세계적 영향력을 발휘했다. 그리고 그의 유산은 이어지고 있다. 내가 2019년에 인터페이스를 방문했을 때 이 기업은 이미 목표를 거의 이루었고, 'Climate Take Back(기후변화 되돌리기)'라는 대담한 비전을 새로운 아젠다로 발표했다. 앤더슨의 '미션제로Mission Zero' 속편인 이 비전에는 네 가지 중요한 의무가 포함되어 있다. 1) 탄소를 자원으로 이해하고 마이너스 탄소발자국을 통해 기후변화를 역전시킨다. 2) 모든 생명에게 이로운 공급망을 만든다. 3) 자연과 식물이 있는 숲과 같은 녹색 공장을 건설한다. 4) 재활용 자재로 새로운 제품과 상품을 만든다.[12]

막대한 에너지를 쓰는 거대 기술기업들조차 지속 가능성 문제에서 앞장서기 위해 노력하고 있다. 마이크로소프트, 구글, SAP 같은 기업들이 2025년에서 2030년까지 이산화탄소 배출 제로를 추구하고 이산화탄소 배출량을 상쇄하기 위한 기후보호 운동을 시작한다.

직선적 경제에서 순환경제로의 지속적인 발달, 가치창조 사슬에서 가치보존 사슬로의 발달이 다양한 차원에서 진행되지만 아직은 속도가 전체적으로 느리다. 미래에 기업들은 고객에게 상품을 대여하여 수익을 올릴 뿐 아니라 재활용 가능성을 극대화하여 가치를 창출해야 한다.

스칸디나비아에서는 오늘날 이미 몇몇 선구자들이 순환 모델을 시도하고 있다. 그들은 제품디자인과 생산방법을 순환경제의 요구에 맞췄고, 다른 기업과 협업하는 새로운 사업모델을 개발했다. 기본 원리는 언제나 똑같다. 구매하고 사용하고 쓰레기를 만드는 대신에 대여하여 사용한 후 반납한다. 이 모델의 첫 실행이 보여주었듯이 소비자들은 순환 모델에 맞게 이용자 혹은 사용자로 변한다. 구매하지 않고 대여하는 사람은 소유재산에 대한 새로운 가치관을 갖게 된다. **지금까지의 경제모델에서는 소비자가 사물을 소유하는 것이 중심이었던 반면 양자경제의 이용자들은 아무것도 소유할 필요가 없어 오히려 부담이 준다.**

이미 좋은 사례들이 많이 있지만 아직 충분하지 않다. 배출량의 장기적 감축 목표를 설정하는 것만으로는 충분하지 못하다. 전체 사회의 이익에 봉사하는 경영이 필요하다. 기후를 역전시키는 신기술을 개발하고 사물과 그 효력의 관계를 총체적으로 보는 관점을 제공하여 기후변화를 역전시킬 수 있는 과학적 돌파구가 필요하다. 우리는 앞으로 우리의 경제 시스템을 완벽한 순환경제로 전환해야 한다.

완전통합 순환경제로 가는 길

그렇다면 양자경제를 통해 우리 사회는 어떻게 달라질까? 실질적인 질문으로 시작해보자.

2030년 이후에 태어난 아이들이 상품을 구매하는 대신 공유하는 세계에서 성장하도록 하려면 우리는 어떻게 해야 할까? 그러려면 우리의 경제 시스템을 완전 순환경제로 바꿔야 한다. 미래에는 상품을 구매하여 재산으로 소유하지 않고, 그저 대여한 후 더는 필요치 않을 때까지만 보유할 것이다. 그런 다음 그것을 반납하고 기업들은 원료를 조달하여 다음 사용자를 위해 새로운 상품을 만든다.

토크쇼에서 전문가들이 아프리카에서 배터리 원자재 채굴 과정에서 발생하는 아동노동과 환경파괴, 전기차의 짧은 주행거리 혹은 재활용 부족을 비판하는 동안에도 전기차 산업은 빠르게 발전하고 있다. 전기차는 기존 내연 기관차 회사를 망하게 할까? 아니다. 만약 테슬라가 독일에 공장을 세운다면, 일론 머스크는 독일 자동차 산업을 공격하기는커녕 오히려 구원할 것이다. 적합한 전문가가 길러지고 채용되며, 독일 기업들은 긴 잠에서 깨어나 옛날 사고가 새로운 세상과 더는 맞지 않음을 이해하기 시작할 것이다.

전기차 분야는 끊임없이 발전하고 있다. 그래서 어떤 비판의 근거들은 이미 낡은 정보인 경우도 있다. 2012년에 테슬라 로드스터가 처음 독일에 들어왔을 때 이미 널리 알려졌듯이, 새로운 자동차의 전기 엔진은 기존의 내연기관 부품의 10분의 1만 필요로 했다. 원자재 채굴로 인한 아동노동과 환경파괴 문제가 상당수 해결되었고, 덕분에 더 많은 사람이 빈곤에서 벗어났다. 혁신이 배터리 용량을 계속 높였으며, 재활용 문제를 해결할 첫 번째 접근방식도 마련되었다.

그러나 오늘날의 문제들은 복잡하고 서로 밀접하게 연결되어 있다. 모든 것이 모든 것과 상호 연관된다. 그러므로 기업은 총체적 관점에서 변화를 볼 수 있어야 한다. 테슬라는 수년간 데이터를 수집했고, 그리하여 기존 자동차회사보다 압도적 우위를 점하게 됐다. 기존 거대기업들이 졸음을 깨고 현실을 인식하더라도 어쩌면 너무 늦었을 수도 있다. 그러나 적어도 마침내 서서히 깨어나는 징후가 보이기 시작했다.

새로운 비즈니스모델과 수많은 혁신은 자동차, 화학, 제약, 에너지 상관없이 모든 주요 경제 분야를 시험대에 세운다. BASF, 바이엘, 도이체방크, 지멘스, 폭스바겐 모두가 앞으로 10년 안에 급진적 도전과제에 직면할 것인데, 이들은 지난 10년의 변화를 대부분 무시해왔다. 이것은 결코 새로운 문제가 아니다. 그럼에도 실현 가능한 새로운 접근이 오랫동안 없었다.

그러나 그사이 최근에 유망한 새로운 모델이 등장했다. 독일 화학자 미하엘 브라운가르트Michael Braungart와 미국 건축가 윌리엄 맥도너William McDonough가 이미 21세기 초에 '에코효율성'이라는 개념을 도입했다. 2002년에 출간된 그들의 《요람에서 요람까지Cradle to Cradle, C2C》의 설명에 따르면, 이용기한이 만료된 상품은 생물학적 양분이 되어 생체순환으로 돌아가거나 '기술적 양분'이 되어 계속해서 기술적 순환에서 재활용될 수 있다.[13] "쓰레기와 음식은 같다Waste equals food." 그들의 이런 단순한 공식은, 여전히 에너지와 물질을 허비하는 우리의 산업과정을 지적한다.[14]

구체적으로 예를 들면, 어떤 상품이든 기한이 만료된 뒤 어떻게 될 것인지가 상품개발 단계에서 이미 결정되어야 한다. 오늘날 우리는 모든 상품의 유한한 수명을 알고 있고, 자원과 재활용의 이해도가 높아지기 시작했다. 양자경제에서는 가치사슬 전체에 걸쳐, 모든 개별 단계의 결과를 상호의존성 관점에서 빈틈없이 이해해야 한다.

순환경제는 양자경제의 필수 요소다. 경제와 생태는 서로 배타적이지 않고 오히려 상호의존적이다. 이는 생산 영역의 모든 책임이 제조업체로 이전됨을 뜻한다. 양자경제에서는 모든 것이 대여된다. 그러므로 소비자의 의식은 높아지고 생산자는 내구성이 더 좋은 상품을 만들고자 애쓰게 된다. 이런 공유경제는 양자경제와 뗄 수 없는 관계다.

양자경제에서는 개별성이 보편성보다 우선한다. 오늘날의 대량생산은 종종 쓰레기 양산을 뜻한다. 반면 양자경제에는 맞춤형 대량제작이 일반적이다. 모든 분야에서 순환경제가 중심이 될 것이고, 오늘날 이미 '빌 & 멜린다 게이츠 재단Bill & Melinda Gates Foundation'의 사례처럼, 억만장자들 역시 재산을 사회에 환원할 것이다. 이미 빌 게이츠와 멜린다 게이츠 외에도 일론 머스크, 마크 저커버그, 워렌 버핏 등이 이런 흐름에 참여했다.[15-16]

양자경제는 개인뿐 아니라 사회를 위한 부가가치를 창출하도록 설계되었다. 앞으로는 사회사업이 우선순위가 될 것이고 사회적 불의는 회사설립자들이 눈에 불을 켜고 찾는 틈새시장이 될 것이다.

지금까지는 일회용 콘택트렌즈 생산자가 어깨를 으쓱해 보이며 소비자에게 책임을 떠넘겼다. 소비자가 '책임 의식'을 가지고 매일 버려지는 플라스틱 쓰레기를 처리해야 한다는 것이다. 그러나 그것은 생산자의 무책임한 행위에 대한 값싼 평계에 불과하다. 사용이 끝난 뒤 환경을 오염시키는 상품을 생산한 기업이 자신의 해로운 행위의 책임을 져야만 한다. 그러려면 실질적 제품 생산에서도 포괄적 모델이 개발되어야 한다.

기업들은 '튼튼해' 보이는 제품이라도 수명을 미리 정해 둠으로써 경제를 계속 유지하는 모델을 무수히 개발해 놓았다. 추가로 광고와 마케팅이 '소비자'에게 소비 욕구를 불러일으킴으로써 이 시스템을 지원한다. 고객의 소비중독이 강할수록 기업은 좋다.

그러나 열이 내리는 것처럼 소비중독이 점차 약해지고 있다. 우리는 오랫동안 점점 더 많은 제품을 갈망하는 탐욕에 마취된 상태였다가 이제 서서히 의식이 돌아오고 있다. 우리가 쌓아놓은 소유물의 내구성과 유용성에 의심이 생겼고, 쓸모없는 싸구려 제품을 구매함으로써 환경파괴를 강화할 뿐 아니라, 경제적 토대의 합리성을 점점 더 없애고 있다는 사실이 서서히 드러나고 있다.

양자경제에서는 제품의 전체 수명주기에 대한 책임이 제조업체에 있다. 우리는 더는 자동차를 구매하지 않을 것이다. 대신 유지, 수리, 관리를 책임지고 자동차뿐 아니라 사용 기한이 만료된 모든 물질을 재활용하는 기업으로부터 이동 서비스를 구매할 수 있을 것이다. 우리는 물질을 소유할 수 없고, 오직 다음 세대를 위해 관리만 할 수 있다. 그것을 이용해도 되지만, 미래에도 계속 이용할 수 있도록 해야 한다.

반대로 옛날 모델에서는 그저 제품만 최적화된다. 예를 들어, 일회용 렌즈 제조업체는 아시아로 아웃소싱하고, 비용 절감을 위해 모든 법적 허점을 이용한다. 그다음엔 제품생산이 자동화된다. 그래서 제조비용이 0까지 줄어들고 제품가격은 점점 저렴해진다. 제품을 생각 없이 버리고 새 제품으로 바꾸는 경향이 일회용 렌즈에서만 있는게 아니다. 비록 스칸디나비아에서 함부로 버리지 못하게 하려고 예를 들어 수리서비스에 부과되는 소득세를 줄이는 등 몇몇 정책을 시도했지만, 오늘날의 기술로 제품 대부분이 아주 저렴하게 생산되기 때문에 고쳐 쓸 필요가 거의 없다.

기존의 방식은 이미 계속될 수 없다는 것은 이미 명확하다. 쓰고 버리는 사회에서는 모든 것이 너무 싸서 우리는 우리가 버린 쓰레기에 파묻히게 된다. 환경이 점점 빠르게 쓰레기더미로 변해가고 있다. 쓰레기더미에서 벗어나는 길은 소유와 작별하는 것뿐이다. 언제부터 '서비스형 시각Sight as a Service'이 제공되어, 이용한 만큼만 돈을 지불하게 될지는 불분명하다. 그러나 양자경제에는 자원 부족을 지속 가능한 경제로 대응하기 위해 새롭게 생각하지 못할 것이 없다.

버림의 사회에서 소유자였던 우리는 아무 책임도 없었지만, 양자경제에서 사용자는 제품에 대한 공동책임을 갖는다. 그렇게 소비자가 '사용자'가 된다. 양자경제에서 고객은 소유권이 아니라 이용권을 갖는다. 어떻게 얼마나 많이 이용하느냐에 따라 요금이 결정된다. 제품은 개인의 요구에 맞게 최적화된다. 기성 제품은 사라지고 모든 제품은 고객의 요구에 맞게 맞춤형으로 제작된다. 그것을 통해 고객들도 더불어 발전하고 의식과 이해 역시 높아진다.

양자경제에서는 고객들이 제품을 구매하지 않고, 통합 서비스를 신청한다. 필립스의 새로운 사업모델인 서비스형 조명Light as a Service이 한 예인데, 필립스는 이를 통해 서비스형 순환 분야의 선구자가 되었다.[17] 네덜란드 건축가 토마스 라우Thomas Rau는 필립스에 맞춤형 조명을 의뢰했다. 그는 전구를 구매하고 싶지 않았고, 전기시설 계약도 맺고 싶지 않았다. 그는 서비스 개념으로 적당한 가격에 모든 것을 제공하는 인공지능 조명시스템을 원했다.

인위적으로 수명이 정해진 전구는 이 모델에서 더는 수익을 올리지 못한다. 고객은 오로지 이용한 빛에만 비용을 지불한다. 모든 설비는 유지되고 해당 기업이 최적의 관리, 수리, 교체뿐 아니라 전기 공급도 관리하고 책임진다. 이런 새로운 유형의 요구가 처음에는 필립스 담당자에게 골칫거리였지만 결과적으로 그들은 새로운 수익 모델을 개발해냈다. 바야흐로 이런 사업영역이 급속도로 성장하고 있다. 관점을 바꾸어 고객과 생산자가 함께 지속 가능한 최적화된 제품을 개발할 수 있다. 이는 생산자 혼자서는 결코 도달할 수 없는 성취다. '서비스형 조명'은 전통적인 직선적 모델과 적어도 똑같은 수익을 낼 수 있는 순환적 사업모델의 좋은 사례다.

스포티파이, 오더블Audible, 구글. 모두가 더는 제품의 판매가 아니라 기업이 직접 디자인하고 최적화하고 개별화한 서비스의 대여로 수익을 올리고 있다. 과거의 대여 분야에서는 아직 중개인과 생산자가 분리되어 있었고, 고객은 생산자와 맞춤형 서비스를 직접 협의하는 것이 아니라 그저 제한된 수의 완성품 중에서 선택할 수밖에 없었다.

'서비스형 ○○' 모델을 통해 최대한 가치가 높고 지속 가능한 제품을 생산하려는 기업의 의욕이 높아질 것이다. 반면 지금의 모델에서는 소비자가 계속 소비하도록 인위적으로 수명을 정한 제품을 팔아야 기업이 이익이다. 앞으로는 달라질 것이다. 새로운 제품과 새로운 원료가 가장 큰 비용 요인일 것이므로 기업은 최대한 적게 교체부품을 생산하고 최대한 모든 것을 재활용하기 위해 최선을 다할 것이다. 논리적 결과로, 제품의 질과 내구성이 향상될 것이다. 기업이 면도날을 판매할 수 있는 한, 그들은 무디어지지 않는 강철로 면도날을 생산하는 데 관심을 두지 않는다. 그러나 '서비스형 면도날' 사업이라면 공급자는 영구적인 내구성을 자랑하는 강철 면도날을 만들게 된다. 강철 면도날은 사실 오늘날에도 이미 생산이 가능하다.

양자경제에서 우리는 소유적 사고에서 벗어남으로써 최대의 자유를 얻을 수 있다. 우리는 가능한 한 많이 소유해야 한다는 스트레스를 버리고 소유와 연결된 의무에서 벗어날 수 있다. **소유권 사고에서 벗어나면 자본주의의 풍요로운 이점을 계속 이용하는 동시에 그것의 심각한 결점도 없앨 수 있다.**

화폐 개혁, 과세, 기본소득

양자경제가 우리 사회의 운영시스템이라면, 경제는 하드웨어이다. 그러나 밝혀진 것처럼 경제 역시 '소프트웨어' 혹은 뭔가 유동적인 것으로 봐야 한다.

양자안경을 쓰고 우리의 거시경제 시스템을 재고해야 한다. 양자역학 관점에서 경제의 기본구조를 이해하면, 양자역학의 핵심원칙에 맞게 모두에게 적합한 경제를 구축하는 데 도움이 된다. 수학자 데이비드 오렐David Orrell이 자신의 책《퀀텀 이코노믹스Quantum Economics》에서 주장한 것처럼, 경제는 결코 효율적이고 공정하고 안정적이지 않고 오히려 복잡하고 복합적으로 얽혔으며, 창조적이고 언제나 불평등과 불안정을 야기하고 유한한 모델을 확장한다.[19] 오렐은 양자이론을 기반으로, 현실세계와 훨씬 가까운 새로운 경제학을 제안한다.

현재 우리의 경제는 무한한 성장의 희망과 그로 인한 무한한 부채를 기반으로 한다. 경제가 계속 성장하리라 믿는다면, 우리는 앞으로 기대되는 가치를 기준으로 계속 부채를 늘려갈 수 있다. 그러나 우리는 성장이 끝날지 언제 끝날지 혹은 감당할만한 부채가 얼마인지 아무도 제대로 알지 못한다. 그것은 '의자뺏기' 게임과 약간 비슷하다. 모두가 음악이 멈추기 전에 가능한 한 빨리, 가능한 한 많은 의자를 확보해 두고자 애써야 한다.

초자본주의가 생태계에 미치는 부수적 피해가 생태계 붕괴로 이어지는 순간, 음악이 멈출 것이다. 자본이 경제의 핵심으로 있는 한 통화정책은 붕괴를 최대한 늦추기 위해 추가 성장을 시도할 것이다. 그리고 자본투자에 이자가 지불되는 한 엔진은 점점 더 빠르게 회전한다. 그러나 만약 그것이 멈추면 전체 구조가 무너진다.

현재의 경제 시스템은 부채 증가와 무한성장의 꿈을 기반으로 한다. 성장이 언제 끝날지 아무도 모르기 때문에 모두가 가능한 한 빨리 많이 획득하려고 애쓴다. 당연히 이 모델은 환경파괴가 생태파괴로 이어지기 시작하면 당연히 한계에 부딪힐 수밖에 없다. 그러나 자본이 경제의 핵심에 속하는 한 돈은 성장을 촉진할 것이다. 단순하게 말하면, 고전 경제는 가치 보존적 거래의 관리와 통제에 기초하고, 이때 가치는 기본적으로 돈이다. 신고전주의 경제는 거래(Deal)에서 시작된다. 오늘날의 금융 수학적 관점에서 설명하면, 돈은 정확한 수와 모호한 '실제 가치' 사이를 중재하는 기술이다. 이것은 특히 자본의 이자수익, 그러니까 지금까지 돈으로 돈을 '버는' 가능성과 그런 거래에 세금을 부과할 때 적용된다.

우리는 지난 100년 동안, 예를 들어 1929년 주식시장 붕괴, 2007
년 금융위기 또는 2020년 코로나 위기 동안 시스템의 취약성과 한계
를 계속해서 감지했다. 지금까지 해결책은 국가시스템이 자본시장
에 돈과 신용도를 펌프질하는 것이었다. 그러나 그런 구조 및 복구노
력은 시스템의 근본적 오류를 바로잡지는 못한다. 그것은 곪아터진
상처에 붙이는 반창고일 뿐이다. 우리의 거시경제 시스템을 장기적
으로 안정시키려면 양자경제를 토대로 우리의 경제 및 금융 모델을
근본적으로 재고해야 한다.

붕괴는 기술이 아니라 기술을 사용하는 방식에서 온다. 현재 생존
을 위해 고군분투하는 주요 은행의 이사회가 10년 전에 과감하게 철
학자와 함께 한 걸음 뒤로 물러났더라면, 아마도 지금 더 나은 미래
로 가는 길에 있었을 터이다. 어느 주말에 문득, "은행이 왜 필요하
지?"라고 간단히 묻는다면, 그것을 계기로 은행의 사회적 역할과 미
래의 은행에 대해 깊이 생각할 수 있으리라. 전통적 입장을 계속 고
수하고 권력다툼에 빠져 제 때에 방향을 바꿀 기회를 놓치는 대신
이렇게 한 걸음 물러났더라면 은행 이사회는 아마 "물리적 은행은
필요치 않지만 여전히 은행거래와 관련 서비스는 필요하다"는 간단
한 결론을 내릴 수 있었으리라. 그랬더라면 아마도 오랜 세월 쌓아온
신뢰를 바탕으로 고객과 함께 새로운 비즈니스모델을 도입할 수 있
었으리라.

사회적 생활환경을 분리하는 고립된 생태계의 격차와 빈부의 격
차가 점점 더 벌어지는 문제 역시 양자경제에서 해결해야 할 과제이
다. 부유한 사람들끼리 제한된 내부에서 자원을 상속하고 비축하는

일은 휴머니즘과도 지속 가능성과도 무관하다. 금수저를 갖고 태어났다는 이유만으로 조상이 축적한 부를 상속받고 있다. 그 결과 소수의 엘리트 집단만이 사회, 정부, 노동 계급을 통제하고, 하위계층은 사회경제 사다리를 오르내리는 것이 거의 불가능해 졌다. 때로는 보통의 삶을 사는 데 필요한 돈조차 벌기 어렵다.

부에 세금을 부과할 방법, 상속된 자본을 더 많이 사회로 환원할 방법, 궁극적으로 투명하고 공정한 사회를 만드는 방법을 논의해야 한다. 뜯어 보면 진짜 문제가 뚜렷이 드러난다. 이를테면 우리가 생각하는 평등은 어떤 모습인가? 돈이 얼마나 있어야 '너무' 많은 걸까? 평생 단 하루도 일하지 않고도 가족이라는 이유로 백억, 천억, 1조원을 상속받아도 될까? '성실한' 노동이란 무엇이고, 그것은 어떻게 보상되는가?

궁극적으로 우리는 부의 개념을 새롭게 정의하여, 부유함이 통장 잔고뿐 아리라 균형 잡힌 삶과 무형의 자원, 사랑과 평안에 기초하도록 해야 한다. 안락함과 소비를 누리는 것은 괜찮다. 그러나 적어도 사회에서 꺼내 쓴 만큼은 다시 사회에 돌려줘야 한다. 이것이 양자경제의 핵심전제이다. 진정한 사회적 가치와 진보를 창출하는 방식으로 부를 획득하는 것은 괜찮다. 그러나 게임이 끝나면, 아름다운 경제 여정이 끝나면, 축적된 부로 표시되는 잠재 에너지를 즉시 사회로 환원해야 한다.

공적 공간이나 공공자원을 어떻게 규제할 것이냐라는 '공공'의 문제 역시 전통적 경제이론의 중심 주제이다. 이것은 양자경제로 가는 길에서도 여전히 중심 역할을 한다. 물, 땅, 에너지, 식량, 심지어 지식 같은 자원은 공공재로 공유되고 관리되고 생산되어야 한다. 다시 말해, 이것들은 절대 사유화되거나 자본시장에 지배되어선 안 된다. 자연이 제공한 어떤 것도 실제로 소유할 수 없다는 점을 고려할 때, 이것은 모든 사람에게 합리적인 접근방식처럼 보인다.

양자세계의 돈

돈은 악일까 선일까? 이 물음에서 정치적, 이념적 정신이 분리된다. 그런데 '악'과 '선'은 도대체 무엇을 뜻할까? 근본적으로 두 개의 반대 극으로 분리되는 이분법에 대해 모든 시대의 철학자들이 깊이 사색했다. 그들은 사색의 결과를 매우 단호하게 발표했고, 그것은 얼마 지나지 않아 벌써 다른 사상가들의 견해와 강력하게 모순되었다. 한편에게는 선과 악이 태초부터 서로 대립하는 형이상학적 힘이고, 다른 한편에게는 거짓말과 기만에 불과 하다고 본다. 누가 옳은지는 열린 질문으로 남았다.

그러나 확신하건대, 돈 자체는 악도 선도 아니다. 모든 기술과 마찬가지로 돈에는 목표도 영혼도 없다. 우리가 돈을 어떻게 그리고 무엇을 위해 사용하느냐가 중요할 뿐이다. 현재의 경제 시스템에서는 중앙은행이 만들어낸 화폐량이 실질적 경제성과 연결되지 않기 때문에, 돈은 주로 부정적 영향을 미친다. 오늘날의 노동세대에게도 돈은 옛날에 지불 수단으로 이용되었던 금과 은처럼 거의 당연하게 '실재'로 느껴진다.[20]

경제 데이터가 보여주듯이, 세계 경제 시스템 가치의 0.01퍼센트 미만이 '경화hard currency'언제든지 금이나 다른 화폐로 바꿀 수 있는 안정적 통화-

^{옮긴이}로 유통된다. (투자, 파생상품, 기타 자산을 포함한) 추정 총액 1천2백조 달러 가운데 1조7천억 달러에 불과하다. 이것은 오늘날 세계경제의 거의 모든 가치가 상품과 서비스의 평가가치를 기반으로 한다는 뜻이다. 그리고 경제위기 때마다 계속 보았듯이, 모든 기업과 개인이 동시에 자기 돈을 실제로 손에 쥐려고 하면 금융시스템은 붕괴된다. 비록 우리가 전혀 다르게 느끼더라도 돈은 '실재'가 아니라 우리를 서로 연결하는 사회적 발명품이자 우리가 믿는 한 잘 기능하는 허구다.

경제학자, 정치인 그리고 점점 더 많은 기업가가 돈과 경제의 이런 이원론이 장기적으로 유지될 수 없다는 데 동의하고 있다. 단추를 누르거나 마우스 클릭으로 만들어낸 돈을 실제로 손에 쥐려고 하는 순간, 현재의 경제 시스템은 무너질 것이다. 이 돈은 실재하지 않는다. 그것은 지급이 보장된 장부기재에 불과한데 이 지급보장이라는 것이 너무 취약해서 심각한 부담은 감당하지 못한다.

금융거래와 돈 자체는 고전적 관점에서 보는 것보다 훨씬 복잡하고 혼란스럽다. 고전 물리학의 우주 모델과 비슷하게 우리는 돈과 그것으로 사는 사물을 서로 관련이 있는 물리적 단위로 본다. 자동차에는 우리가 돈으로 표현할 수 있는 특정 수치가 있고, 기업은 전체 경제에서 가치 단위를 교환한다. 경제학자들은 이런 관계와 전 세계 '입자들'의 움직임을 해명하여 계량화 가능한 경제 모델을 만들려 노력한다. 그리고 우리는 이 모델을 경제적 현실의 실질적이고 합법적 표현으로 받아들이기 시작한다. 그럼에도 이것이 2008년 금융위기 같은 경제 혼란이나 코로나 19 팬데믹 발생 후 세계 경제 시스템에 미친 영향 등을 예측하지 못하면, 그제야 이 모델이 얼마나 잘못된 것인지 깨닫는다. 그런 순간이 되면 모든 정치 지도자들은 해결책을 기대하며 시스템에 막대한 자금을 투입할 수밖에 없다.

우리의 일상적 화폐와 경제 이해에서도 마찬가지다. 우리는 추상적 숫자를 사용하여 우리가 인지하는 물리적 현실과 우리가 상호작용하는 사물을 설명한다. 우리가 앉아 있는 의자를 양자역학의 붕괴된 파동이 아니라 뭔가 절대적인 것으로 경험하는 것과 같다.

그러나 우리 우주의 다른 모든 것과 마찬가지로 화폐시스템도 양자역학 안에 있다. 돈과 경제의 진짜 가치가 공통된 이야기와 신념을 기반으로 하기 때문에 그것은 상호의존성, 기원, (대중)심리 같은 요인에도 좌우된다. 이런 의미에서 돈은 계량화할 수 있는 '입자'가 아니다. 그것 역시 우리가 양자물리학에서 배웠듯이 에너지 혹은 파동을 기반으로 한다. 데이비드 오렐은 다음과 같이 표현했다. "거래에서 화폐 사용은 모호하고 불확실한 가치를 숫자(가격)로 표시할 수 있는 한 가능성이다. 그러므로 이것은 입자의 불확실한 속성을 숫자로 표현하는 양자물리학의 측정과정과 흡사하다."[21]

고전 자본주의에서는 상품의 가치가 처음에는 투자된 노동을 통해, 그다음에는 사용을 통해 정의되었다. 오늘날의 금융 수학 관점에서 우리는 돈을 정확한 거래가격과 '실제 가치'라는 모호한 범주 사이를 중재하는 기술로 설명한다. 간단히 표현하면, 고전 경제는 '가치 있는' 거래의 관리와 통제를 기반으로 하고 여기서 가치는 일반적으로 돈이다.

따라서 대다수 경제이론은 사람과 돈과 재화의 관계에 중점을 둔다. 화폐의 개념은 점점 더 추상화 되는데(그리고 점점 더 추상화될 것이다), 기본 개념은 여전히 물물교환 시스템의 물리적 상품 교환 때와 동일하다. 화폐주조는 수세기 동안 금의 가치를 기반으로 했지만, 1973년 닉슨이 미국 달러를 금본위제에서 빼내면서 통화가치를 시장이 아니라 화폐를 발행하는 정부가 결정하는 '명목 화폐'가 도입되었다. 우리 주머니에 든 지폐의 가치가 발행 정부의 안정성을 자본시장이 얼마나 신뢰하느냐에 좌우되고, 개인의 거래와 유한한 목표에 의해 결정된다는 사실을 우리 모두가 알더라도, 이 시스템은 오늘날 매우 잘 작동한다.

이 원리를 보다 쉽게 설명하기 위해 한 가지 예를 들어보자. 당신이 내연기관 자동차를 중고시장에 내놓고 새 전기자동차를 사고자 한다고 가정해 보자. 휘발유 먹는 당신의 중고차는 이론적 가치를 가질 수 있지만(인터넷 플랫폼에서 확인할 수 있다), 실제 가치 그러니까 실제 가격은 누군가 이 자동차를 샀을 때 결정된다. 정해진 가치는 없지만 당신이 거래를 통해 얻을 수 있는 딱 그만큼의 가치가 있다.

대출을 받는다면, 그 돈이 어디에서 올까 생각해본 적이 있는가? 거래가 성사되면, 즉시 당신의 통장에 0이 여럿 붙은 숫자가 찍힌다. 이 돈은 어디에서 온 걸까? 기본적으로 그것은 무(無)에서 왔다. 은행은 몇몇 규칙을 따르긴 하지만 궁극적으로 당신을 위해 합의된 금액을 만들어낸다. 그것은 마법 같은 일이다. 통장에 숫자가 찍히는 순간 당신은 자본을 가졌고 그것을 투자할 수 있다.

자본은, 아원자 양자현실에서처럼 서로 연결된 두 당사자, 즉 은행과 당신 혹은 일반적으로 말하면 발행자와 소유자를 통해 생성된다.

그러나 돈은 동시에 경제와 이원론적 관계에 있고 그것이 바로 현재 시스템의 핵심 문제 중 하나다.

미국 경제학자이자 노벨상 수상자인 밀턴 프리드먼은 지금의 화폐시스템의 결점을 연구했다.[22] 무엇보다 프리드먼은 민간 금융기관이 자산보다 더 많이 대출하지 못하도록 규제할 것을 권고했다. 그러나 이런 전액준비금제도Full-Reserve-Banking에는 장단점이 모두 있어서 열렬한 지지자만큼 강력한 반대자도 있다. 경제가 교착상태에 빠지지 않으면서 성장이 과도하게 촉진되지 않도록 통화량을 규제하는 정책은 아무튼 다양한 시도와 개혁에도 불구하고 성공하지 못했다. 그 대신 우리는 항상 거품과 침체 사이의 호황과 불황을 오간다.

양자안경을 쓰고 돈의 미래를 철저히 숙고하는 것 역시 필요하다. 탈물질자본주의를 시행할 뿐 아니라, 탈화폐 모델도 찾아야 할까? 양자관점에서 보면 화폐잠재력은 에너지이다. 서로 연결되어 있는 입자와 파동이다. 그러나 이것은 우리가 오늘날 거의 답할 수 없는 추가 질문을 제기한다. 양자경제에서 돈은 무엇을 의미하는가? 잠재적 에너지를 소유한다는 뜻일까? 실제로 누가 그렇게 할까? 어떤 기준으로 세금을 부과해야 할까?

결국 돈은 우리의 전 세계와 마찬가지로 '가상의 존재'이다. 그것은 현실이 아니다. 거래자들은 거래소에서 옵션 가격을 계산하기 위해 이미 양자이론을 금융거래에 적용하기 시작했다. 양자컴퓨터가 주류가 되는 즉시 거래, 주식시장, 복리, 심지어 돈과의 관계 구조가 완전히 뒤집어질 것이다. 양자파동입자처럼 불분명한 디지털화폐로 거래가 실시간으로 이루어지면 돈의 양자역학적 성질은 더 명확해질 것이다.

전통의 국가 경화가 가상 암호화폐로 대체된다면 양자경제에서 안정적 요소로 작용할 수 있을까? 중앙은행이 발행하는 전통 화폐의 가치가 오로지 사회적 합의에 기반한다는 사실을 고려할 때 암호화폐가 달러나 유로보다 더 가상이라 하기 어렵다. 그리고 이런 새로운 금융도구는 개발도상국에서 더 쉽게 수용되는데, 그런 곳에서 전통적 화폐시스템은 접근이 제한적이기 때문이다.

실제로 암호화폐와 디지털 소액거래 같은 새로운 금융기술에 관한 한 개발도상국들이 선진국보다 훨씬 앞서있다. 그 이유는 아주 간단한데, 서양(그리고 동양)의 오래된 기존 시스템이 그런 시장에 침투하지 않았기 때문이다. 그러므로 일부 개발도상국 국민들은 현재 온라인으로 전환된 '대안' 금융시스템을 이미 수년 전부터 이용하고 있다. 이런 접근 방식 중 많은 부분이 흥미를 끌고 있는데 다양한 시스템을 연결(및 규제)하여 새로운 글로벌 통화 네트워크를 만들 글로벌 기관이 설립되는 것은 시간 문제이다.

사회가 세계경제의 상호의존성을 연구하기 시작하면, 전세계적인 단일 통화시스템이 추진되거나 어쩌면 교환과 가치 모두를 완전히 새롭게 정의하게 될 것이다.

과세의 효력을 얕잡아보지 말라

유한한 자원에서 무한성장 모델은 유지될 수 없고 결국에는 시스템이 무너질 수밖에 없다. 그러므로 양자경제는 금융 분야의 사고전환을 요구한다. 우리는 새로운 금융 형식, 즉 경제와 가치 사이의 새로운 관계 그리고 새로운 세금모델이 필요하다. 가치기여와 노동에는 세금을 부과하면서 왜 자원의 사용과 소비에는 부과하지 않을까? 일반 노동자의 관점에서 다시 묻는다면, 어째서 나는 정직하게 일하고 세금의 벌을 받는데, 자본이 많고 자원을 과도하게 소모하는 사람들은 시스템의 빈틈으로 빠져나갈 수 있을까?

양자경제에서는 노동자가 아니라 자원 사용자에게 세금이 부과된다. 또한, 실제 가치창조가 있는 곳이면 어디나 세금을 부과한다. 그러므로 미래에는 예를 들어 인공지능 및 로봇세가 부과될 것이다. 확신하건대, 정치인들은 아무것도 하지 않으면 재선이 어렵다는 걸 깨닫는 즉시 이에 합당한 법안을 마련할 것이다. 인간의 개선 및 창의적 개발 능력은 이미 입증되었으니 조세법에 관해서는 그 능력을 믿으면 된다. 양자경제에서는 인공지능, 나노기술, 바이오테크놀로지를 담당하는 글로벌 제어장치가 마련된다. 기하급수적 기술을 담당하는 글로벌 심판이 생기고 공정하고 평등한 틀이 마련될 것이다.

이런 문제는 수십 년 동안 뜨겁게 논의되어왔지만, 2020년대 동안 전 세계적으로 자산 누진세와 소비세 신설 등, 금융규제시스템을 재조정하기 위한 보다 의식적인 조치가 취해질 것이다. AI와 로봇이 창출한 부와 사용된 자원 역시 글로벌 규제 메커니즘과 세금시스템이 적용해야만 하는 새로운 영역이다. 그리고 이 새로운 기술은 놀라운 사회적 경제적 가치와 높은 수익을 창출할 잠재력이 있기 때문에, 지역, 국가, 국제 세금시스템이 그에 맞게 적응해야 한다. 이런 경제 활동은 정부에 막대한 양의 새로운 세금수입을 창출할 잠재력이 있다. 창출된 부의 과세와 분배는 위협받는 일자리를 사회적으로 상쇄할 수 있는 유일한 방법이다.

세금과 이자를 다루는 방식을 양자경제 차원에서 재고해야 한다. 돈, 수익, 이자, 세금은 사회 공헌과 관련이 있어야 한다. 예를 들어 일부 종교에서는 돈을 빌려주고 이자를 받지 못하게 한다. 실질적 가치, 정직한 노동 혹은 사회에 이로운 상품과 서비스를 생산하는 책임이 새로운 경제모델의 중심에 서야 한다. 우리가 디지털 통화와 양자기술의 시대에 들어서면서 이것이 더욱 중요해졌다.

새로운 과세모델은 분열된 사회의 안정과 재분배에 기여해야 한다. 1981년에 노벨 경제학상을 수상한 제임스 토빈James Tobin은 1972년에 이미 금융거래세를 제안했다. 이른바 토빈세는 '로빈후드세'라고도 불렸는데, 국제외환거래 부자들로부터 소액의 세금을 빼앗기에 붙여진 이름이다.[23] 이 세금을 둘러싼 오랜 논쟁은 부자에게 혜택을 주고 빈부격차를 넓히는 전통적 시스템을 변경하기까지 갈 길이 멀다는 것을 보여준다. 그러나 이 논쟁은 또한 시스템을 실제로 바꿀 수 있고 그것을 위해 싸울 가치가 충분히 있음도 보여준다.

양자경제는 전환속도를 높이고 기존의 대안적 접근방식을 촉진하는 등대 구실을 할 것이다. 경제는 유한한 게임을 이기기 위한 추상적 놀이가 아니라, 우리가 살고 인식하는 물리적 세계인 사회 전반을 위한 진짜 안정요소이다. 그러므로 양자경제는 목적과 의미라는 정신적 세계, 감각경험과 비물질적 욕구의 세계를 실질적 거래와 통합할 것이다.

모두를 위한 기본소득

지난 몇 년 동안 '조건 없는' 혹은 '사회적' 기본소득이 수없이 토론되고 기사화되었다. 일자리가 무수히 사라지더라도 사회를 안정적으로 유지하기 위해 양자경제에서는 기본소득제도가 불가피하게 도입될 것이다. 더 명확하게 말하면 기본소득의 한 형식이 도입되어야 하고, 도입될 것이다.

독일 생활용품 체인 데엠dm 창립자인 괴츠 베르너Götz Werner는 2010년에 이미 《1인당 1000유로1.000 Euro für jeden》라는 책을 써 이 모델에 동참했다.[24] 그는 이 책으로 인해 비웃음을 많이 받았지만, 지지도 받았다. 나는 그를 비전 있는 기업가이자 넓은 안목을 세밀한 지식과 연결할 줄 아는 현명한 사상가라고 여긴다. 조건 없는 기본소득이라는 그의 모델은 아직은 미완성 상태다. 그렇더라도 실현 가능한 해결책을 토론하게 하는 박차 구실은 할 수 있을 터이다. 그러나 독일의 현정부는 회의적인 태도를 보이고, 구체적 해결책은커녕 오히려 사회 분열을 부추기고 있다.

미국 기업인 앤드류 양Andrew Yang은 2020년에 민주당 후보선출 경선에서 선거운동 거의 전부를 전 국민에게 매달 100달러씩 '자유배당금'으로 지급한다는 약속에 집중했다.[25] 이는 미국에서조차도 이런 아이디어의 시대가 다가오고 있음을 보여준다.

기본소득에 관한 논의는 아직 비관론에 가깝다. 유명 정치인들이 텔레비전 토크쇼에 나와 선발된 시민 2000명에게 매달 560유로를 지급했던 핀란드의 '실패한' 프로젝트에 대해 열심히 얘기한다. 이 프로젝트가 제대로 분석되기도 전인데 말이다.[26] 또는 무조건적인 기본소득 도입을 거부한 스위스의 국민투표가 어김없이 주장의 근거로 등장한다. 한편에는 강압에서의 해방과 잠재력 발휘가 있고 다른 한편에는 게으름뱅이 사회가 있다. 둘 사이의 논쟁이 엎치락뒤치락한다. 기본소득이 정말로 도입된다면, 기본소득의 금액은 완전한 자유가 아니라 우선은 그저 약간의 자유만 줄 것이 명백하다.

핀란드에서는 서로 다른 2000가지 이야기가 진행된다. 우리의 토론 역시 그렇게 진행되어야 한다. 암 환자이면서 장기 실업자인 아일라(Aila)가 토로했듯이,[27] 이제 다시 관료제와 싸우며 돈을 구걸하거나 '사회적 오물'로 취급되는 기분을 느끼지 않고, 최소한의 존엄성을 보장받는 그런 이야기를 할 때다. 혹은 핀란드의 기본소득 실험 덕분에 기계를 구매하여 샤먼 드럼을 제작함으로써 자립할 수 있었던 (생계형) 예술가이자 여섯 아이의 아버지인 유하 예르비넨Juha Järvinen에 관한 이야기를 할 때다.[28] 기본소득 실험을 분석하는 동안에도 핀란드는 또 다른 접근법, 예를 들어 뭔가 공익과 관련된 일을 했을 때만 국가로부터 기본소득을 받는 모델을 시도하고 있다.

핀란드도 스위스도 오늘날 기본소득이 당장 필요치 않지만, 우리에게 당장 필요한 것은 그런 실험 프로젝트이고 거기서 뭔가를 배워야 한다. 독일, 오스트리아, 스위스가 선구자 역할을 해야 한다.[29] 10년 뒤에 자동화로 인해 수많은 일자리가 사라진다면 인간의 존엄성과 별개로 사회적 안정이 시급해질 것이다. 그때까지 실현 가능한 신뢰할 만한 모델을 찾지 못해 그제야 다급하게 이것저것 실험하기 시작한다면 사회 불안은 필연적 결과일 것이다.

그러므로 우리는 오늘 이 작업을 시작해야 한다. 이때 명심할 것이 있다. 아직 완성된 모델이 없다는 사실이다. 첫 번째 과제는 '사회적' 혹은 영어 표현처럼 '보편적' 기본소득의 구현이다. 이것을 공정하게 지역적으로 실현하려면 어떻게 해야 할까? 예를 들어 자동화로 인해 개발도상국의 저임금 일자리가 사라질 것이다. 독일에서도 같은 작업을 로봇이 훨씬 적은 비용으로 수행할 수 있기 때문이다. 개발도상국들이 '서구의 확장된 작업대' 구실을 하는 동안, 그곳의 수백만 명이 절대빈곤에서 벗어날 수 있었지만 이제 새로운 변화가 그들을 위협한다. 이런 사태에서 독일만 기본소득을 도입하는 것이 '사회적'일까?

두 번째 과제. 기본소득이란 원래 무엇인가? 당신의 기본 욕구를 충족시키는 데 얼마가 필요한지 누가 결정하는가? 자녀의 학비도 기본소득으로 충당되어야 할까? 기본소득 수령자는 교육, 문화, 사회에서 자신의 몫을 얼마나 보장받을 수 있나? 이 모든 것과 그 외 많은 것들이 고려되어야 하고 돈으로 환산되어야 하며, 무엇보다 시범적으로 실행해봐야 한다.

세 번째 과제. 두말할 것도 없이 새로운 생산조건과 사업모델에 맞게 세금 시스템이 조정되어야 한다. 그래야 급변하는 상황에서도 공공 영역이 계속 자신의 과제를 수행할 수 있다. 사회적 기본소득은 공공 과제 중 하나에 불과하지만 사회적 평화와 단결에는 근본적이다. 전체 운영 체제가 새롭게 바뀌어야 한다. 그래야 양자경제를 성공적으로 구현할 수 있다.

조직된 삶: 직접 민주주의

양자경제에서는 어쩌면 일시적으로 분리되었을 뿐 원래는 서로 연결된 수많은 분산된 기관과 개인에게 유리하게도, 중앙권력의 의미가 사라진다. 그것과 동시에 새로운 지휘기관들이 만들어질 것이다. 지구적이고 상호의존적인 세계에서 우리는 지구적 규제와 거래자 간의 신뢰가 필요하다. 최근 몇 년간 이런 신뢰가 많이 깨졌다. 그러나 양자경제에서는 모든 것이 연결되고, 그래서 결과적으로 우리는 함께 게임규칙을 정하고 모두가 실제로 지키는 협정을 맺어야 한다.

1967년에 우주조약이 맺어졌고, 독일 역시 4년 뒤에 이 조약에 합류했다. 우주조약의 핵심은, 모든 국가가 우주에서 평화롭고 우호적으로 행동할 의무를 가진다는 것이다. 지구에서 멀지 않은 우주 공간은 바야흐로 수십억 유로짜리 위성으로 가득 찼고, 그 위성이 우리의 삶(짝찾기에서 길찾기까지)을 결정한다. 막대한 재산 가치가 있는 저기 위 우주에서 우리가 서로 평화롭게 지내는 건 좋은 일이다. 그러나 이제 여기 아래 우리의 행성에서도 이른바 지구조약을 맺어야 할 때가 되었다.

정보, 테러리스트, 자본, 에너지, 아이디어, 종교, 그 무엇도 국경에서 멈추지 않는다. 더 강력한 지구화 이외에 우리는 또한 새로운 부족장 역할을 할 도시의 시장(市長)과 함께 더 강력한 지방화가 필요하다. 시장들은 인간과 인간의 실질적 욕구에 국가 중앙정부보다 더 가까이 있다.

양자경제에서 기업과 기업가는 모든 지식을 호기심어린 의심으로

대하고 모든 것을 꼬치꼬치 따져 묻는 법을 배운다. 새로운 경제적 동기로 저항을 극복한다. 양자경제에서는 멸망과 발전의 도전과제를 혁신과 진보로 응전한다. **양자경제에서 지도자들은 이른바 소프트 스킬**Soft Skill**이 바로 하드 스킬**Hard Skill**임을 배운다.**

양자경제에서는 새로운 리더십이 필요하다. 경쟁에서 이기는 것은 더는 중요하지 않다. 건강한 경쟁을 장려하고, 소위 적에게서 배우고 상호의존하며 성장하는 것이 중요하다. **양자경제에서는 모두가 평생 학습한다.**

양자경제의 지침을 다시 한번 요약하면 이렇다. 우리는 행동의 자유가 최대한 보장되는 미래를 설계해야 한다. 다시 말해 생태 붕괴를 막고 초지능을 통제할 수 있어야 한다. 그러므로 이 과제의 수행과 자유 수호를 의무로 삼아야 한다. **모든 인간은 상호의존성을 인정하고 의무로 받아들이고, 그것에 합당한 행동 기준이 될 새로운 '상호의존 선언문'에 서명해야 한다.**

2009년에 사망한 노르웨이 철학자 아르네 네스Arne Næss는 1973년에 「얕음과 깊음The Shallow and the Deep」이라는 제목의 논문에서 '심층 생태학'이라는 개념을 처음 썼다.[30] 그의 생태 철학적 접근은 환경이 인류의 적이 아니라 우리 자신의 일부라는 견해에 기반을 둔다. 네스가 1999년에 한 인터뷰에서 설명했듯이, 심층 생태학은 "인간의 이익뿐 아니라 지구 자체의 이익을 위해서도 인간은 지구에게 좋은 일을 한다"는 뜻이다.[31]

이 개념은 계속 발전되어야 하고 동시에 양자경제의 원칙이 되어야 한다. 우리는 이미 좋은 길에 들어섰다. 비록 아직 아주 느리게 진행되지만, 지속 가능하고 순환하는 경제를 만들고자 하는 창업자와 기업가들이 늘고 있고, 그래서 나는 우리가 제 때에 경로를 바꿔 생태 붕괴를 막을 수 있으리라 믿는다.

우리는 생태계 붕괴 앞에 서 있다. 설령 붕괴라고 할 만큼 심각하지는 않더라도, 세계를 재정비해야 한다는 주장에는 반대할 수 없을 것 같다. 문제는 진짜이고 우리는 행동해야 한다는 것을 모든 연구들이 보여준다. 그리고 그레타 툰베리나 루이자 노이바우어Luisa Neubauer 같은 기후활동가뿐 아니라 전 세계의 정치인들 역시 그것을 안다.

기후변화를 부정하는 사람들은 자기 입장을 뒷받침할 과학적 증거를 제시해야 하리라. 다 틀린 말이라는 주장만으로는 안 된다. 에코히스테리적 접근 역시 도움이 안 된다. 그것이 잠시나마 양심의 가책을 주어 행동을 이끌어낸다면, 어쩌면 1, 2년 정도 뭔가 변화를 일으키겠지만, 기후변화의 규모를 감안할 때 실질적 해결책은 아니다. 기후 감수성과 냉혹한 경제적 이해가 충돌하면 기존 시스템은 매우 낡아 보일 것이다. 경제와 생태를 어떻게 통합하고 전 세계의 그레타와 루이자들과 얼마나 잘 협력하느냐가 2020년대 양자경제의 핵심이 될 것이다.

급진성이 필요하다. 최신 연구결과들을 볼 때 시급한 조처가 필요하기 때문이다. 그러나 동시에 우리 힘으로 그런 거대한 도전과제를 해결할 수 있다는 현실적 낙관주의, 에코유토피아적 접근도 필요하다. 분명 힘들고 비용도 많이 들 테지만, 우리는 해낼 수 있다. 우리의 지구를 수리할 기회가 아직 남아 있다. 그리고 오늘날만큼 행동이 시급했던 적이 없었다. 이때 명심할 것이 있다. 우리는 지구가 아니라 우리 자신을 위해 행동하는 것이다.

결정권자에게 질문하자

양자경제와 새로운 규칙 세우기는 구체적인 질문으로 시작된다. 우리는 정치와 경제 책임자들에게 두 가지 실존적 도전과제, 즉 지속 가능한 경제와 디지털 초지능 과제에 관해 끊임없이 물어야 한다. 비록 정치인이 4년 혹은 5년에 한 번씩 선출되더라도, 그들은 이 주제에 관하여 적어도 다음 세대와 관련된 비전을 제시해야만 한다. 소위 지도자와 책임자라는 사람들이 설득력 있는 대답을 내놓지 않으면, 우리는 그들이 다시 선출되지 않도록 해야 하고, 이런 실존적인 질문에 대한 그들의 무관심과 무지를 폭로해야 한다.

경제 지도자도 마찬가지다. 우리는 계속해서 그들에게 질문을 던져야 한다. 우리는 대답을 듣기보다 더 많이 질문할 필요가 있다. 기업은 인류를 위해 무엇을 하는가? 기업은 지속 가능한 생산을 위해 어떤 노력을 하고, 순환경제로 가는 길에서 구체적으로 어떤 발걸음을 내디뎠으며, 가까운 미래를 위해 어떤 계획을 세웠는가? **"나 죽은 다음에야 무슨 난리가 벌어지든 내 알 바 아니다." 이런 모토를 따르는 기업을 우리는 더는 참아줄 수가 없다.** 오직 이익 극대화에만 의존하는 모든 유한 회사도 마찬가지다.

더 끈질기게 따져 물을수록, 당신의 의식은 더 명료해질 것이다. 그것은 필연적으로 당신의 삶과 행위에 영향을 미친다. 경제와 사회에서 당신의 역할은 무엇인가? 발전에 동참하기 위해 당신은 구체적으로 무엇을 할 수 있는가? 당신이 보기에 그것은 얼마나 필요하고 합리적인가?

미래가 디지털 독재자의 것일까?

마르크스와 레닌의 공산주의 계획경제는 적합한 운영시스템이 없었기 때문에 실패했다. 마르크스는 아마 우리가 아직 진짜 공산주의를 시도해보지 않았고 그저 독재자와 대량학살자가 통치하는 사회주의 형태를 경험했을 뿐이라고 말할 터이다. 마르크스가《공산당선언Das Kommunistische Manifest》을 쓴 1848년에, 지금의 스마트폰 같은 멀티 기기가 있었더라면 어쩌면 역사는 다르게 진행됐을지 모른다. 구소련 혹은 구동독의 마르크스 제자들은 계획경제가 수요와 무관하게 생산하고 분배하지 않도록 막아 줄 풍부한 정보를 확보할 수도 없었고 처리할 수도 없었다. 수상한 무리를 추적하고 감시하기 위해 진짜 비밀경찰이 아날로그 세계에서 활동해야 했으므로 주민 감시에도 비용이 많이 들었다.

반면 오늘날 우리는 모스크바나 동베를린의 공산주의 지도자들이 언제나 꿈꿨던 바로 그런 감시 속에서 산다. 베이징을 빼면 안 되는데 그곳에서는 공산주의 지도자들이 아직 왕좌에 앉아있고 그들의 꿈이 이미 실현되었거나 적어도 실현되기 직전에 있다. 모든 중국인이 자랑스럽게 스마트폰을 사용한다. 그리고 앱, 사진, 포스팅을 통해 계속해서 자발적으로 자신이 어디에 있고 무슨 생각을 하고 어떤 사회적 공헌을 현재 하고 있고 자신의 건강이 어떤지를 알린다. 이런 거대한 데이터는 구동독의 공산주의 지도자들이 효율적인 계획경제와 광범위한 감시를 위해 필요로 했던 바로 그것이다.

중국의 붉은 권력자들은 이제 최첨단 기술 덕분에 경제와 주민을 조종하고 통제할 수 있게 되었다. AI 기계가 수없이 많은 정보를 합하여, 매우 복합적인 퍼즐을 맞추고 온갖 종류의 정보를 제공한다. 모두가 각자의 '전자 발찌'를 차고, 아무도 중국 유형의 빅브라더로부터 1초도 벗어날 수 없다. 그 대신에 모두가 각자의 필요와 가능성에 따라 일하고, 필요한 자원이 중앙에서 배분된다. '인공지능 동지' 덕분에 중국 모델은 경제적으로 매우 성공적이다.

'Social democracy(사회 민주주의)'. 이것은 영어권에서 민주주의와 사회복지 그리고 시장경제의 통합을 뜻한다. 전 세계적으로 '사회 민주주의'를 내세운 당들이 급속하게 표를 잃고 있다. 그들이 추구하는 사회경제 시스템 역시 엄청난 부담을 안고 있다.

냉전이 끝난 후 민주주의와 자유시장경제 그리고 복지국가라는 서구의 전형적인 조합은 정치인과 여론선도자들의 예언과 달리 전 세계적 개선 행진을 하지 못했다. 오히려 그 반대였다. 바야흐로 서구에서도 21세기의 '사회적 시장경제'가 공격받고 있음을 서서히 통찰하기 시작했다.

그러므로 미래는 디지털 독재자의 것일까? 글로벌 독재가 우리를 위협할 수 있을까? 그것 역시 현재는 예견할 수 없고, 배제할 수도 없다. 직접 민주주의 혹은 디지털 독재 혹은 둘의 혼합? 어떤 형식에 직면해 있든 적어도 하나는 확실하다. 우리의 정치시스템은 경제 시스템과 마찬가지로 근본적으로 바뀔 것이다.

마르크스의 계급투쟁사로부터 200년이 지난 지금 우리는 계급문제을 해결해야 하는 사회적 도전과제에 다시 한 번 직면해 있다. 마르크스는 《공산당 선언》에서 '부르주아와 프롤레타리아' 장에 다음과 같이 썼다. "지금까지 존재한 모든 사회의 역사는 계급 투쟁의 역사이다. 자유민과 노예, 귀족과 평민, 영주와 농노, 길드의 장인과 견습생, 요컨대 서로 영원한 적대 관계에 있는 억압자와 피억압자가 때로는 은밀하게, 때로는 공공연하게 끊임없는 투쟁을 벌여 왔다. 그리고 이 투쟁은 항상 사회 전체가 혁명적으로 개조되거나 그렇지 않으면 투쟁하는 계급들이 함께 몰락하는 것으로 끝났다."[33]

현대 프롤레타리아와 테크노크라시 부르주아의 계급투쟁은 사회, 노동, 자본에서 완전히 새로운 질문에 직면해 있다. 우리는 어쩌면 계급과 계급투쟁의 개념을 재발명해야 할지도 모른다. 다시 말해, 우리는 마르크스를 21세기 맥락에서 새롭게 생각해야 하는 도전과제에 직면해 있다.

우리는 새로운 민주공화국 모델이 필요하다

이 모든 정황은 전통 민주주의의 미래에 아무런 용기를 주지 않는다. 대의정당민주주의는 아마도 잊히거나 기껏해야 역사적 모델로 박물관에 전시될 것이다. 대신에 기술발달이 새로운 가능성을 열 것인데, 현재 우리는 그 가능성의 윤곽만 겨우 알 수 있다.

오늘날 우리는 기술을 기반으로 언제든지 모든 가능한 안건에 투표할 수 있는 직접 민주주의를 상상할 수 있다. 그것이 실현될지는 예측하기 어렵다. 그러나 조작하는 중재자 없이 국민이 직접 권력을 행사할 수 있는 민주주의는 흥미로운 실험일 터이다. 그러나 여기에도 사람들이 사실이 아니라 느낌을 기반으로 투표할 위험은 여전히 있다.

우리는 이제 다른 모델을 깊이 생각할 용기를 내야 한다. 오늘날 '중국 모델'이 경제적으로 아주 성공적이고, 점점 더 많은 국가에서 그 모델을 받아들이고 있다. 조만간 세계인구의 4분의 1이 거대한 네트워크로 연결되고, 감시국가의 디지털 사회평가모델이 주도할 것이다. 여기서 돌아설 길은 없는 것 같다. 나머지 세계까지 동참할 수밖에 없는 임계점은 무엇일까? (정당)민주주의는 맥없이 폐지될 것이고, 반면 알고리즘 민주주의나 디지털 독재는 막을 길이 없을 것이다.

바로 이런 이유에서 고전적인 대의 민주주의자들은 현재의 시스템에 의문을 제기해야 한다. 중재자를 없애기 위한 디지털 구조와 기술적 해결책을 찾아야 한다. 이른바 '디지털 민주주의 공화국'을 세우기 위한, 알고리즘을 통한 올바른 조종은 무엇인가? 사회시스템의 디지털화가 그것일까? 그러나 여기에도 규칙이 필요하다.

그러므로 앞으로 우리는 어떻게 협력할 수 있을까? 올바른 선택을 위해 우리는 어떤 종류의 이해가 필요할까? 정당프로그램, 공약, 더 나아가 후보자들이 서로 차이가 거의 없다면 느낌으로 하는 투표는 확실히 적합한 방침이 아니다.

우리의 아이들이 정치 시스템의 기능방식을 더 잘 이해하고, 나중에 커서 사실에 근거한 합리적 선택을 할 수 있도록 교육에 의존해야 할까? 그러나 그것은 시간이 많이 필요하고, 현재 우리에게는 시간이 많지 않다. 예를 들어 '선거 자격시험'이 느낌에 기초한 선택을 대체할 수 있을까? 그리고 정말로 우리는 선거 자격시험에서 탈락한 사람에게서 선거권을 빼앗고 싶은가? 아니면, 미래에는 인공지능의 도움으로, 예를 들어 두뇌 앱을 통해 우리가 더 나은 유권자가 될 거라 기대해야 할까?

지침과 규제

양자경제에서도 법적 규제가 필요하다. 그러나 상호관련성에 대한 깊은 이해로 게임규칙을 단순화할 수 있을 것이다. 법은 모든 사람이 이해할 수 있어야 한다. 그러나 더 나은 새로운 법을 제정하는 것보다 부적합한 법을 폐지하는 것이 더 간단하다.

당연히 우리의 법, 규제, 합의는 인간이 만든 모든 것과 마찬가지로 미래에도 불완전할 것이다. 설계, 테스트, 재조정, 필요하다면 완전히 새롭게 바꾸기. 비록 역사에 수많은 뼈아픈 교훈을 남겼더라도, 인류는 이미 이런 방식으로 놀라운 일을 성취했다. 모든 위기와 갈등에도 불구하고 군비축소와 핵 통제 협약이 준수되기 때문에 핵에 의한 세계종말은 실현 가능성이 없다. 종말이 임박한 위협적인 상황에서 결정권자들은 언제나 결국에는 분별 있는 길을 선택해왔다. 예를 들어 2007/2008년 글로벌 금융위기에 G7 국가들이 집중적으로 협력했다.

그러나 이미 여러 번 강조했듯이, 이번에는 다르다. 우리가 시도, 실수, 개선을 통해 실현 가능한 해결책을 제시할 거라 확신할 수 없다. 핵무기보다 디지털 초지능이 종말론적 위험을 더 많이 안고 있다. 초지능은 글자 그대로 우리의 이해력을 초월하기 때문이다.

인류의 생존을 위해 우리는 디지털 초지능을 어느 방향으로 발전 시킬 것인지 시급히 세계적 합의에 도달해야만 한다. 세계공동체는 이런 실존적 물음에 초점을 맞춰야 한다. 모두가 위험과 잠재력에 대한 이해와 의식을 가져야 한다. **인간의 자유를 제한하거나 훼손하지 않고 오히려 극대화하는 강한 AI을 개발하는 것이 목표여야 한다.** 우리는 디지털 초지능과 일종의 공생관계를 맺어야 하지만 그것은 언제나 그리고 오로지 우리의 자아실현에 봉사하고 한계와 제약에서 벗어나도록 도와야 한다.

과학, 양자경제, 양자 유토피아, 모든 분야의 새로운 지침은 인간의 최대 자유여야 한다. 양자경제에서 우리는 새로운 모델을 통해 사회 상황도 더불어 새롭게 만드는 법을 배운다. 독립된 '인공지능 및 기술 위원회'가 만들어져야 한다. 기하급수적 기술이 주도하는 '승자 독식' 세계에서는 오로지 규제와 일치된 조건을 통해서만 안정성을 보장할 수 있다. 로봇세 또는 기술과 자동화에 부과하는 일종의 부가 가치세, 부자세, 자산세, 거래세 같은 글로벌 조세 지침이 현재 또 다른 사회 분열을 막을 유일한 방법인 듯하다.

양자경제에서도 정치가 규제와 새로운 지침을 따르도록 하려면 경제에서 추진력이 나와야 한다. 이런 방식으로 경제는 변화를 주도하는 사람, 즉 최소한 기존의 정당민주주의 국가에서 가까운 미래에 창조적 역할을 맡게 될 양자 유토피아의 진정한 리더를 탄생시킬 것이다.

빼앗지 않는 재분배?

터보 자본주의와 모두를 위한 과잉소비. 이 모델은 확실히 더는 기능하지 못한다. 나머지 99퍼센트가 상위 1퍼센트와 똑같이 살고자 한다면, 지구는 금세 끝장나고 말테니 말이다. 2018년에는 5월 2일에 벌써 '지구 용량초과의 날Earth Overshoot Day', 그러니까 미래 세대를 희생시켜야 남은 기간을 살 수 있는 날에 도달했었다.[34] 지금 즉시 에너지를 쓰는 방식을 바꾸지 않으면 앞으로는 일사분기에 벌써 지구 용량초과의 날에 도달할 것이다. 전 세계가 지금의 독일인처럼 산다면, 지구가 세 개나 있어야 할 것이다. 그러나 지구는 하나뿐이다![35] 더 나은 분배는 어떤 모습이어야 할까? 위에서 아래로 재분배해야 할까? 그러니까 부자에게서 재산을 빼앗아 가난한 사람들에게 나눠줘야 할까? 아니면 모두가 앞으로는 과잉소비를 포기해야만 할까? 즉 자신의 욕구를 제한해야 할까? 그렇게 되면, 과잉소비를 통해 이익을 얻었던 대다수는 힘들어지고 더 나아가 전망도 불투명할 터이다. 영구적인 포기를 기반으로 하는 모델에 열광할 사람이 어디 있겠는가?

사람들은 대부분 뭔가를 기꺼이 바꾸고 동참하고 참여하고자 한다. 그러므로 독일의 수백만 시민이 자원하여 봉사하고 자선단체에 기부한다. 이런 방식으로 막대한 일들이 이루어지고 있다. 그래서 우리의 잠재력이 고갈되려면 아직 멀었다. 그러나 이타적 관대함은 자발성을 기반으로 할 때만 기능한다. 스스로 찬성 혹은 반대를 결정할 수 없으면 우리는 글자 그대로 금세 마음을 닫아버린다.

예를 들어 난민 위기를 보자. 모두가 알고 있듯이 만약 기후붕괴 때문에 아프리카 대부분이 사람이 살 수 없는 곳이 되고, 동시에 현재 13억인 아프리카 인구가 21세기 말에 40억 이상으로 증가한다면 서구 세계의 국경 봉쇄는 해결책이 아니다. 제 때에 대책을 마련하지 못하면 현재 서구 선진국으로 쇄도하는 난민 수보다 10배 혹은 100배 더 많은 수가 몰려올 것이다. 그러므로 우리는 현재 아프리카 지역의 환경과 사회를 안정시키거나 새롭게 재건해야만 한다. 그러기 위해서는 수십억에 달하는 투자가 필요하고 서구 세계의 부유한 파이에서 어쩔 수 없이 떼어내야만 한다.

유럽연합은 어떨까? 모두가 기본적으로 알고 있듯이 모든 국가의 경제적 기반이 대략 비슷할 때만 유럽연합은 기능할 수 있다. 또한, 유럽국가 전부를 최고로 부유한 나라로 끌어올리는 방식으로 이런 균형을 이룰 수 없다는 것도 우리는 잘 안다. 그러므로 결론은 명확하다. 재분배해야 한다. 과잉소비를 포기하고 자제해야 한다. 그러나 정말로 그럴 준비가 되어 있을까?

아닌 것 같다. 우리는 누군가가 구원의 아이디어 혹은 모든 문제를 단번에 해결할 새로운 슈퍼기술을 개발하기를 여전히 희망한다. 그러나 그런 메시아는 사무엘 베케트Samuel Beckett의 연극에 나오는 불길한 '고도'와 아주 비슷하다. 「고도를 기다리며En attendant Godot」는 1960년대부터 계속해서 상연되고 있지만, 간절히 기다려지는 고도는 절대 나타나지 않는다.

그러니 구체적으로 상상해보자. 당신의 상사가 당신에게 통보하기를 경영진의 결정으로 혹은 정치적 지침에 따라 기업이익의 20퍼센트를 아프리카의 인프라 구축에 투자하기로 했으므로 다음 달부터 당신의 월급이 20퍼센트 삭감될 거라고 한다. 당신은 어떻게 반응할까? 월급의 20퍼센트를 포기할 준비가 되었는가? 대다수는 틀림없이 이 결정을 거절할 것이다. 유럽국가들에서 포퓰리즘 정당의 인기가 점점 높아지고 있는 지금의 현상으로 볼 때, '느낌상의' 제한과 재분배가 벌써 사회의 안정을 깰 수 있는 것 같다. 무엇을 해야 하는지 기본적으로 모두가 알고 있더라도, 강요된 포기가 아닌 다른 방법을 찾아내야만 우리는 그것을 행동으로 옮길 수 있다.

새로운 모델을 찾아서

왜 그토록 많은 사람이 계속해서 국가주의 깃발 아래 모일까? 헤겔에 따르면, "피의 역사는 우리의 기원을 자랑스럽게 여기고 싶은 열망에서 생긴다." 유럽 사람들이 유럽연합이 아니라 민족문화에서 더 강하게 자신의 정체성을 찾는 이유가 바로 이것 때문일까?

더 큰 단위에서 자신의 정체성을 찾고, 유럽연합에서 자긍심을 느끼고, 더 나아가 지구공동체에 애정을 갖는 일이 어째서 불가능할까? 인간은 내부 결속을 위해 외부의 적이 필요하기 때문이다. 그런데 왜 우리는 이것을 뒤집지 못할까? 왜 우리는 분열, 동질성, 차이 대신에 포용, 다양성, 유사성을 사회의 중추로 볼 수 없을까? 인위적으로 적을 만들어 패닉을 유발하는 것은 올바른 방법이 아니다. 우주 어딘가에서 외계인 적이 발견되기를 기다리는 것 역시 현재의 딜레마를 해결하는 좋은 방법처럼 보이지 않는다. 우리에게 남은 선택은 하나뿐이다. 함께 글로벌 사회를 이루어 우리의 문제를 해결해야 한다. 우리는 우리의 사회 시스템을 어느 방향으로 계속 발달시키고자 하는지 결정해야 한다. 여기서 현재의 사회 시스템은 제대로 기능하지 못한다.

기존의 여러 시스템은 다가오는 격변에 더는 적합하지 않다. 전 세계의 사상가와 활동가들은 다음의 물음을 깊이 연구해야 한다. 인간의 문명사회는 앞으로 어떻게 될까? 사회모델, 정치시스템, 교육기관, 정부기관, 모든 것이 2020년대에 시험대에 오를 것이다. 그러나 안정적 경제인 양자경제를 통해 가능해진 새로운 모델과 새로운 구조가 자라난다.

앞으로 수십 년 동안 두 번째 양자혁명이 기술 발전의 엄청난 도약을 이끌 것이다. 이것은 금융 및 경제의 혁명을 주도할 뿐 아니라, 기계-두뇌 기술과 바이오테크놀로지, 나노기술의 급속한 발전을 가져올 것이다. 양자기술은 오늘날 상상하기 어려운 방식으로 천연자원, 에너지, 투명성, 물류 및 커뮤니케이션을 최적화하는 데 도움이 될 것이다. 디지털화와 자동화는 생산 효율성을 높이는 동시에 상품과 서비스의 부가가치를 높이는 새로운 지평을 열 것이다.

주주를 위한 이익에서 모든 이해관계자와 사회 전체를 위한 이익으로 초점을 옮겨 순환경제 시스템과 지속 가능한 비즈니스에 기여하는 기업이 양자경제의 승자가 될 것이다. 앞으로 점점 더 많은 프로세스가 자동화되기 때문에, 필요 인력이 점점 감소하여 인건비가 절감될 것이다. 이는 단기적으로 더 높은 수익으로 이어질 수 있지만, 중장기적으로는 인류에게 새로운 중대한 문제를 안겨줄 것이다.

온쇼어링onschoring. 생산비와 인건비 절감 등을 이유로 해외로 생산시설을 옮긴 기업들이 다시 자국으로 돌아오는 현상-옮긴이**으로** 바뀌는 추세는 로컬 생산으로 이어지고, 그 결과 글로벌 상품 운송으로 인한 온실가스배출량이 상당히 감소할 테지만, 지난 50년 동안 개발도상국들이 목표로 했던 발전도 위태롭게 할 것이다.

따라서 우리는 국민경제와 사회를 보상하고 안정화하기 위해 새로운 글로벌 운동이 필요하다. 사회 기본소득 도입이 기생충 사회를 만들지는 않겠지만 인류를 위한 거대한 '숨겨진' 창조적 잠재력을 촉발하지도 않을 것이다. 그러나 전 세계적으로 사회적 안정과 존엄한 삶을 보장하기 위해 이런 시스템은 구현되어야 한다.

새로운 비즈니스모델과 새로운 조직구조로 우리는 글로벌 경제 시스템의 재정비뿐 아니라 인간적인 삶의 구축도 경험할 것이다. 이런 전환이 이미 시작되었고 긍정적 첫걸음을 내디뎠더라도, 양자경제는 저절로 이루어지지 않을 것이다. 넓은 시야로 개인의 성장과 글로벌 사회의 공동선을 중점에 두는 사람들이 개발을 주도해야 한다. 당신과 나를 포함한 행동하는 영웅들이 이제 마침내 일어나 미래를 설계해야 한다.

10장

행동하는
영웅

'각성한' 젊은 세대는 지금의 자본주의에서 돌아서고 있다. 자본주의가 그들을 돌보지 않았기 때문이다. 거대도시가 스펀지처럼 인재와 자원을 빨아들인다. 경제와 정치 분야에서 여성의 부상이 계속 진행되고 있다. 세계 곳곳에서, 모든 문화와 종교에서, 개별적으로, 내일의 영웅인 선구자와 선동자들이 지금의 시스템에 경고를 보내고 있다.

이렇듯 변화의 효력이 나타나고 있지만 개별 행동만으로는 부족하다. 정치, 교육, 경제에서 새로운 구조를 세우려면 모두가 선구자가 되어야 한다. 그동안 68세대에 대해 많이 다뤄졌지만, 어쩌면 오늘날 우리가 다뤄야 할 세대는 1978년과 그 이후 세대일 것이다.

이 세대는 자본주의에서 더는 이익을 얻지 못하기 때문에 자본주의에 등을 돌리거나, 더 나아가 자본주의를 포기하려 한다. 의료보험료가 상승하고, 임대료가 높아지고, 섹스가 줄고, 출산율이 감소한다. 그저 그럴 여력이 더는 없기 때문이다. 나는 여행에서 30대에서 40대를 주로 만났다. 그들은 부모에게 임대료를 지원해 줄 수 있는지 묻고 혹은 아직 부모의 집에 얹혀살고 자동차 할부금을 낼 수 없어 부끄러워했다. 사회복지국가는 낮은 실업률을 자랑하지만 뒷면을 보면 생계유지를 위해 추가로 하는 투잡과 쓰리잡을 통해 상쇄된 것일 뿐임이 드러난다. 그들은 패배감을 느끼고 있다. 연구에 따르면, 성공적인 기업들은 대개 창립자가 40세에서 45세 때 세워졌다. 결과적으로 1978년 이후 세대들이 나설 차례라는 얘기다. 계몽을 이끌고 시스템 오류를 해결할 당장의 책임이 이 세대에게 있다.

이 흐름에 젊은이들이 깃발을 들고 참여해야 한다. 터보 자본주의를 강하게 거부하는 각성한 세대는 스스로 알고 있는 것보다 더 뛰어나다. 그들은 자본주의가 그들을 저버렸다고 믿기 때문에 자본주의에 저항한다. 미완의 자본주의를 계속 발전시키고 경제를 새롭게 생각할 때가 되었다.

그렇다고 모두가 영웅이 될 필요는 없다. 그러나 작은 공헌은 할 수 있다. 소셜 미디어, 넷플릭스, '셀프케어 프로그램'이 우울증, 좌절, 분노의 치료제 구실을 한다. 그러나 많은 사람이 느끼는 감정적 상처와 절망을 치료할 수는 없다. 중독과 경제적 무능력의 악순환에서 우리는 벗어나야 한다. 함께 외로운 삶, 정신적 트라우마로 가득한 고립된 삶. 그것은 우리 사회의 생물학적 심리적 사회적 실패일 뿐 아니라, 인류역사상 가장 큰 잠재력 낭비다.[1]

젊은 세대에게 호소하건대, 놀이를 유지하고 맘껏 즐기되 어른이 되는 것을 두려워하지 말라. 그리고 모든 부모에게 고하노니 자식들이 창의적 잠재력과 놀이를 소홀히 하지 않으면서 책임을 맡도록 지지해줘라. 그래야 진정한 영웅 세대가 탄생한다.

창조적 동기부여

양자경제에서는 창조적 동기부여Kreativation가 중요한 안정화 요소가 될 것이다. 즉, 창조성Kreativität과 동기부여Motivation로 급진적 아이디어와 새로운 형태의 자본주의에 도달할 것이다. '바이탈에너지'를 자본화하는 새로운 비즈니스모델이 양자경제의 원동력이 될 것이다. 고대 그리스의 생기론vitalism에서 힌두교의 차크라에 이르기까지 철학적 영성적 사상가들은 다양한 접근방식으로 우리의 정서적, 영적, 심리적 평안을 정의하고 개선하고자 했다. 신경학과 심리학은 20세기에 분자와 신경 차원의 감정적 심리적 반응에 관한 새로운 지식을 제공했다.

이런 지식의 일부가 이미 구체적인 상품과 서비스로 등장했고, 양자경제에서는 이런 영적 심리적 에너지를 개선하고 자본화하는 비즈니스모델이 붐을 맞을 것이다. 새로운 상품과 서비스에 영성과 정신의학을 합쳐 식료품, 향수, 화장품, 의약품에 근본적 변화를 일으키고 결과적으로 우리의 미각, 후각, 촉각에 영향을 미칠 것이다. 우리의 감각, 자존감, 평안을 높이는 비물질 재화에 집중하는 새로운 기업이 꽃을 피울 것이다. 이런 새로운 공급은 인간의 창조성과 미지의 것을 탐구하려는 의지를 북돋을 것이다.

불가능한 얘기처럼 들리는가? 그렇다면 스마트폰에 헤드스페이스Headspace 앱을 깔아보라. 한때 불교 승려였던 앤디 퍼디컴Andy Puddicombe이 거기서 영성, 명상, 마음 챙김을 위한 온라인 트레이닝을 제공한다. 190개국에서 6500만 명 이상이 이 앱을 사용하고 이제는 스냅챗을 통해 곧장 이 앱을 열 수 있다.[2] 만약 당신이 이 앱을 통해 당신만의 개인 맞춤형 명상기술을 활용해 스트레스를 줄이고 공감 능력을 키운다면 당신은 우리의 경제 사회 시스템에 사랑과 상호이해를 더 많이 가져오는 데 공헌하는 것이다. 문제는 사랑이 경제의 일부가 될 수 있느냐 여부가 아니라 '어떻게 될 수 있느냐'이다. 당신은 물질 소비에서 벗어나 더 높은 수준의 행복과 만족을 경험하는 것으로 보상받는다. 헤드스페이스는 최근 투자라운드에서 2억5000만 달러 가치로 평가되었고, 이미 수백 개 기업이 라이센스 계약을 맺고 이 앱을 사용하고 있다.

헤드스페이스의 사례가 보여주듯이, 오늘날의 모토는 이렇다. **'마음 게으름Mindfaulness'에서 나와라! '연민Compassion'의 자본화가 기업 발전의 새로운 길이다.**

양자경제에서는 원자재 취급 역시 극적으로 변하여 경제 시스템에 영향을 미치고, '창조적 동기부여'를 요구할 것이다. 우리가 이미 지속 가능하고 저렴하기까지 한 대체 에너지를 개발했더라도 원유는 여전히 경제와 정치의 글로벌 모터이다. 그러나 인위적으로 높게 유지되는 기름값은 가까운 미래에 큰 변화를 맞을 것인데 기름이 부족한 날은 오지 않을 테고 원유의 시장 경쟁력이 떨어지는 즉시 가격 역시 급락할 것이기 때문이다.

지배권 다툼이 벌어지고 지역과 조직이 피해를 입는 즉시 우리는 단순한 결론에 도달할 것이다. 원유가 여전히 일부 지역에서 연소되겠지만 대마초기름이 경제적으로 가장 가치 있는 기름이 되어 원유를 대체할 것이다. 대마초 기업들이 이미 증권시장에 모습을 드러내기 시작했고 마리화나 합법화가 전 세계적으로 퍼지고 있다. 비록 대마초의 모든 잠재력이 완전히 연구되거나 치료제로 실현되지는 않았지만 사회는 통증완화에서 암 퇴치에 이르기까지 대마초의 치료 잠재력을 점점 더 많이 인식하고 있다.

상호의존성 이해가 기업에 이익이 된다면, 정치 역시 졸음을 깨고 국가와 정당의 정치쇼도 포기할 수밖에 없으리라. 비즈니스모델과 구조를 대체하려면, 급진적 사고전환, 새로운 관점, 새로운 길을 갈 용기가 필요하다.

행복이 오게 하자

양자경제에서는 양적 증가로 행복을 극대화하려 시도하지 않는다. 양자경제에서는 구매와 소비로 축소된 옛날 B2C모델의 '소비자'가 의식과 감정을 가진 온전한 인간으로 대체될 것이다. 미래에 우리는 상호의존적 경제구성요소로서 만족을 소비에서 찾지 않고, 제품 설계와 기술 진보에 참여할 때 느끼는 보람과 개인의 행복에서 찾을 것이다.

고전 경제에서 고객은 '왕'으로 추대되었고 예측 가능한 행동을 하는 개인으로 취급되었다. 그러나 양자경제의 포괄적 접근에도 막대한 위험이 들어있다. 양자경제에서는 고객과 생산자의 감정과 유대관계가 개인의 결정 과정에 필수 요소가 된다. 인간은 제품과 서비스가 아니라 관계, 이야기, 마법을 산다.

그러나 미래에는 인공지능과 바이오테크놀로지를 통해 우리의 감정이 광범위하게 조작될 수 있다. 그것이 우리의 결정에 막대한 영향을 미칠 테고, 당연히 소비 태도에도 영향을 미칠 것이다. '느낌으로' 최고의 제품을 결정했더라도, 그 감정이 조작되었다면 우리는 인식하지 못한 채 나쁜 구매 결정 혹은 대여 결정을 하게 된다. 그러면 쓸모없는 인간, 호모 옵솔레투스 시나리오에서 그렸던 것처럼, 우리는 더는 왕이 아니라 좀비나 다름없는 고객일 터이다.

양자경제에서는 새로운 관점을 발견하고 거기서 새로운 사회모델을 개발하는 것이 중요하다. 당신 회사에 행복감 부서가 있다고 상상해보라. 이 부서의 유일한 업무는 행복감을 퍼트리는 것이다. 이 부서는 어떤 방식으로 직원들에게 만족감을 주고 동기를 부여하게 될까? 그리고 이것이 기업 발전에 어떤 영향을 미칠까?[3]

불교에서는 '포대'라 불리는 존경 받는 승려가 있다. 이 승려는 10세기 사람으로 오월국에 살았었다. 그는 쾌활한 성격과 활달한 생활방식으로 다른 불교 현자들과는 사뭇 달랐다. 그의 동상은 거의 모두가 미소 짓거나 웃는 모습이다. 중국에서는 그를 '웃는 부처'라고 부른다. 중국식당에 가면 한번 살펴보라. 거의 모든 중국식당에 이 명랑한 현자의 동상이나 그림이 적어도 하나는 있다.

밝은 성격으로 다른 사람을 기분 좋게 하는 사람들은 시대를 막론하고 언제나 사랑을 받았다. 틀림없이 당신 주변에도 혹은 멀리 있는 지인 중에, 주변 사람들을 웃게 하거나 적어도 싱긋 미소짓게 만드는 재주를 가진 사람이 꼭 있을 터이다. 당신이 경영자로서, 사람들에게 유쾌함, 행복감, 즐거운 마음을 퍼트리는 사람을 채용한다면, 그는 어떤 가치를 만들어낼까? **웃고 있는 부처는 생체에너지의 자본화, 즉 양자경제가 열게 될 새로운 시장의 한 예다.**

양자경제로 가는 길은 의식전환, 자원소비 제한reduce, 완벽한 순환경제 구축reuse 이외에도 새로운 비즈니스모델rethink을 경유한다. 혁신의 척도는 이산화탄소 배출량의 감소가 아니다. 웃는 부처의 사례에서처럼 우리는 새로운 길을 가야한다. 바이탈에너지와 비물질 재화의 자본화로 손실을 상쇄하여 안정적 경제를 유지할 수 있다. 지성, 마음 챙김, 공감의 조합으로 새로운 디지털 비즈니스모델을 개발할 수 있다.

지구에서 가장 가난한 지역에서 절대 빈곤에서 벗어나면 (그러니까 유엔의 정의에 따르면, 하루 최저 수입이 1.90달러 이상이면) 행복 수준이 높아지는 것을 관찰할 수 있다?[4] 하지만 돈과 행복감 사이의 강한 연관성은 딱 여기까지다.[5] 지역적 특성을 빼면, 테스트와 연구들은 주요 내용에서 언제나 비슷한 결과를 내놓는다. 즉, 돈이 많아지는 것은 특정 수준의 소득까지만 우리를 더 행복하게 한다. 그리고 그 특정 수준은 당신이 생각하는 것보다 확실히 더 낮다. 행복감을 결정하는 것은 양적 부가 아니라 내가 느끼는 효능감이다.

이 말을 뒤집어 생각하면, 당신은 어떤 수준의 소득과 재산에서도 좌절하거나 행복할 수 있다는 뜻이 된다. 만약 다른 사람이 골프나 요트클럽에서 500만 혹은 1000만 유로를 쉽게 써버린다면, 1년에 '겨우' 200만 유로를 버는 사람은 자신을 불쌍한 거지라고 느낄 것이다. 그리고 그들이 결코 속할 수 없을 억만장자 클럽을 생각하며 부정적 스트레스에 신음할 것이다. 그러나 미셸 드 몽테뉴Michel de Montaigne가 아주 적합하게 표현했듯이, "세계에서 가장 높은 왕좌에 앉았더라도, 우리는 여전히 엉덩이를 깔고 앉았다."[6-7] 이런 시스템은 결국 행복보다 불행을 더 많이 생산한다.

그러므로 돈은 위와 아래의 격차를 넓히고, 우리를 서로 떼어놓고, 우리의 행복 추구를 지원하기는커녕 오히려 방해한다. 이런 개념의 돈은 데이터와 정보가 자유롭게 흐르고, 영적으로 연결되고 집단의식이 커지는 상호의존적 세계에 적합하지 않다.

그 자리에는 인간의 가장 강력한 원동력인 행복 추구가 들어와야 한다. 신고전주의적 자본주의에서는 행복과 경제가 서로 완전히 분리되어 있다. 우리를 단지 대상과 소비자로만 보는 이 모델에서는 개인의 행복 추구가 특히 제약산업에 넉넉한 이득을 준다. 화학물질 혼합으로 행복호르몬 분비를 높이는 이른바 '행복 알약'은 전 세계적으로 수십억짜리 사업이다. 그러나 수만 톤의 생화학적 기분 증진제는 '개인의 행복이 사회적 조화를 이룰 것'이라는 원래 약속을 달성하기는커녕 오히려 불합리로 이끈다.

새로운 기술의 비약적 발전을 토대로 우리는 곧 모두를 위한 생화학적 행복을 전자동으로 생산할 수 있으리라. 똑똑한 기계는 옥시토

신과 엔도르핀의 합성에서 도파민과 세로토닌의 최적의 조합을 계산할 수 있을 테고 그래서 우리의 행복 욕구는 네 가지 화학물질로 가장 간단히 채워지거나 마비될 것이다.

대마초 시장의 가치가 점점 더 올라가고, 합법화가 전 세계적으로 점점 수용되는 이유는 대마초가 인간 행동의 가장 강력한 동인 중 하나인 지속적인 행복 추구와 직접적으로 관련되어 있기 때문이다. 그러나 신고전자본주의 이론에서 행복과 경제는 완전히 분리되어 있다. 또한 자본주의모델이 노동자를 노동의 결실에서 소외시킨다는 것이 마르크스의 주요 비판 중 하나였다.[8] 자본주의모델에서 경제와 행복은 기업의 이익만큼만 관련이 있다.

그리고 우리는 이런 분리의 결과를 사방에서 본다. 마케팅부서가 행복 시나리오를 광고하고 제약회사가 감정을 조작하는 '약품' 개발에 수십억을 쓰지만, 산업선진국의 수많은 사람이 정말로 행복하지가 않다. 과소비에서 택배노동자 착취에 이르기까지, 마트의 풍요로움에서 농업일꾼의 극심한 빈곤에 이르기까지, 현대사회의 편리함에서 과로와 박봉에 시달리는 서비스업 노동자들에 이르까지, 우리의 평안 대부분은 다른 사람의 고통을 기반으로 한다. 상호의존성을 깨닫고 경제의 근본적 구조조정을 단행하지 못하면 우리는 행복과 평안을 끌어올릴 수 없다.

행복은 우리가 하는 행위의 부산물에 불과함을 깨달아야 한다. 우리는 행복을 강제할 수 없지만 더 자주 행복을 느낄 수 있는 사회는 만들 수 있다. 다시 말해 행복을 좇지 말고 행복이 우리를 찾아오게 해야 한다.

배우는 법 배우기 ― 가르치는 법 가르치기

교육시스템과 노동시장의 격차가 점점 벌어지고 있다. 우리 자손들 대부분은 오늘날 존재하지 않는 새로운 직종에서 일하게 될 것이다. 그들은 불확실한 미래를 위해 배워야 하는데 현재의 학교와 대학들은 높은 비용과 오랜 기간을 요구한다. 새로운 내용에 적응하는 데 수년이 걸리기도 한다. 그것이 지금의 현실이다. 그러나 지식과 새로운 학습내용이 온라인에서 해당 포털을 통해 무료로 제공되어 매일 적응할 수 있는 세계에서는 전통적 교육기관들이 쓸모가 없다. 가장 배타적인 비즈니스스쿨의 커리큘럼이 점점 더 빨리 쓸모가 없어진다면 전통적 교육기관은 더는 유지될 수 없다.

현재의 교육모델은 학습자의 직업적 개인적 요구를 채우지 못하고 미래에 필요한 능력을 키워주지 못한다. 앞으로 기업이 그럴듯해 보이는 스펙을 더는 요구하지 않고, 그것에 더 많은 연봉을 지불할 마음도 없고, 오히려 '스새로운 스킬'을 요구한다면, 사람들은 재교육과 추가교육 때 이런 '스킬'을 익히기 위해 새로운 방법을 찾을 것이다. 그러면 수료증에 많은 돈을 지불해야 하는 모델은 완전히 구식이 될 것이다.

앞으로는 디지털 능력, 사회적 능력, 정서적 능력이 강조될 것이다. 소프트 스킬이 진정한 하드 스킬이 되고, 창조성 혹은 협력과 협업 의지가 매일 훈련될 것이다. 기업은 이것을 당연하게 기대하지만 이런 능력은 쉽게 정량화할 수 없다는 문제가 있다. 그럼에도 이런 전환은 유치원과 학교, 관리자의 추가교육 및 재교육에 이르기까지 곳곳에서 아주 다양하게 일어나고 있다.

　교육은 빈곤 퇴치와 번영의 중요한 열쇠이고 이미 수백만 명에게 더 나은 미래 전망을 열어주었다. 그러나 교육의 변화는 너무 느리게 진행된다. 공립학교뿐 아니라, 주로 이익을 목표로 하는 소위 역동적 사립학교도 변화의 속도가 너무 느리다.

　오늘날 전세계 수억 명의 어린이들이 학교에 다니고 있는데 이는 유례없는 대단한 발전이다. 그러나 실상을 들여다 보면 그들은 실제로 배우지 않고 있다. 우리의 아이들이 미래에 필요한 능력을 갖춰 생산적이고 포괄적인 세상을 만들게 하려면 배우는 방법을 가르칠 뿐 아니라, 어른이 되어서도 어린이의 호기심을 유지하도록 이끌어야 한다. 지금까지처럼 호기심을 없애는 교육이 되어서는 안 된다.

　우리가 뭔가를 배울 때 '큰소리로 생각하고' 에토스(신뢰성), 파토스(감정), 로고스(합리적 논증)와 연결하여 지식을 쌓고 몰두하면 완전히 새로운 학습경험이 생긴다. 즉각적 반응과 토론, 다시 말해 실용철학을 통해 우리는 총체적 평생학습의 토대를 얻을 수 있다. 이것이 바로 사회진보와 빈곤퇴치 그리고 현재는 존재하지 않는 미래의 직업과 노동조건, 작업환경에 적응하는 열쇠이다. 글로벌 교육기준, 변화된 교육모델, 새로운 교육기관은 변화의 설계자로서 우리가 만들 더 나은 정의로운 미래의 출발점이다.

위이코노미(We-conomy)

우리는 모두 세계의 주요 구성요소이자 창조자이다. 우리는 경험과 사회적 관계의 산물인 동시에, 의식적이거나 무의식적인 기대와 집중을 통해 자신과 타인, 사회와 경제를 빚어낸다. **우리의 상호의존성을 더 깊이 인식할수록, 그것에 더 개방적일수록, 경제 협력의 새로운 형식이 기술발달의 지원을 받아 더 빨리 생겨난다.** 새로운 모델을 구현할 자본이 충분하면 경제적 변화를 통해 사회적 변화도 가속된다.

그러므로 사회적 차원에서 지성사회로 발달하는 것이 중요하다. 기술발달이 가속화될수록 우리에게는 오류를 재조정하고 수정할 기회가 줄어든다. 가속화의 이점과 위험은 똑같이 크다. 여러 전문가의 견해에 따르면 양자기술의 획기적 도약이 임박했다. 그러나 기술과 인간의 진화는 그 과정이 통제에서 벗어나지 않도록 나란히 진행되어야 한다.

인류의 멸망은 절대 선택지에 있어선 안 된다. 우리는 새롭게 꽃 피울 방향으로 자신 있게 한 걸음을 내디뎌야 한다. 혁신, 신뢰, 협력 혹은 협동으로 이루어진 꽃을 피워야 한다. 그리스 철학자 헤라클레이토스는 이렇게 말했다. "진리를 추구한다면, 예기치 못한 일에 열려있어야 한다. 진리는 찾기 어렵고 그것을 찾으면 혼란스럽기 때문이다."[9]

양자경제는 인류의 번영을 위해 사회를 바꿀 것이다. **양자경제는 물질적 욕구를 채울 뿐 아니라 우리의 재능을 계발하고 꿈을 실현할**

수 있게 해줄 것이다. 미래의 경제는 물질적 욕구, 사회적 관계, 가상 및 현실, 행정, 교육, 문화, 정신적 발달과 자아실현 등, 사회의 모든 기본 영역을 다룰 것이다. 경제는 한때 예술, 과학, 교육, 문화의 토대였다. 이제 그들 모두가 이른바 집으로 돌아온다.

플라톤 시대 이후로 위대한 철학자들이 환상과 실재, 예술과 현실의 관계를 규명하려 애썼다. 만약 세계가 순전히 합리적으로 해명되고 밝혀진다면, 환상과 예술이 왜 필요하겠나? 양자연구는 세계가 근본적으로 논리적이지 않고 혼란스럽다는 것을 우리에게 가르쳐주었다. 그러므로 미래와 진보는 여러 예술작품과 마찬가지로, 똑같이 비약적이고 계산되지 않으며 비논리적이다.

우리는 예술과 예술가로부터 무엇을 배울 수 있을까? 어쩌면 예술의 궁극적인 목적은, 우리에게 세계의 기이함을 해명하는 것이리라. 양자경제에서 예술과 세계가 다시 이런 관계로 돌아오고 예술이 경제를 후원하게 될 것이다. 여기서도 고대 철학자의 통찰이 폭넓게 도움이 된다. 합리적 사고 차원에서 보면 무의미해 보이는 것들, 이를테면 예술의 기이한 몽상적 논리, 적대자의 아이디어, 과거의 기이한 오류 등에서 배울 수 있게 우리를 도울 수 있다.

성장은 서로 다른 아이디어의 충돌에서 생겨난다. 그러므로 변화는 빠르지 않고 쉽지 않으며 오히려 고통스럽게, 느리게, 작은 보폭으로 진행된다. 우리는 오늘날 기술 덕분에 진보라는 이름의 달팽이를 초고속으로 가속할 수 있다. 그러나 그렇게 되면 우리는 상황을 더는 통제하지 못할 수도 있다. **새로운 아이디어를 오감으로 체험할 수 있게 하려면, 우리의 자산인 예술 잠재력을 이용해야 한다.** 그렇게 우리는 겉보기에만 멋져 보이는 돌이킬 수 없는 신세계에 갑자기 서 있는 대신에 그것을 미리 시험해 볼 수 있다.

늦지 않았다

과학기술의 급격한 발달로 인해, 고전 철학적 물음이 대단히 중요해졌다. 오늘날 인간으로 사는 것은 무엇을 의미하는가? 내일도 계속 인간일 수 있기 위해 우리는 무엇을 해야 하고 무엇을 버려야 하는가?

이제 변화를 만들어내자. 그것을 위해 우리는 의식 없음에서 깨어나야 하고, 만약 우리가 즉시 방향을 틀지 않으면 디지털 일방통행로인 이 여정이 어디로 갈지 깨달아야 한다. 이 여정에서 우리는 새로운 질문에 맞닥뜨릴 것이다. 그리고 여전히 대답을 듣지 못한 과거의 큰 질문들을 계속해서 만날 것이다. 우리는 아주 큰 곳에서 그리고 아주 작은 곳에서 지혜를 찾아야 한다. 생태 감수성이 필요한 이유다. 자신을 더 잘 이해하고, 다른 사람들과 조화롭게 사는 법을 배워야 한다. 우리의 심장은 지역 환경을 위해 뛰어야 하고, 우리의 지성은 세계의 상호의존성을 인식해야 한다.

당신이 어떻게 생각하고 행동할지, 다른 사람에게 어떤 영향을 미칠지 결정하는 사람은 당신 자신이다. 롤모델과 설계자가 되어 앞장서라. 주변 사람들을 존중하고 당신만의 고유한 스타일을 찾아라. 당신이 무엇을 지지하고 무엇을 사랑하는지 명확히 하라. 다른 사람만 비판하지 말고 자기 자신도 비판하라. 가르치는 사람이 되어 지식을 공유하라. 시간을 내서 사색하고 미래의 과학과 기술을 연구하고 예술, 심리학, 철학을 공부하라. 용기를 보여라. 자기 자신을 너무 중요하게 여기지 말라. 행복하려 애쓰지 말고 행복이 당신을 찾아내게 하라. 변화의 설계자가 되어라. 인권이 보장되는 세계의 새로운 운영시스템을 함께 개발하자.

철학자 급구

우리는 새로운 계몽이 필요하다. 그런데 어떻게 해야 사람들이 계몽의 필요성을 깨달을까? 철학적 사색이 새로운 힘이 되어 옛날 권력을 대체해야 한다. 개인과 집단 어느 쪽으로도 치우치지 않는 균형 잡힌 생각과 행동, 그 자체가 진정한 힘이다.

인류의 생존을 보장하고 양자 유토피아를 향해 길을 나서려면, 새로운 정치 및 사회시스템을 개발해야 한다. 오늘날 플라톤이 살아 있다면, 그는 교육수준과 분별력에 따라 투표권을 줘야한다고 주장했으리라. 플라톤은 민주주의를 매우 비판적으로 보았다. 그는 도덕 수준이 가장 높고 철학교육을 충분히 받은 사람, 즉 '철인왕'에게만 정치권력을 허락해야 한다고 주장했다. 플라톤이 말하는 유토피아는 철인왕의 권위적 지배에 기반을 두었다.[1]

우리는 자애로운 디지털 독재에 의존하게 될까? 아니면 슈퍼갑부가 기술로 지배하는 테크노크라시? 아니면 정당정치의 경직된 구조를 버리고 모두의 목소리를 들을 수 있는 디지털 직접민주주의를 세우게 될까?

지금 같은 상황이라면, 적합한 해답과 해결책을 찾을 확률은 낮아 보인다. 그럼에도 21세기 맥락에서 역사적 시스템을 살펴보고 그것의 기본원리를 재고하는 일은 중요하다. 이때 80억 세계시민의 상호의존성과 현대기술의 급속한 발전과 성능을 고려해야 한다. 우리는 세계철학을 향한 여정, 사고와 존재가 하나인 양자 유토피아를 향한 여정을 시작하기 위해 노력해야 한다.

디지털 전환과 파괴적 과학기술에 관한 최신 논쟁을 보면, 이대로는 안 된다는 것이 명확해진다. 이런 키워드의 계속된 반복은 명료함이 아니라 오히려 혼란만 더 키운다. 그러므로 다시 한번 강조하건대, 과학기술 자체는 결코 파괴적이지 않다. 모든 것은 우리가 과학기술을 어디에 쓰느냐에 달렸다. 또한, 디지털 전환은 우리가 그저 감탄하며 보고만 있어도 되는 자연스러운 현상이 아니다. 우리가 어느 방향으로 전환하고자 하는지 스스로 결정해야 하고 결정할 권한도 우리에게 있다.

서로가 자신의 키워드를 고집하며 상대방을 공격하면 우리는 한 걸음도 전진하지 못한다. 무엇이 잘못되었고, 무엇이 작동하지 않으며 무엇이 무의미한지를 열심히 논쟁하는 일은 우리가 가야할 길이 아니다. 물론 문제를 인식하고, 드러내고, 현실에 맞게 분류해야 한다. 그러나 우리에게 지금 가장 필요한 것은 구체적 해결책과 미래지향적 비전이다.

우리에게 필요한 것은 키워드가 아니라 사회를 위한 새로운 이데아이다. 우리는 어떤 세계에서 살고자 하는가? 디지털화 이후에는 무엇이 올까? **지구에서 인간이 계속 존엄하게 살도록 혹은 지구를 그**

런 장소로 만들기 위해 모두가 기준으로 삼을 수 있는 새로운 이데아는 무엇일까? 확언컨대 새로운 이데아는 경제에서 나와야 한다. 경제 시스템이 삶의 기반이기 때문이다. 우리는 양자경제를 통해 사회를 위한 새로운 이데아인 양자 유토피아에 도달할 수 있다.

지구인이여, 연합하라!

우리는 공정한 분배와 합리적 협력에서 그 어느 때보다 더 멀리 떨어져 있는 것 같다. 하지만 이것은 착각이다. 확신하건대, 국가주의 유령은 곧 사라질 것이다.

단지 같은 여권을 가졌다는 이유만으로 가족과 친구를 넘어 수백만 명과 자신을 동일시해야 할까? 오늘날 국경은 의미가 없다. 대한민국 평창에서 개최된 2018년 동계올림픽을 보라. 세계적 협력이 얼마나 훌륭하게 기능할 수 있는지를 잘 보여주지 않았던가. '숙적'이었던 남북한이 평화로운 광경을 감동적으로 만들어냈고, 선수들이 메달을 두고 겨루는 동안 현장에 있던 수십만 명과 텔레비전 앞의 수십억 명이 같이 열광했다.

우리는 지난 2000년 동안 협력과 공존에서 대단한 진보를 이루어냈다. 바이애슬론이나 스키점프 같은 올림픽 종목의 경기규칙보다 더 터무니없고 제멋대로인 국경선 뒤로 정말로 다시 숨고 싶은가? 앞에서 말했듯이, 내일 외계인이 공격해온다면, 각국의 국기들은 재빨리 내려질 것이다.

그러나 다른 행성의 위협 없이도, 우리는 이미 대단한 전진을 이루어냈다. 이를테면 유럽연합을 보자. 물론 유럽연합은 완벽한 조직과 거리가 멀다. 그러나 우리의 지평을 막대하게 넓혔다. 독일과 프랑스 같은 소위 '앙숙'이 여러 차원에서 협력하는 평화로운 이웃이 되었다. 70년 전, 2차세계대전 직후에는 거의 상상할 수 없었던 일이다.

유럽연합 덕분에 중부유럽에서는 국경을 초월하는 신뢰가 다져졌다. 프랑스와 독일 그리고 그들의 이웃 국가가 핵연료사용이나 바이오테크놀로지에 관한 협정을 맺으면 적어도 계약파트너들이 상호 뒤통수를 치는 일은 없을 거라고 확신할 수 있다. 그러나 러시아, 중국, 미국이 계약서에 서명하면 사람들은 이 노신사들이 그저 카메라와 마이크가 켜져 있을 때만 악수를 하고 협력을 약속한다는 걸 이미 안다. 역시나 그들은 과학기술 분야에서 최고의 자리에 앉기 위해 각자 원자력이나 바이오테크놀로지 프로그램을 계속 진행한다.

어떻게 하면, 유럽의 화해와 신뢰구축이라는 정치적 걸작을 지구 곳곳에서 다시 만들어낼 수 있을까? 확신하건대, 변화의 효력 중에서 특히 세 가지가 전 세계적으로 이런 발달을 촉진할 것이다. 경제, 정치, 사회 지도자 자리에 오른 많은 여성과 포괄적 의식을 가진 젊은 세대가 민족 이데올로기의 의미를 퇴색시킬 것이다. 세계 전역에서 대도시가 멈출 수 없이 성장하면서 결국 일종의 '도시 부족사회'가 생겨난다. 세계의 대도시들은 국가 정부를 통하지 않고 지금까지보다 훨씬 강하게 서로 연결될 것이다. 지역 단위로 유연하게 협력할 수 있는 강력한 글로벌 네트워크가 생긴다. 바이오테크놀로지, 나노

기술, 양자기술의 기하급수적 발전으로 사회는 결국 우리가 이제 막 예측할 수 있게 된 방식으로 적응하게 될 것이다.

현재 불고 있는 국가주의 바람에도 긍정적인 면이 있다. 국가주의를 통해 우리는 사람들이 '자신의 나라'와 '자신의 국민'을 신뢰한다는 것을 확인할 수 있다. 이제 이 시각을 '국가'에서 '대륙'으로, 최대한 빨리 '세계'로 확장하는 시도가 필요하다. 그러면 모든 차원에서 국경을 초월하여 협력할 수 있다.

지성사회를 위한 철학 도구들

"디지털화가 가능한 것은 전부 디지털화된다." 잘난 체하는 이런 선언에 더는 끌려다녀선 안 된다. 마침내 근본적인 질문을 제기해야 할 때다. **우리가 이치를 알고 그리하여 분별 있고 합리적이며 윤리적인 인지와 결단에 도달하도록 지성과 감성을 연결하려면 어떻게 해야 할까?**

자연이 만물의 영장으로 선택한 인류가 새로운 과학기술 때문에 그리고 과두세력의 손아귀에 집중된 권력을 통해 과연 사라지거나 왜곡될 것인지 고민해야 한다. 인공지능과 바이오테크놀로지를 통해 우리의 유전자가 근본적으로 바뀌면 우리는 진정한 자유에 도달할 수 있을까? 자신의 존재를 탐구하고자 하는 (특히 젊은 사람들의) 욕구가 점점 강해지고 있다. 수많은 연구가 그것을 보여주고 나 역시 사람들과의 대화에서 계속 그것을 확인한다.

우리는 우리 자신에 대해 더 많이 알아야 한다. 우리의 약점과 사각지대와 한계를 명확히 이해해야 한다. 우리의 자아는 주체가 아니다. 일관된 행위자가 아니다. 우리의 자아는 각자가 현실에 투영한 다양한 역할로 이루어져 있다. 이 역할을 더 잘 이해하는 법을 배우려면 어떻게 해야 할까? 어떻게 해야 우리는 이 역할들을 맘껏 펼치거나 버릴 수 있을까? 지금까지 이런 질문에 몰두하는 사람은 많지 않았다. 그러나 오늘날 그 어느 때보다 그것이 시급하다.

우리는 철학적 사색으로 의식혁명에 도달하고 의식혁명은 우리에게 주의력과 날카로운 인식을 더 많이 허락한다. 지난 수십 년 동안 새로운 과학 분야가 많이 생겨났고 대부분이 철학을 오늘의 질문에 아무 대답을 줄 수 없는 어제의 분야라고 주장한다.

그러나 진실은 그 반대이다. 총체적이고 포괄적인 접근으로만 우리는 양자경제와 지성사회를 구축할 수 있다. 그리고 그것을 위해 우리는 합리성과 논리뿐 아니라 사회성과 감성도 필요하다. IQ뿐 아니라 'WeQ'도 필요하다. 자연과학뿐 아니라, 개인과 전체 모두에 봉사하는 철학도 필요하다. 우리는 세계공동체와 연결되어 있다. 동시에 우리는 개인의 자유를 열망하면서 이것이 공동선과 조화를 이룰 때만 가능하다는 역설을 깨닫고 혼란스러워한다. '모든 철학자의 철학자' 헤겔이 이미 우리에게 설명했듯이, 자유는 우리가 원하는 것을 할 수 있다는 뜻이 아니다. 우리는 다른 사람과 관계를 맺을 때만 개인의 자유를 누릴 수 있다. 그러려면 공동선을 추구하는 합리적이고 잘 돌아가는 사회가 전제되어야 한다.

유럽대륙의 철학, 특히 독일어권의 철학은 오랜 전통을 가졌다. 독일 이상주의의 가장 중요한 대표자인 헤겔은 비록 자신의 철학을 아주 복잡하게 서술했지만, 그것은 200년 전과 마찬가지로 매우 시의적절하다.[2] 기초적 존재론의 창시자, 하이데거 덕분에, 설령 그가 나치 시대에 잠깐 길을 잃었더라도, 우리는 인류 역사의 위기에서 절대 포기할 수 없는 철학적 통찰을 가졌다. 정신분석학 창시자 프로이트와 그의 뛰어난 제자 융은 무엇보다 헤겔에게서 영감을 얻었다. 정신분석학자이자 정신의학자인 라캉은 프로이트와 융의 획기적인 작업에 기반을 둔다. 라캉의 '비어있는 틈새 공간' 개념이 정신분석학에만 혁명을 일으킨 건 아니다.[3]

교리, 신화, 선입견의 위대한 파괴자 니체 그리고 앞에서 이미 언급했던 현상학 창설자 후설 역시 위대한 독일 철학자이고, 그들의 사상은 오늘날 그 어느 때보다 더 중대하다. 쇼펜하우어는 유럽의 철학과 불교의 깨달음이 어떻게 연결될 수 있는지 가르쳐줄 수 있다.[4] 그것은 과학과 영성 사이에 다리를 놓는 한 모델일 수 있고, 현재 다방면으로 열심히 연구된다. 자연과학이 물질주의에서 벗어나고, '연결'과 '공백'에 대한 물음, 즉 사르트르와 라캉이 몰두했던 물음으로 초점을 옮기고 있다. **특히 인간과 의식의 포괄적 특성에 관한 한, 과학은 철학적 접근법과 통찰을 결코 무시할 수가 없다.** 신경학자와 양자 연구자는 영성 철학의 형이상학적 모델 없이는 앞으로 나아가지 못한다. 인공지능연구는 존재론자 즉 하이데거처럼 존재와 무 그리고 현실의 기본구조를 연구하는 철학자의 사상 없이는 앞으로 나아가지 못한다.

내가 이해하는 철학에 따르면, 진리는 사고와 사물 자체의 근원적 해석이 아니라 과학과 기술진보라는 도전과제에 직면한 현재의 해석에 있다. 메소포타미아에서 최초의 문헌이 기록된 이후 지난 5000년 동안 인류는 진화적으로 아주 조금만 변했지만 앞으로 닥칠 광범위한 변화는 오늘날 우리가 사색해야 할 맥락을 완전히 바꾸어 놓았다. 급속한 과학발전과 새로운 기하급수적 기술이 우리의 삶에 미치는 거대한 영향은, 새로운 세상을 바라보는 급진적 관점의 문을 열어줄 것이다.

분야들이 점점 더 가까워지지만, 인문학과 자연과학 사이의 간격은 아직 극복하지 못했다. 양 진영이 같은 주제를 다루는 것 같지만, 여전히 종종 서로 어긋난다. 그러나, 함께 해야 진보에 이를 수 있다는 깨달음이 양 진영 모두에서 커지고 있다.

디지털 선점을 다투는 거인의 경쟁에서 구세계는 버틸 수 없지만, 철학자의 경쟁에서 유럽은 아무튼 유리할 것이다. 베르너 하이젠베르크, 에르빈 슈뢰딩거, 볼프강 파울리, 막스 플랑크 그리고 무엇보다 알베르트 아인슈타인 같은 현대 물리학의 선구자들은 뛰어난 자연과학자였을 뿐 아니라, 연구의 철학적 의미를 온전히 의식했던 서구 교육을 받은 남자들이었다. 새로운 진정한 계몽, 즉 유럽 철학의 르네상스와 부활을 시작하면, 우리는 이 전통을 이어갈 수 있고 이어가야만 한다.

우리는 과거의 보물을 구해내 21세기의 과제를 유용하게 만들고 계속 생각해야 한다. 스티븐 호킹도 그의 마지막 유작《큰 질문에 대한 짧은 대답Brief Answers to the Big Questions》에서 그것을 지지했다. 이 탁월한 물리학자는, 연구의 초점을 우주 규모로 큰 차원과 아원자 규모로 작은 차원에 둬야 한다고 주장한다. 양자물리학은 그곳으로 가는 합리적이고 과학적인 길이다. 실용적인 철학이 고전물리학과 현대 물리학 사이에, 생물학과 의식 사이에, 과학기술과 인간존재의 핵심 사이에 다리를 놓을 수 있다. 우리는 오직 둘 사이의 공백에서만 인류를 위한 진보를 이룰 수 있다. 그리고 그러기 위해서는 과감하게 기존의 길을 버리고 지평을 더 넓혀야 한다.

아인슈타인의 상대성이론과 1920년대 근대물리학 이론의 실용적 구현을 바탕으로 오늘날 철학을 부활시키는 일은 우리 손에 달렸다. 이때 우리의 임무는 철학저서를 이해하고 절대시하는 게 아니라, 우리가 살고 있는 지금 시대에 철학을 투영하는 것이다. 쾨니히스베르크의 작은 방에서 사색하는 칸트도, 고요한 예나의 헤겔도, '초인Übermenschen'에 관한 논문에 깊이 몰두한 니체도, 현재 우리가 경험하는 세상을 상상할 수 없었고 초지능, 특이점, 포스트휴머니즘을 사색의 출발점으로 사용할 수 없었다. 이제 기회의 창이 열렸다. 위대한 철학자의 사상을 21세기 맥락에서 새롭게 생각하기, 헤겔이 아주 적절히 표현한 것처럼 "시대 정신을 파악하는 것 역시 철학이다."

그렇다면 이전 세기의 사상가들은, 현대 과학기술의 잠재력을 이용할 수 있도록 무엇을 주었을까? 우리 현대인은 그런 가능성을 가졌고 그러므로 책임도 우리에게 있다. **우리에게는 결정을 반추하고 행위를 숙고할 권리와 의무가 있다. 부유한 유럽, 첫 계몽의 대륙, 철학 전통과 기술 선구자는 지성사회를 위한 사회 시스템 개발을 선도할 수 있다.** 그것을 통해 우리는 인간존재에 대한 깊은 이해에 도달하고, 현실과 내적 경험, 외부세계와 내면세계를 결합할 수 있다. 이것은 양자현실의 '얽힘'과 다르지 않다.

철학자를 깨워라

모든 인간에게는 철학적 잠재력이 있다. 인간은 어디에서 왔고 어디로 가는가? 우리는 모두 적어도 청소년 시절에 이런 큰 질문에 몰두했었다. 그러나 지라면서 대부분은 실용적 질문으로 돌아서고, 소수의 몇 명만이 철학자가 된다. 그러나 철학하는 기술은 누구나 배울 수 있다. 유치원과 초등학교 때부터 그에 합당한 철학적 접근법을 가르쳐야 한다. 그리고 경제, 행정, 정치 지도자들은 필수적으로 실용철학을 공부해야만 한다.

우리는 이미 양자 유토피아로 가는 여정에 있고, 다가오는 양자경제는 이 여정에서 큰 한걸음이 될 것이다. 물론 미래는 기술이 주도할 것이다. 나는 그것을 이미 보고 있고 그에 따른 엄청난 기회를 긍정적으로 본다.

물론, 소비를 포기하는 현자와 영성에 헌신하는 삶을 설교하는 일종의 새로운 히피운동이 있다는 것을 잘 안다. 그러나 현실적인 길이 아니다. 모두가 시골로 돌아갈 수는 없다. 모두가 소비를 거부하고 명상과 기도로 살 수는 없다. 양자경제를 발전시키기 위해 우리는 내구성이 좋은 튼튼한 구조가 필요하다.

철학자는 책을 쓴다. 실용적인 철학은 세계를 바꾼다. 그러나 새로운 아이디어가 새로운 현실을 만들 수 있으려면 직원, 예산, 건물, 투

당신 안에 있는 철학자를 깨워라!

다른 사람에게서 기꺼이 배워라. 자기 의견을 바꿀 줄 아는 것은
강점이다.

질문에 초점을 두어라.

이기기 위해 토론하지 말고, 언제나 해결책에 초점을 두어라. 그런
토론만이 개선과 진보로 이끈다.

이 책의 제안에 흥미를 갖고, 플라톤, 헤겔, 후설 등의 철학책을 직
접 읽어보라. 양자연구와 영성의 다양한 접근법 역시 공부해보라.

당신만의 고유한 세계관을 발견하라.

호기심과 학구열을 가져라. 평생 배워야 한다. 그것은 직업적 경력
뿐 아니라 개인적으로 내뿜는 광채에도 도움이 된다. 흥미를 가진
사람이 흥미를 끈다.

당신 자신을 탐구하라. 당신은 인생에서 어떤 역할을 하는가? 당
신이 기꺼이 하고 싶은 역할이 있는가?

진짜, 가짜, 허구를 구별하라.

더 많은 명료함과 더 많은 의식에 도달하기 위해 명상하라.

자 등, 제도적 기반이 필요하다. 그렇게 했을 때 비로소 위대한 프로
젝트가 시간과 권력을 획득하고 사회가 그 가치를 인지하게 된다.

새로운 제도들은 사적인 영역과 경제적 영역에서 인간의 대인관

게 능력을 개선해야 한다. **모든 인간은 자신의 경력, 인생, 성품, 감정, 기분에 영향을 받는다. 그 영향력은 우리가 스스로 의식하는 것보다 훨씬 크다.** 새로운 제도에서 가르쳐야 할 가장 중요한 교훈은, 한 인간의 전체 인생을 좌우하는 유년기의 중대성이어야 한다.

양자경제는 인간의 행위를 통해 형성되고, 무수히 많은 요소를 기반으로 한다. 그런데 그중 몇몇 요소는 결정 시점에야 비로소 발생한다. 말하자면 양자경제는 본래 창의적이고 길들일 수 없고 불안정하며 그래서 그것의 발달과 미래의 위기 그리고 수정 역시 정확히 예측이 안 된다. 양자물리학과 마찬가지로 양자경제에서도 포괄적 이론을 세우는 것이 적어도 현재는 불가능하다. 어쩌면 아직 퍼즐 조각 몇몇 개가 부족하거나, 아직 전체 그림을 보지 못했고 아직 올바른 질문을 제기하지 않았기 때문에 우리가 엉뚱한 곳에서 헤매고 있을지도 모른다.

앞으로 10년은 양자물리학과 의식연구를 획기적으로 발전시킬 것이고, 보편적 진리와 모든 해답에 우리를 더 가까이 데려갈 것이다.

그럼에도 마지막에는 인간이 남아야 한다. 적어도 내 관점에서 그것이 최우선 목표이자, 오래된 철학적 질문에 답하고 새로운 질문을 찾는 또 다른 흥미진진한 여정이어야 한다. 이 여정의 나침반으로 지성사회가 필요하다. 그리고 우리는 앞으로 10년 동안 새로운 운영시스템을 구축해야 한다. 나는 그 해답이 양자경제에 있다고 생각한다. 더 많은 안정, 디 많은 연대, 휴머니즘 자본주의를 위해. 그러년 우리는 유토피아 꿈을 좇을 수 있고 모두를 위한 더 나은 세상을 만들 수 있다.

지속적인 최적화를 통해 양자경제에 대한 이해가 점점 개선되고 있다. 우리는 반복되는 위기를 피하는 법을 배우게 될 것이다. 우리는 더 큰 의식을 발달시킬 것이고, 세계가 양자구조이고 그래서 결정론적 모델이 더는 도움을 줄 수 없음을 깨달을 것이다. 양자 유토피아와 마찬가지로 양자경제 역시 목적지가 아니라 여정이다. 시스템이 아니라 무한한 과정이다.

후주

머리말

1. Jörg Eigendorf, "Exclusive Interview: Dalai Lama —'I Am a Supporter of Globalization.'" *DIE WELT*, 1 Sept. 2015, www. welt.de/ english- news/ article4 1330 61/ Dalai- Lama-I-am-a- supporter-ofglobalization.html. Accessed 14 August 2020.
2. A. H. Maslow, *Classics In The History Of Psychology:A Theory Of Human Motivation.* <psychclassics. yorku. ca/Maslow/ motivation. htm> [Accessed 22 August 2020]. Originally Published in *Psychological Review,* 50, 1943, 370–396.
3. Adam Smith and Alan Krueger, The Wealth of Nations (Bantam Classics). Reprint, Bantam Classics, 2003, p. xvi–xviii.
4. Ibid., p. xii.

1장

1. Alexander Wendt, *Quantum Mind and Social Science.* Cambridge-United Kingdom, United Kingdom, Cambridge University Press, 2015.
2. Gary Zukav, *Dancing Wu Li Masters An Overview of the New Physics.* Bantam Books, 1979, p. 208, footnote. Reply, according to Dr. Felix T. Smith of Stanford Research Institute, to a physicist friend who had said "I'm afraid I don't understand the method of characteristics."
3. Albert Einstein, Typed letter signed ("A. Einstein") to Daniel M. Lipkin. Princeton, 5 July 1952.
4. Richard Feynman, "Probability and Uncertainty —The Quantum Mechanical View of Nature." Sixth Messenger Lecture, Cornell University, November 18, 1964.
5. Immanuel Kant and Norman K. Smith, *Immanuel Kant's Critique of Pure Reason.* MacMillan, 1929.
6. Donella H. Meadows, *The Limits to Growth: A Report for the Club of Rome's Project on the Predicament of Mankind.* Universe Books, 1972.
7. Rachel Bronson, "Current Time." *Bulletin of the Atomic Scientists,* 23 Jan. 2020, thebulletin. org/ doomsday- clock/ current- time. Accessed 14 August 2020.
8. Yuval Noah Harari, *Homo Deus.* Harvill Secker, 2016.
9. "Hawking: AI Could End Human Race." *BBC News,* 2 Dec. 2014, www. bbc. com/ news/ technology- 30 29 05 40. Accessed 30 July 2020.
10. "Elon Musk: 'With artifi cial intelligence we are summoning the demon.'" *The Washington Post,* 24 Oct. 2014, www.washingtonpost.com/news/innovations/wp/ 2014/10/24/ elonmusk-with-artificial-intelligence-we-are-summoning-the-demon. Accessed 30 July 2020.
11. Henry Kissinger, "How the Enlightenment Ends." The Atlantic, 30 Aug. 2019, www. theatlantic.com/magazine/archive/2018/06/henry-kissinger-ai-could-mean- the-end-of-human- history/559124. Accessed 30 July 2020.

1. Dilwyn Know, "Giordano Bruno," in: *Stanford Encyclopedia of Philosophy,* plato. stanford. edu/entries/bruno, 30 May 2018. Accessed 30 July 2020.
2. Scott Horton, "Kant —The Crooked Wood of Humankind." *Harper's Magazine,* 15 Oct. 2012, harpers.org/2009/05/kant-thecrooked-wood-of-humankind. Accessed 1 July 2020.
3. T. S. Kuhn, *The Copernican Revolution.* Harvard University Press, 1957.
4. Richard Rorty, et al., *What's the Use of Truth?* Columbia University Press, 2007.
5. George Orwell, *1984.* 1950. Signet Classic, Penguin Books, 1981, p. 4.
6. Ibid., p. 80.
7. Ibid., p. 81.
8. Donald J. Trump, "The concept of global warming was created by and for the Chinese in order to make U. S. manufacturing non-competitive." *Twitter,* 06 Nov. 2012. 2:15 p.m., twitter.com/real Donald Trump/status/265895292191248385.
9. George Orwell, *1984.* 1950. Signet Classic, Penguin Books, 1981, p.81.
10. Jean-Baptiste le Rond D'Alembert, "Preliminary Discourse." *The Encyclopedia of Diderot & d'Alembert Collaborative Translation Project.* Translated by Richard N. Schwab and Walter E. Rex. Michigan Publishing, University of Michigan Library, 2009. Web. Accessed 20 July 2020. <hdl. handle.net/2027/spo. did2222.0001.083>. Trans. of "Discours Preliminaire," *Encyclopedié ou Dictionnaire raisonne des sciences, des arts et des métiers,* vol. 1. Paris, 1751.
11. Hans Rosling, "Let My Dataset Change Your Mindset." *TEDTalks.* 03 June 2009. www. ted.com/talks/hans_rosling_let_my_dataset_change_your_mindset. Accessed 4 August 2020.
12. Roula Inglesi-Lotz, "A Big Eff ort to Invest in Education Will Payoff in the Long Term for South Africa." *The Conversation,* 25 May 2020, www. theconversation.com/a-big-effort-to-invest-ineducation-will-pay-off-in-the-long-term-for-south-africa-138139. Accessed 18 August 2020.
13. Alexander Bard and Jan Soderqvist, *Netocracy.* Pearson Education, 2002.
14. Dave Eggers, *The Circle: A Novel.* Penguin Books, 2014.
15. Thomas Piketty, *Capital in the Twenty-First Century.* Belknap Press of Harvard University Press, 2014.
16. Scotty Hendricks, "Why Slavoj Žžk Is a Communist, Kind Of." *Big Think,* 7 Aug. 2019, bigthink.com/politics-current-affairs/slavoj-zizek-communist. Accessed 4 August 2020.
17. Friedrich Nietzsche, et al., *Zur Genealogie der Moral: Eine Streitschrift [On the Genealogy of Morals],* 1887. Reprint, Penguin Classics, 2014.
18. Thomas Kuhn and Ian Hacking, *The Structure of Scientific Revolutions: 50th Anniversary Edition.* Fourth, University of Chicago Press, 2012.
19. Caleb Crain, "The Case Against Democracy." The New Yorker, 9 July 2019, www. newyorker.com/magazine/2016/11/07/the-caseagainst-democracy. Accessed 14 August 2020.
20. Plato and Paul Shorey, *The Republic.* Amsterdam University Press, 2006.
21. David Estlund, *Democratic Authority: A Philosophical Framework.* Princeton University Press, 2007.
22. Thomas Mann and H. Lowe-Porter, *Death in Venice: And Seven Other Stories.* Reissue, Vintage, 1989.

23. Andrew Chatzky and James McBride, "China's Massive Belt and Road Initiative." *Council on Foreign Relations,* 21 Feb. 2019, www.cfr.org/backgrounder/chinas-massive-belt-and-roadinitiative. Accessed 4 August 2020.

24. Peter Thiel and Blake Masters, *Zero to One: Notes on Startups, or How to Build the Future.* Crown Business, 2014.

25. Charlie Zhu, "China's State Grid to Buy Brazil Assets from Spain's ACS." *U. S.,* 29 May 2012, www.reuters.com/article/usstate-grid-brazil-idUSBRE84S0C520120529. Accessed 14 August 2020.

3장

1. Samuel P. Huntington, *The Clash of Civilizations and the Remaking of World Order.* Simon and Schuster, 1996.

2. Hermann Simon, *Hidden Champions of the Twenty-First Century: The Success Strategies of Unknown World Market Leaders.* 2009th ed., Springer, 2009.

3. "Meet the New Micro Multinationals, Selling Everything from Doll's Clothes to Dictionaries." *World Economic Forum,* 14 June 2017, www.weforum.org/agenda/2017/06/meet-the-new-micromultinationals-selling-everything-from-doll-s-clothes-todictionaries. Accessed 14 August 2020.

4. Hannah Ritchie, "Urbanization." *Our World in Data,* 13 June 2018, ourworldindata. org/urbanization . Accessed 18 August 2020.

5. David Goodhart, *The Road to Somewhere: The Populist Revolt and the Future of Politics.* Hurst & Company, 2017.

6. "World Population Prospects—Population Division—United Nations." World Population Prospects 2019, 2019, population.un.org/wpp. [Custom data acquired via website.] Accessed 14 August 2020.

7. "Marriage and Divorce Statistics —Statistics Explained." *Eurostat,* July 2020, ec.europa. eu/eurostat/statistics-explained/index.php?title=Marriage_and_divorce_ statistics. Accessed 14 August 2020.

8. "The Rise of Living Alone: How One-Person Households Are Becoming Increasingly Common around the World." *Our World in Data,* 10 Dec. 2019, ourworldindata. org/ living-alone. Accessed 14 August 2020.

9. "Fridays for Future—How Greta Started a Global Movement." *Fridays For Future,* 5 Aug. 2020, fridaysforfuture. org/what-we-do/who-we-are. Accessed 14 August 2020.

10. Tina Brown, "The Gig Economy." *Daily Beast,* 14 July 2017, www. thedailybeast.com/the-gig-economy. Accessed 14 August 2020.

11. "Micropreneur Law and Legal Defi nition." *USLegal,* 2019, definitions.uslegal.com/m/micropreneur. Accessed 13 August 2020.

12. "University Gender Gap at Record High as 30,000 More Women Accepted." The Guardian, 27 Nov. 2017, www.theguardian.com/education/2017/aug/28/university-gender-gap-at-record-high-as-30000-more-women-accepted. Accessed 15 August 2020.

13. "South Korean Women Are Fighting to Be Heard." The Economist, 7 Apr. 2020, www. economist.com/special-report/2020/04/08/south-korean-women-are-fighting-to-be-heard. Accessed 15 August 2020.

14. D. G. Tendulkar, *Mahatma.* Volume 3 [1930–1934], The Publications Division, Ministry of Information and Broadcasting, Government of India, 1951, page 46.

15. Daniel Amen, M. D., *Unleash the Power of the Female Brain: Supercharging Yours for Better Health, Energy, Mood, Focus, and Sex.* 1st ed., Harmony, 2013.
16. "6 Reasons Why Women Are Neurologically Wired To Be Leaders." The Health Loft, 26 Mar. 2018, www.thehealthloft.ca/6-reasons-why-women-are-neurologically-wired-to-be-leaders. Accessed 1 July 2020.
17. Olga Khazan, "Male and Female Brains Really Are Built Differently." *The Atlantic,* 27 Mar. 2018, www.theatlantic.com/health/archive/2013/12/male-and-female-brains-really-are-builtdifferently/281962. Accessed 15 August 2020.
18. Erika Edwards and Lauren Dunn, "Is Germany's Health Care System a Model for the U. S.?" Nbcnews.Com, 30 June 2019, www.nbcnews.com/health/health-news/germany-s-health-caresystem-model-u-s-n1024491. Accessed 14 August 2020.
19. "Taiwan: Novel Coronavirus Development 2020." *Statista,* 24 Aug. 2020, www.statista.com/statistics/1108537/taiwan-novelcoronavirus-covid19-confi rmed-death-recovered-trend. Accessed 24 August 2020.
20. Chelsea Ritschel, "Man Reveals He Has 'no Friends' in Viral Video about Loneliness." *The Independent,* 18 Dec. 2019, www.independent.co.uk/life-style/ loneliness-no-friends-video-markgaisford-linkedin-youtube-a9252086.html. Accessed 18 August 2020.
21. Pascal-Emmanuel Gobry, "A Science-Based Case for Ending the Porn Epidemic." *American Greatness,* 6 Feb. 2020, www.amgreatness.com/2019/12/15/a-science-based-case-for-endingthe-porn-epidemic. Accessed 18 August 2020.
22. Mindy Weisberger, "A New Supercomputer Is the World's Fastest Brain-Mimicking Machine." *Scientific American,* 5 Nov. 2018, www.scientifi camerican.com/article/a-new-supercomputer-is- theworlds-fastest-brain-mimicking-machine. Accessed 18 August 2020.
23. "Glossary: Biotechnology—Statistics Explained." *Eurostat,* 26 Sept. 2018, ec.europa.eu/eurostat/statistics-explained/index.php/Glossary:Biotechnology. Accessed 24 August 2020.
24. Pawel Kafarski, "Rainbow code of biotechnology." *Chemik.* 66, pp. 814–816.
25. "The Cost of Sequencing a Human Genome." Genome.Gov, 13 Mar. 2019, www.genome.gov/about-genomics/fact-sheets/Sequencing-Human-Genome-cost. Accessed 14 August 2020.
26. "Dante Labs Off ers $199 Whole Genome Sequencing Promotion for Black Friday Week—Press Release—Digital Journal." Digitaljournal.Com, 18 Nov. 2018, www.digitaljournal.com/pr/4033057. Accessed 14 August 2020.
27. Aparna Vidyasagar, "What Is CRISPR?" *Live Science,* 21 Apr. 2018, www.livescience.com/58790-crispr-explained.html. Accessed 14 August 2020.
28. Jacob Bunge, "Tastes like Chicken? Lab-Grown 'Clean Meat' Wins Taste-Testers' Approval." MarketWatch, 15 Mar. 2017, www.marketwatch.com/story/tastes-like-chicken-lab-grown-cleanmeat-wins-taste-testers-approval-2017-03-15. Accessed 14 August 2020.
29. "9 Statt 250.000 Euro Fur Einen Burger—Kosten Fur Laborfleisch Sinken." *Grunderszene Magazin,* 11 July 2019, www.gruenderszene.de/food/in-vitro-fl eisch-kosten ?interstitial. Accessed 14 August 2020.
30. Olli Sovijarvi, et al., *Biohacker's Handbook: Upgrade Yourself and Unleash Your Inner Potential.* 2nd ed., Biohacker Center, 2020.
31. Teemu Arina, Personal interview/conversation. August 2018.
32. "Nanaotechnology World: Graphene: A 'miracle Material' in the Making." *The Guardian,* 22

Feb. 2017, www.theguardian.com/nanotechnology-world/graphene-a-miracle-material-in-themaking. Accessed 14 August 2020.

33. Amanda Maxwell, "Carbon Nanotube Applications in Daily Life." *Now. Powered by Northrop Grumman,* 21 Aug. 2019, now. northropgrumman.com/carbon-nanotube-applications-in-dailylife. Accessed 14 August 2020.

34. Hugo Miller, "Bloomberg—Are You a Robot?" *Bloomberg.com,* 20 Jan. 2020, www. bloomberg.com/news/articles/2020-01-20/facebook-s-failed-libra-starts-2020-facing-fresh-swiss-hurdles. Accessed 14 August 2020.

35. Shannon Brescher Shea, "Creating the Heart of a Quantum Computer: Developing Qubits." *Energy.Gov,* 10 Feb. 2020, www.energy.gov/science/articles/creating-heart-quantum-computerdeveloping-qubits. Accessed 14 August 2020.

36. Kevin Hartnett, "A New Law to Describe Quantum Computing's Rise?" *Quanta Magazine,* 18 June 2019, www.quantamagazine.org/does-nevens-law-describe-quantum-computings-rise-201906 18. Accessed 14 August 2020.

37. Emanuele Polino, et al., "Photonic Quantum Metrology." *AVS Quantum Science,* vol.2, no.2, 2020, p.024703. Crossref, doi:10.1116/ 5. 0007577.

38. "Solid I Inrupt." *Inrupt,* June 2020, inrupt.com/solid. Accessed 14 August 2020.

39. Johann Wolfgang von Goethe and Paul Dyrsen, "The Sorcerer's Apprentice." *Germanstories.vcu.edu,* 1779, germanstories.vcu.edu/goethe/zauber_e4.html. Accessed 18 August 2020.

4장

1. C. Johnson. "Einstein's Discovery of General Relativity, 1905–1915." *Discover Magazine,* 29 Nov. 2005, www.discovermagazine.com/the-sciences/einsteins-discovery-of-general-relativity-1905-1915. Accessed 15 August 2020.

2. William A. Fedak and Jeff rey J. Prentis, "The 1925 Born and Jordan Paper 'On Quantum Mechanics.'" *American Journal of Physics,* vol. 77, no. 2, 2009, pp. 128–39. Crossref, doi:10.1119/1.3009634.

3. Jan Hilgevoord and Jos Uffi nk, "The Uncertainty Principle," *The Stanford Encyclopedia of Philosophy* (Winter 2016 Edition), Edward N. Zalta (ed.), plato.stanford.edu/archives/win2016/entries/qt-uncertainty. Accessed 13 July 2020.

4. "BBC—Science & Nature—Horizon." *BBC,* 17 Sept. 2014, www.bbc co.uk/sn/tvradio/programmes/horizon/einstein_ symphony_prog_summary.shtml. Accessed 24 August 2020.

5. Adán Cabello, "Interpretations of Quantum Theory: A Map of Madness." *What Is Quantum Information?*, edited by Olimpia Lombardi et al., Cambridge University Press, 2017, pp. 138–144.

6. "The Mysteries of the World's Tiniest Bits of Matter." *Scientific American,* May 2015, www. scientificamerican.com/article/the-mysteries-of-the-world-s-tiniest- bits-of-matter. Accessed 7 June 2020.

7. "The Higgs Boson I CERN." CERN, 3 Aug. 2020, home.cern/science/physics/higgs-boson. Accessed 14 August 2020.

8. "The Born Rule Has Been Derived From Simple Physical Principles." *Quanta Magazine,* 13 Feb. 2019, www.quantamagazine.org/the-born-rule-has-been-derived-from-simple-physical-principles-20190213. Accessed 14 August 2020.

9. Ibid.

10. A. Einstein, et al., "Can Quantum-Mechanical Description of Physical Reality Be Considered Complete?" *Physical Review,* vol. 47, no. May 15, 1935, pp. 777–80.

11. James Temperton, "'Now I Am Become Death, the Destroyer of Worlds'. The Story of Oppenheimer's Infamous Quote." *WIRED UK,* 6 Aug. 2020, www.wired.co.uk/article/manhattan-projectrobert-oppenheimer. Accessed 14 August 2020.

12. Tilman Sauer, "An Einstein Manuscript on the EPR Paradox for Spin Observables." Studies in History and Philosophy of Science Part B: *Studies in History and Philosophy of Modern Physics,* vol. 38, no. 4, 2007, pp. 879–87. Crossref, doi:10.1016/j.shpsb.2007.03.002.

13. "Turning 'Funky' Quantum Mysteries into Computing Reality." *MIT News | Massachusetts Institute of Technology,* 16 Feb. 2008, news.mit.edu/2008/turning-funky-quantum-mysteries-computingreality. Accessed 14 August 2020.

14. Lev Vaidman, "Many-Worlds Interpretation of Quantum Mechanics," *The Stanford Encyclopedia of Philosophy* (Fall 2018 Edition), Edward N. Zalta (ed.), plato.stanford.edu/archives/fall2018/entries/qm-manyworlds. Accessed 14 August 2020.

15. David Deutsch, *The Fabric of Reality: The Science of Parallel Universes—and Its Implications.* Allen Lane, 1997.

16. David Deutsch, *The Beginning of Infi nity: Explanations That Transform the World.* 1st American ed. Viking, 2011.

17. Carlton M. Caves, et al., "Quantum Probabilities as Bayesian Probabilities." *Physical Review A,* vol. 65, no. 2, 2002. Crossref,doi:10.1103/physreva.65.022305.

18. Christopher A. Fuchs, et al., "An Introduction to QBism with an Application to the Locality of Quantum Mechanics." *American Journal of Physics,* vol. 82, no. 8, 2014, pp. 749–54. Crossref,doi:10.1119/1.4874855.

19. Christopher A. Fuchs, "QBism Through the Wormhole." *YouTube,* uploaded by Discovery Communications, LLC, 2 Jan. 2016, www.youtube.com/watch?v=LQv CTZgNRNw.

20. Richard Healey, "Quantum-Bayesian and Pragmatist Views of Quantum Theory," *The Stanford Encyclopedia of Philosophy*(Spring 2017 Edition), Edward N. Zalta (ed.), plato.stanford.edu/archives/spr2017/entries/quantum-bayesian. Accessed 14 August 2020.

21. Corey Powell, "Quantum Physics Is No More Mysterious Than Crossing the Street: A Conversation with Chris Fuchs." *Discover Magazine,* 17 Apr. 2020, www.discovermagazine.com/the-sciences/quantum-physics-is-no-more-mysterious-thancrossing-the-street. Accessed 7 June 2020.

22. "The Feynman Lectures on Physics Vol. III Ch. 16: The Dependence of Amplitudes on Position." *The Feynman Lectures on Physics,* 1964, www.feynmanlectures.caltech.edu/III_16.html. Accessed 7 June 2020.

23. The Royal Institution. "Upgrading the Particle Physics Toolkit: The Future Circular Collider — Harry Cliff , John Womersley." *YouTube,* uploaded by The Royal Institution, 10 Apr. 2019, www.youtube.com/watch?v=rEuM_e4 MvgE.

24. Raymond Serway, et al., *Modern Physics.* 3rd ed., Cengage Learning, 2004.

25. Helen Dukas and Banesh Hoff mann, *Albert Einstein, The Human Side: New Glimpses from His Archives. Book Club Edition,* Princeton University Press, 1979, page 68.

26. Alessandro Fedrizzi, "Quantum Physics: Our Study Suggests Objective Reality Doesn't Exist." *The Conversation,* 14 Nov. 2019, theconversation.com/quantum-physics-our-study-suggestsobjective-reality-doesnt-exist-126805. Accessed 10 May 2020.

27. Eugene Wigner, *Remarks on the Mind-Body Question.* William Heinemann, Ltd., 1961.

28. Reinhold Bertlmann and Anton Zeilinger, Quantum *[Un] Speakables II: Half a Century of*

Bell's Theorem (The Frontiers Collection). 1st ed. 2017, Springer, 2016.

29. Massimiliano Proietti, et al., "Experimental Test of Local Observer Independence." *Science Advances,* vol. 5, no. 9, 2019, p. eaaw9832. *Crossref,*doi:10.1126/sciadv. aaw9832.

30. Michael Rohlf, "Immanuel Kant," *The Stanford Encyclopedia of Philosophy* (Fall 2020 Edition), Edward N. Zalta (ed.), plato.stanford.edu/archives/fall2020/entries/kant.

31. "Finally We May Have a Path to the Fundamental Theory of Physics ⋯ and It's Beautiful." *Stephen Wolfram Writings,*14 Apr. 2020, writings.stephenwolfram.com/2020/04/finally-wemay-have-a-path-to-the-fundamental-theory-of- physics-and-itsbeautiful. Accessed 18 May 2020.

32. "About Nassim Haramein." *Resonance Science Foundation,* www.resonancescience. org/about-nassim-haramein. Accessed 25 August 2020.

33. Richard P. Feynman, "Simulating Physics with Computers." *International Journal of Theoretical Physics,* vol. 21, no. 6–7, 1982, pp. 467–88. Crossref,doi:10.1007/bf02650179.

34. Richard P. Feynman, "Capture of Blackboard [online image]." *Caltech Archives,* California Institute of Technology. 1988. archives.caltech.edu/pictures/1. 10–29. jpg. Accessed 15 August 2020.

35. Frank Arute, et al., "Quantum Supremacy Using a Programmable Superconducting Processor." *Nature,* vol. 574, no. 7779, 2019, pp. 505–10. *Crossref,*doi:10.1038/s41586-019-1666-5.

36. "Quantum Cryptography —Terra Quantum." *Terra Quantum AG,* terraquantum.swiss/ portfolio/quantum-cryptography. Accessed 26 August 2020.

37. "IBM Unveils World's First Integrated Quantum Computing System for Commercial Use." *IBM News Room,* 8 Jan. 2019, newsroom.ibm.com/2019-01-08-IBM-Unveils-Worlds-First-Integrated-Quantum-Computing-System-for-Commercial-Use. Accessed 14 August 2020.

38. Heinrich-Hertz-Institut, Fraunhofer. "UNIQORN." *Fraunhofer Institute for Telecommunications, Heinrich Hertz Institute,* HHI, www.hhi.fraunhofer.de/en/departments/pc/projects/uniqorn. html. Accessed 26 August 2020.

5장

1. Thomas Nagel, "What Is It Like to Be a Bat?" *The Philosophical Review,* vol.83, no.4, 1974, p. 435. Crossref,doi:10.2307/2183914.

2. David J. Chalmers, "Facing Up to the Problem of Consciousness." *The Character of Consciousness,* 2010, pp. 3–34. *Crossref,*doi:10.1093/acprof:oso/9780195311105.003.0001.

3. David Chalmers, "The Meta-Problem of Consciousness." *Journal of Consciousness Studies 25* (September-October), 2018, pp. 6–61.

4. Todd E. Feinberg and Jon Mallatt, "Phenomenal Consciousness and Emergence: Eliminating the Explanatory Gap." *Frontiers in Psychology,* vol. 11, 2020. *Crossref,*doi:10.3389/fpsyg.2020.01041.

5. Giulio Tononi, "An Information Integration Theory of Consciousness." *BMC Neuroscience,* vol. 5, no. 1, 2004, p. 42. *Crossref,* doi:10.1186/1471-2202-5-42.

6. Bernard Baars, et al., *A Cognitive Theory of Consciousness.* Cambridge University Press, 1988.

7. Bernard J. Baars, "Metaphors of Consciousness and Attention in the Brain." *Trends in Neurosciences,* vol. 21, no. 2, 1998, pp. 58–62. *Crossref,* doi:10.1016/s0166-2236(97)01171-5.

8. "Correction: Time Slices: What Is the Duration of a Percept?" *PLOS Biology,* vol. 14, no. 6,

2016, p. e1002493. Crossref,doi:10.1371/journal.pbio.1002493.

9. David Freedman, "Quantum Consciousness." *Discover Magazine,* 12 Nov. 2019, www.discovermagazine.com/mind/quantumconsciousness. Accessed 14 August 2020.

10. Steve Paulson, "Roger Penrose On Why Consciousness Does Not Compute." *Nautilus,* 4 May 2017, nautil.us/issue/47/consciousness/roger-penrose-on-why- consciousness-does-notcompute ?fbclid=IwAR2pr78yy33IbM5kZFzE2_pEyx3m YxjTkYEjZNz-YLYhtHbPKC8lgscCCIA. Accessed 14 August 2020.

11. "Discovery of Quantum Vibrations in 'microtubules' inside Brain Neurons Supports Controversial Theory of Consciousness." ScienceDaily, 16 Jan. 2014, www.sciencedaily.com/releases/2014/01/140116085105.htm. Accessed 15 August 2020.

12. John McCarthy, et al., "A Proposal for the Dartmouth Summer Research Project on Artifi cial Intelligence: August 31, 1955." *AI Magazine,* vol. 27, no. 4, 2006, pp. 12–14.

13. A. M. Turing, "Computing Machinery and Intelligence." *Mind,* vol. LIX, no. 236, 1950, pp. 433–60. Crossref,doi:10.1093/mind/lix.236.433.

14. Stephen Hawking, *A Brief History of Time.* 10th Anniversary, Bantam, 1998.

15. "At UN, Robot Sophia Joins Meeting on Artifi cial Intelligence and sustainable development." *UN News,* 11 Oct. 2017, news.un.org/en/story/2017/10/568292-un-robot-sophia-joins-meetingartificial-intelligence-and-sustainable. Accessed 14 August 2020.

16. "Ethical Issues In Advanced Artifi cial Intelligence." *Nick Bostrom,*nickbostrom.com/ethics/ai.html. Accessed 26 August 2020.

17. Eliezer Yudkowsky, "Artifi cial Intelligence as a Positive and Negative Factor in Global Risk." *In Global Catastrophic Risks. Illustrated,* (Bostrom, Nick, and Milan Cirkovic.), Oxford University Press, 2011, pp. 308–345.

18. Kevin Webb, "A Former World Champion of the Game Go Says He's Retiring Because AI Is so Strong: 'Even If I Become the No. 1, There Is an Entity That Cannot Be Defeated.'" *Business Insider,* 27 Nov. 2019, www.businessinsider.de/international/deep-mind-alphago-ai-lee-sedol-south-korea-go-2019-11. Accessed 15 August 2020.

19. Piero Scaruffi , "Intelligence Is Not Artifi cial: The Truth about AlphaZero." *Piero Scaruffi ,* 2018, www.scaruffi.com/singular/sin241 html. Accessed 18 August 2020.

20. Aaron Krumins, "AlphaZero Is the New Chess Champion, and Harbinger of a Brave New World in AI." *ExtremeTech,* 12 Dec. 2017, www.extremetech.com/extreme/260215-alphazero-newchess-champion-harbinger-brave-new-world-ai. Accessed 15 August 2020.

21. Feng Liu, et al., "Intelligence Quotient and Intelligence Grade of Artificial Intelligence." *Annals of Data Science,* vol. 4, no. 2, 2017, pp. 179–91. *Crossref,* doi:10.1007/s40745-017-0109-0.

22. "Norway Chess 8: Magnus Triumphs Again." Chess24. com, 14 June 2019, *chess24.*com/en/read/news/norway-chess-8-magnus-triumphs-again. Accessed 18 August 2020.

23. Rob Toews, "What Does 'Artifi cial Intelligence' Really Mean?" *Forbes,* 8 Apr. 2020, www.forbes.com/sites/robtoews/2020/02/17/what-does-artificial-intelligence- really-mean/ #179a49aa4c5f. Accessed 7 June 2020.

24. "Human Brain Project Home." *Human Brain Project,* www.humanbrainproject. eu/ en. Accessed 15 August 2020.

25. "Interviews with Great Scientists. VI. Max Planck. The Paradox of the Quantum." *The Observer* [London], 25 Jan. 1931, p. 17.

26. W. E. Lönnig, "Max Planck on the Subject of God ego and Science." Wolf-Ekkehard Lönnig, www.weloennig.de/MaxPlanck.html. Accessed 15 August 2020.

27. Jean-Paul Sartre , *Existentialism Is a Humanism.* 1946. Reprint, Yale University Press, 2007, p. 22.
28. A. Schurger, et al., "An Accumulator Model for Spontaneous Neural Activity Prior to Self-Initiated Movement." *Proceedings of the National Academy of Sciences,* vol. 109, no. 42, 2012, pp. E2904-13. Crossref,doi:10.1073/pnas. 1210467109.
29. Ernest Becker, *The Denial of Death.* 1st ed., The Free Press, 1973.
30. Niels Nymann Eriksen, *Kierkegaard's Category of Repetition(Kierkegaard Studies. Monograph Series, 5).* Reprint 2012 ed., De Gruyter, 2000, p. 11.

6장

1. Sigmund Freud, ed., *Imago: Zeitschrift für Anwendung der Psychoanalyse auf die Geisteswissenchaften.* Hugo Heller, 1913, V. S. 1–7.
2. Sigmund Freud, *A General Introduction to Psychoanalysis.* First Ed., Boni and Liveright, 1920.
3. Nicolaus Copernicus, "On the Revolutions of the Heavenly Spheres." *Great Books of the Western World,* 2nd ed., Encyclopaedia Britannica, 1952, pp. 497–838.
4. Charles Darwin, *On the Origin of the Species.* London, John Murray, 1859.
5. Sigmund Freud, *A General Introduction to Psychoanalysis.* First Ed., Boni and Liveright, 1920.
6. Josef Pieper, *An Anthology.* Ignatius Press, 1989, p. 6.
7. Jacques Lacan, *Transference: The Seminar of Jacques Lacan, Book VIII.* 1st ed., Polity, 2015.
8. S. Talwar, S. Xu, E. Hawley, et al., "Rat navigation guided by remote control." *Nature* 417, pp. 37–38 (2002). doi.org/10.1038/417037a. Accessed 31 July 2020.
9. Elon Musk, "An Integrated Brain-Machine Interface Platform with Thousands of Channels." BioRxiv, 1 Jan. 2019, www.biorxiv.org/content/10.1101/703801v4. Accessed 15 August 2020.
10. Isabel Asher Hamilton, "Elon Musk said his AI-brain-chips company could 'solve' autism and schizophrenia." *Business Insider,* 14 Nov. 2019, www.businessinsider.de/international/elon-musk-said-neuralink-could-solve-autism-andschizophrenia-2019-11. Accessed 15 August 2020.

7장

1. Jules Verne, *From the Earth to the Moon, Direct in Ninety-Seven Hours and Twenty Minutes: And a Trip around It.* New York, Scribner, Armstrong & Co., 1874.
2. Ray Kurzweil, *The Singularity Is Near: When Humans Transcend Biology.* 1st ed., The Viking Press, 2005.
3. Daniel Kahneman, *Thinking, Fast and Slow.* Farrar, Straus And Giroux, 2011.
4. James Carse, *Finite and Infi nite Games.* Free Press, 2013, p. 3.
5. Eleanor Imster and Deborah Byrd, "Atmospheric CO2 Hits Record High in May 2019." *EarthSky,* 17 June 2019, earthsky.org/earth/atmospheric-co2-record-high- may-2019. Accessed 15 August 2020.
6. Fred Hapgood, "Tinytech." Omni, vol. 9, no. 2, Nov. 1986, p. 56 ff.
7. "Ethical Issues In Advanced Artifi cial Intelligence." *Nick Bostrom,*nickbostrom. com/ethics/

ai.html. Accessed 26 August 2020.

8. Andy Weir, Artemis: *A Novel*. First Edition, Crown, 2017. p. 199.
9. "Will Durant Online: The Gentle Philosopher." *Will Durant Foundation,* 22 Mar. 1945, will-durant.com/interdependence.htm. Accessed 15 August 2020.
10. "Declaration of Interdependence." *David Suzuki Foundation,* 14 Aug. 2018, davidsuzuki.org/about/declaration-ofinterdependence. Accessed 15 August 2020.
11. "The Declaration of Our Interdependence | For 2020 Vision." *The Declaration of Our Interdependence,* 23 Jan. 2020, ourinterdependence.org. Accessed 15 August 2020.

8장

1. Sarah A. Schnitker and Robert A. Emmons, "Hegel's Thesis-Antithesis-Synthesis Model." *Encyclopedia of Sciences and Religions,* 2013, p. 978. Crossref,doi:10.1007/978-1-4020-8265-8_200183.
2. Chris Cillizza, CNN Editor-at-large, "Donald Trump Lies More Often than You Wash Your Hands Every Day—CNNPolitics." *CNN,* 10 June 2019, edition.cnn.com/2019/06/10/politics/donaldtrump-lies-fact-check/index.html. Accessed 2 July 2020.
3. Glenn Kessler, et al., "President Trump Has Made 10,796 False or Misleading Claims over 869 Days." *Washington Post,* 10 June 2019, www.washingtonpost.com/politics/2019/06/10/presidenttrump-has-made-false-or-misleading-claims-over-days. Accessed 15 August 2020.
4. Daniel Kahneman, *Thinking, Fast And Slow.* Farrar, Straus And Giroux, 2011.
5. "Iskconeducationalservices.org/HoH/Concepts/Key-Concepts/Maya-Illusion." *The Heart of Hinduism,* iskconeducationalservices.org/HoH/concepts/key-concepts/maya-illusion. Accessed 26 August 2020.
6. Paul Bloom, *Against Empathy.* Ecco, 2016.

9장

1. Mara Jennifer, "Zebras Fix What Unicorns Break—Zebras Unite." *Medium,* 22 July 2020, medium.com/zebras-unite/zebrasfix-c467e55f9d96. Accessed 05 July 2020.
2. Martin Heidegger, *Being and Time. The Library of Philosophy and Theology.* First Edition, SCM Press, 1962.
3. "World's Billionaires List." *Forbes,* 18 Mar. 2020, www.forbes.com/billionaires. Accessed 15 August 2020.
4. "Hurun Global Unicorn List 2019." *Hurun Research Institute,* 21 Oct. 2019, www.hurun.net/EN/Article/Details?num=A38B8285034B. Accessed 15 August 2020.
5. "The New Chinese Unicorns: Seizing Opportunity in China's Burgeoning Economy." *PwC,* 31 Oct. 2018, www.pwc.com/gx/en/industries/tmt/publications/china-unicorn-survey. html. Accessed 18 August 2020.
6. "New Visionaries and the Chinese Century." Billionaires Insights 2018, UBS/PwC, 2018, www.pwc.ch/en/publications/2018/PwC_Billionaires_2018.pdf. Accessed 26 August 2020.
7. Adam Brandenburger and Barry Nalebuff, *Co-Opetition.* 1st ed., Currency Doubleday, 1997.
8. Mark Sullivan, "Satya Nadella: 'Absolutely, Tech Does Owe Something Back to the Society.'" *Fast Company,* 7 Apr. 2020, www.fastcompany.com/90486051/satya-nadella-absolutely-techdoes-owe-something-back-to-the-society. Accessed 15 August 2020.
9. Yvonne Diaz, "Embankment Project for Inclusive Capitalism Releases Report to Drive Sustainable and Inclusive Growth." *EY—Global,* 16 Nov. 2018, www.ey.com/en_gl/news/2018/11/

embankment-project-for-inclusive-capitalism- releasesreport-to-drive-sustainable-and-inclusive-growth. Accessed 27 July 2020.

10. "BASF Report 2019 Economic, Environmental and Social Performance." *BASF,* 28 Feb. 2020, www.basf.com/global/documents/en/news-and-media/publications/ report. Accessed 15 August 2020.

11. "Circular Economy —UK, USA, Europe, Asia & South America." *The Ellen MacArthur Foundation,* www.ellenmacarthurfoundation.org. Accessed 29 July 2020.

12. Joel Makower, "Inside Interface's Bold New Mission to Achieve 'Climate Take Back' I Greenbiz." *GreenBiz,* 6 June 2016, www.greenbiz.com/article/inside-interfaces-bold-new-missionachieve-climate-take-back. Accessed 15 August 2020.

13. William McDonough and Michael Braungart, *Cradle to Cradle: Remaking The Way We Make Things.* North Point Press, 2002.

14. vpro documentary. "Waste Is Food —VPRO Documentary — 2007." *YouTube,* uploaded by VPRO, 13 Aug. 2017, www.youtube.com/watch?v=4pwCFH1LkCw. Accessed 27 July 2020.

15. "An inside Look at the Global Waste and Recycling Market." *AMCS,* 13 Jan. 2020, en.amcsgroup.de/newsroom/blog/globalwaste-and-recycling-market. Accessed 5 July 2020.

16. "Basic Law." *Press and Information Offi ce of the Federal Government of Germany,* 2020, www. bundesregierung.de/breg-en/chancellor/basic-law-470510. Accessed 26 August 2020.

17. "Light as a Service." *Philips,* www.lighting.philips.co.uk/campaigns/art-led-technology. Accessed 15 August 2020.

18. "Equinor Wins Opportunity to Develop the World's Largest Off shore Wind Farm." *Equinor.com,* 20 Sept. 2019, www.equinor.com/en/news/2019-09-19-doggerbank.html. Accessed 29 July 2020.

19. David Orrell, *Quantum Economics:* The New Science of Money. Icon Books, 2018.

20. Varun Kumar, "How Much Money Is There In The World? I 2020 Edition." *RankRed,* 26 Feb. 2020, www.rankred.com/how-muchmoney-is-there-in-the-world. Accessed 18 August 2020.

21. David Orrell, *Quantum Economics:* The New Science of Money. Icon Books, 2018, p. 7.

22. Milton Friedman, "The Role of Monetary Policy." *The American Economic Review,* vol. 58, no. 1, 1968, pp. 1–17. JSTOR, www.jstor.org/stable/1831652. Accessed 26 August 2020.

23. Julia Kagan, "Tobin Tax." *Investopedia,* 18 Aug. 2019, www.investopedia.com/ terms/t/tobin-tax.asp. Accessed 15 August 2020.

24. Andrew Yang, "The Freedom Dividend." *Yang2020* — Andrew Yang for President, 2020, www.yang2020.com/policies/thefreedom-dividend. Accessed 16 August 2020.

25. Götz W. Werner and Adrienne Goehler, 1.000 *Euro Für Jeden.* Econ Verlag, 2010.

26. "Heikki Hiilamo: 'Disappointing Results from the Finnish Basic Income Experiment.'" *University of Helsinki,* 22 May 2020, www.helsinki.fi/en/news/nordic-welfare-news/heikki-hiilamodisappointing-results-from-the-fi nnish-basic-incomeexperiment. Accessed 16 August 2020.

27. Jasper Bergink, "Basic Income, Revisited: The Finns Are on It! I For a State of Happiness." *For a State of Happiness,* 22 Nov. 2017, www.forastateofhappiness.com/basic-incomerevisited-the-finns-are-coming. Accessed 16 August 2020.

28. "Hiilamo, Heikki." *University of Helsinki,* 22 May 2020, www.helsinki.fi/en/news/nordic-welfare-news/heikki-hiilamodisappointing-results-from-the-finnish-basic-incomeexperiment.

Accessed 29 July 2020.

29. Matteo Jessoula, et al., "Italy: Implementing the New Minimum Income Scheme." *European Social Policy Network (ESPN) Flash Report,* July 2019, ec.europa.eu/social/BlobServlet?docId=21476&langId=en. Accessed 16 August 2020.

30. "Daily Briefi ng: Spain Begins an Epic Economics Experiment in Universal Basic Income." *Nature,* 10 July 2020, www.nature.com/articles/d41586-020-02088-9. Accessed 16 August 2020.

31. Andre Coelho, "Switzerland: A Basic Income Experiment Is on the Verge of Starting in Switzerland | BIEN — Basic Income Earth Network." *Basic Income Earth Network (BIEN),* 8 Aug. 2018, basicincome.org/news/2018/10/switzerland-a-basicincome-experiment-is-on-the-verge-of-starting-in-switzerland. Accessed 16 August 2020.

32. A. Naess, "The Shallow and the Deep, Long-Range Ecology Movement," *Inquiry* 16 (1973): pp. 95–100.

33. Walter Schwarz, "Arne Næss." *The Guardian,* 14 Jan. 2009, www.theguardian.com/environment/2009/jan/15/obituary-arnenaess. Accessed 16 August 2020.

34. Karl Marx and Friedrich Engels, *The Communist Manifesto.* Penguin Books, 2011.

35. Michelle Shaff er, "2020." *Earth Overshoot Day,* 22 Aug. 2020, www.overshootday.org. Accessed 15 August 2020.

36. "Free Public Data Set —Global Footprint Network." *Global Footprint Network,* 15 June 2020, www.footprintnetwork.org/licenses/public-data-package-free. Accessed 28 July 2020.

37. "World Population Prospects —Population Division —United Nations." *World Population Prospects 2019,* 2019, population.un.org/wpp. [Custom data acquired via website.] Accessed 29 July 2020.

10장

1. Andy Puddicombe, "Guided Meditation for Everybody — About." *Headspace,* www.headspace.com/about-us. Accessed 26 August 2020.

2. Duena Blomstrom, "Do You Have a Chief Happiness Offi cer?" *Forbes,* 24 Jan. 2019, www.forbes.com/sites/duenablomstrom1/2019/01/24/do-you-have-a-chief-happiness-officer. Accessed 15 August 2020.

3. "Ending Poverty." *United Nations,* www.un.org/en/sections/issues-depth/poverty. Accessed 16 August 2020.

4. Andrew T. Jebb, et al., "Happiness, Income Satiation and Turning Points around the World." *Nature Human Behaviour,* vol. 2, no. 1, 2018, pp. 33–38. Crossref, doi:10.1038/s41562-017-0277-0.

5. Michel de Montaigne, "Essays of Michel de Montaigne." *Project Gutenberg,* 1877, www.gutenberg.org/files/3600/3600-h/3600-h.htm#link2H_4_0114. Accessed 18 August 2020.

6. Karl Marx and Friedrich Engels, *The Communist Manifesto.* Penguin Books, 2011.

7. Marie Kondō, *The Life-Changing Magic of Tidying Up: The Japanese Art of Decluttering and Organizing.* 1st ed., Ten Speed Press, 2014.

8. Richard Geldard, *Remembering Heraclitus.* Lindisfarne Books, 2000, p. 29.

9. A. Jeff rey Giacomin and Antony N. Beris, "Letter to the Editor: Πάντα ῾Ρεῖ: Everything Flows." *Journal of Rheology,* vol. 59, no. 2, 2015, pp. 473–74. Crossref, doi:10.1122/1.4906524.

맺음말

1. Allan Bloom and Adam Kirsch, *The Republic of Plato*. 3rd ed., Basic Books, 2016, p. xiii.
2. Georg Wilhelm Friedrich Hegel and Leo Rauch, *Introduction to the Philosophy of History: With Selections from The Philosophy of Right (Hackett Classics). UK ed.,* Hackett Publishing Company, Inc., 1988.
3. Ed Pluth, "Remarks on Daniel Lagache's Presentation: *'Psychoanalysis and Personality Structure.'" Reading Lacan's Ecrits: From 'The Freudian Thing' to 'Remarks on Daniel Lagache,'* 2019, pp. 254–8. Crossref, doi:10.4324/ 978 04 29 29 43 10-8.
4. Dorothea W. Dauer, *Schopenhauer as Transmitter of Buddhist Ideas.* Peter Lang AG, 1969.
5. Stephen Hawking, *Brief Answers to the Big Questions.* Penguin Random House, 2018.

양자경제

양자경제

초판 1쇄 인쇄 2022년 1월 21일
초판 1쇄 발행 2022년 2월 3일

지은이 앤더스 인셋
옮긴이 배명자
펴낸이 유정연

이사 임충진 김귀분
기획편집 신성식 조현주 김수진 심설아 김경애 이가람
디자인 안수진 김소진 디자인붐
마케팅 박중혁 김예은
제작 임정호 **경영지원** 박소영

펴낸곳 흐름출판 **출판등록** 제313-2003-199호(2003년 5월 28일)
주소 서울시 마포구 월드컵북로5길 48-9(서교동)
전화 (02)325-4944 **팩스** (02)325-4945 **이메일** book@hbooks.co.kr
홈페이지 http://www.hbooks.co.kr **블로그** blog.naver.com/nextwave7
출력·인쇄·제본 성광인쇄 **용지** 월드페이퍼(주)

ISBN 978-89-6596-496-4 03300

이 도서의 국립중앙도서관 출판시도서목록(CIP)은 e-CIP홈페이지(http://www.nl.go.kr/ecip)와 국가자료공동목록시스템
(http://www.nl.go.kr/kolisnet)에서 이용하실 수 있습니다. (CIP제어번호 : CIP2019007896)

살아가는 힘이 되는 책 흐름출판은 막히지 않고 두루 소통하는 삶의 이치를 책 속에 담겠습니다.